現場からみた
学校保健

川崎裕美・岡田眞江・石井良昌 編著

大学教育出版

はじめに

　子どもが生涯にわたる健康づくりを実践するために、学齢期は重要な時期である。また、家族や地域の健康を増進する機会としても重要である。さらに近年の社会情勢からは、安心して学校生活を送ることができるように安全を確保する必要性が高い時期でもある。そのため、学齢期の子どもを対象とする「学校保健」が果たす役割は年々増すとともに、期待と責任も大きくなっている。実際に「学校保健」を担っている養護教諭や保健体育教師にとって、大変なことと思われる。

　「学校保健」であつかう健康問題自体も、年々複雑化し、教師一人では解決できないことも多い。したがって、解決には多くの専門職種が連携しなければならない。専門職がそれぞれの立場や役割を理解し、最大の効果を生むために、自分の状況を他の職種に説明できることも求められている。

　「学校保健」がおかれたこのような環境の中で、石井良昌先生から現場の教師にとって具体的な参考書となる本を作りたいという話があった。岡田眞江先生も交えて意見交換し、実践経験を次への学びに役立たせることを目指して本書を編集しようということになった。教師として、専門職として、さまざまな立場で「学校保健」にかかわっている人の役に立ちたいという思いからである。

　新卒教員は、着任時から多くのことを求められる。筆者自身は養成大学の教員として、卒業生が十分な活動ができるよう、在学中に支援を行っている。しかしながら、現場でその能力を在学中に完全に身につけることは難しい。卒業生が、諸先輩方の力を借りながら精一杯力を発揮していることを聞くにつけ、何らかの形で助けられないかと考えていた。本書は、その一つになるかもしれないと思うと、とてもありがたかった。

　本書で取り上げていることは、現場の「学校保健」で、頻度の高い、重要なテーマと考えられる。執筆者それぞれの「学校保健」における経験に基づく思いが各章に詰まっている。生涯にわたる健康づくりの基盤となる、学齢期に関わる責任と幸せを執筆者と共感していただき、職務の中で役立てていただけることを願っている。

　2013 年 7 月

　　　　　　　　　　　　　　　　　　　　　　　　　　　　　　　　　　　川崎　裕美

学校保健に携わる方々へ

　私は、養護教諭、指導主事を経て、現在は管理職として様々な立場・視点から学校保健に携わっている。その中で、改めて学校保健は「児童生徒の生命を育て、守り、輝かせる重要な教育活動」であるということを感じている。しかし、実際には、児童・生徒を取り巻く状況は、生活習慣の乱れ、ストレスによる心身の不調、アレルギー疾患、虐待・いじめ、不登校、性の問題行動や薬物乱用、感染症などと様々な問題が生起しており、取り組まなければならない課題は山積みとなっている。このような問題に対して、各学校では、何から、どのように、どう取り組むか、緊急度・重要度の判断をしながら、人的・物的・財源的・情報等の資源や教職員の資質能力を考慮しながら推進されていると思う。

　また、以前より養護教諭の初任者研修を行ってきたが、学生時代に学んだ事と実際の現状との違いに戸惑い、悩んでいる方々に出会うことが多々あった。そのため、学校保健にこれから携わろうとしている養成課程の学生から、すでに携われている現職教諭の方々のいずれの段階においても参考になる書籍があればという思いを持っていた。偶然にも、大学で養護教諭の養成に携われている川崎裕美先生、ならびにその当時、保健体育科教諭の養成に携われていた石井良昌先生と、学校で勤務されている養護教諭や保健体育科教諭には「実践について参考になる取組み」、これから教員をめざす学生たちには「学校保健の理解を深めるための具体的な取組み」を分かりやすいく伝えたいという思いを共有することができ、本書つくるきっかけとなった。両氏とともに、学校保健について改めて考える機会をいただいたことに大変感謝する。

　本書は「学校保健に携わる方々の役に立てるように」との各執筆者の思いが詰まった一冊となったのではないかと思う。読者の皆様には、ぜひ学校保健の現場での課題や問題に対する考え方を、今後の教育活動の参考にしていただければ幸いである。

2013年7月

岡田　眞江

現場からみた学校保健

目 次

はじめに ……………………………………………………… 川崎　裕美 ……… i

学校保健に携わる方々へ ……………………………………… 岡田　眞江 ……… ii

第Ⅰ部　総　論

第1章　学校保健における教育行政 ……………………… 岡田　眞江 ……… 2
1. はじめに　2
2. 学校保健の定義　2
3. 学校保健に関する制度　3
4. 学校保健の重要性　6

第2章　学校管理者からみた学校保健 …………………… 金丸　純二 ……… 10
1. はじめに　10
2. 生徒に信頼される保健室　11
3. 学校保健委員会の組織と役割　12
4. 安全衛生委員会の組織と役割　14
5. 特別支援教育推進委員会　16
6. 学校管理と教育　17
7. おわりに　18

第3章　学校保健と研究 …………………………………… 川崎　裕美 ……… 19
1. はじめに　19
2. 実践からテーマを選ぶ　19
3. 選んだテーマについて工夫・探索する　20
4. 形式に沿って文章にする　20
5. 自分で決めた課題を解決するための計画立案　22
6. 実践と評価　23
7. おわりに　25

第4章　特別支援教育と保健室・養護教諭 ……………… 落合　俊郎 ……… 26
1. はじめに　26
2. 発達障害とはなにか　27
3. 保健室スタッフ・養護教諭に期待されること　29
4. おわりに　31
　　コラム①　障害児者の運動指導 ………………………… 九重　卓 ……… 32

第Ⅱ部　養護教諭の立場からみた学校保健

第5章　教育職としての意識を高める養護実習の取組み
　　　── 養護実習生に対する指導経験を通して ── ……………… 保田　利恵 …… 34

1. はじめに　*34*
2. 養護実習の概要　*34*
3. 教育職としての意識を高める養護実習　*36*
4. 学生のレポートより　*38*
5. おわりに　*39*

第6章　健康相談・健康相談活動における養護教諭のシステマティックアプローチ
　　　── 不登校・保健室登校事例のコーディネーション ── ………… 澤田　良子 …… 41

1. はじめに　*41*
2. 健康相談・健康相談活動における養護教諭のシステマティックアプローチ　*41*
3. おわりに　*55*

コラム②　養護教諭を目指す方々へ ……………………………………… 澤田　良子 …… 56

第7章　精神保健 ── 学校におけるメンタルヘルス ── ……………… 沖西紀代子 …… 57

1. はじめに　*57*
2. 心のしくみと心の発達　*57*
3. 子どものメンタルヘルス　*60*
4. 子どものメンタルヘルスと健康相談　*62*
5. おわりに　*64*

コラム③　不登校ぎみの児童と養護教諭 ………………………………… 森貞　知子 …… 65

第8章　保健室を通して心の健康を考える ……………………………… 高橋　京子 …… 66

1. はじめに　*66*
2. 1年目：個と集団のかかわりを通しての保健指導　*66*
3. 2年目：保健指導における折り紙導入の効果について　*68*
4. 3年目：折り紙を用いた健康相談活動の効果に関する研究　*70*
5. おわりに　*75*

第9章　養護教諭のヒヤリ・ハット ── 事例から考える ── …………… 中田　啓子 …… 76

1. はじめに　*76*
2. 事　例　*76*
3. 考　察　*81*

4．おわりに　82

　コラム④　ボランティア活動から …………………………………………………… 中田　啓子 …… 84

第10章　保健指導 ── 睡眠 ── …………………………………… 後藤美由紀 …… 85

　1．はじめに　85

　2．学習指導要領から　86

　3．家庭環境とのかかわり　86

　4．実践について　87

　5．おわりに　92

　コラム⑤　養護教諭の役割 ………………………………………………………… 上原　　光 …… 93

第11章　意欲を行動化につなぐ歯科保健指導の開発
　　　　── 第6学年児童への歯肉炎予防の授業より ── ………………… 福田　佳世 …… 94

　1．はじめに　94

　2．取組の実際　94

　3．結果と考察　100

　4．成果と課題　103

　コラム⑥　外傷歯への対応 ………………………………………………………… 鈴木　淳司 …… 104

第12章　ヘルスプロモーション活動
　　　　── 食育を通して中学生のライフスキルを高める ── ……………… 荒谷美津子 …… 105

　1．はじめに　105

　2．実践内容　105

　3．まとめ　114

第13章　保健教育におけるライフスキル教育の取組み ……………… 戸野　　香 …… 115

　1．はじめに　115

　2．保健教育における位置付け　116

　3．セルフエスティームを育むライフスキル教育　116

　4．「総合的な学習の時間」（第1学年）での実践　117

　5．指導の実際　119

　6．まとめ　124

第Ⅲ部　保健体育教師の立場からみた学校保健

第14章　保健指導を行う上での学級担任・教科担任が必要としている「保健室」「養護教諭」の役割 ……………… 長野　由弥 …… 128

1. はじめに　*128*
2. 保健指導を行う上での学級担任・教科担任が必要としている「保健室」「養護教諭」の役割　*129*
3. おわりに　*133*

　　コラム⑦　保健室とわたし ……………………………………………………… 福田　忠且 …… *134*

第15章　保健体育教師の立場からみた学校保健指導 …………… 小早川善伸 …… 135

1. はじめに　*135*
2. 授業の実際　*135*
3. まとめ　*139*

第16章　保健分野の授業を活性化する
　　—— ICT（電子黒板）を活用した授業実践を通して —— ………… 小田　啓史 …… 140

1. はじめに　*140*
2. ICT（電子黒板）を活用した保健授業の取り組み　*141*
3. まとめ　*144*

第17章　保健科教育（高等学校）での経験と今後の課題 ……………… 大辻　明 …… 146

1. 科目「保健」の実態　*146*
2. 教科書の扱い　*147*
3. 学習指導要領の変遷　*151*
4. 授業実践の一例　*154*

第Ⅳ部　学校保健安全の知識と実践

第18章　教育とライフセービング ………………………………………… 國木　孝治 …… 160

1. ライフセービングの必要性　*160*
2. ライフセービングとは　*160*
3. 学校教育における水辺（海洋を含む）教育　*161*
4. 教育としてのライフセービング　*161*

第19章 医療安全対策 ── 救急医 ── ……………………………… 岩崎　泰昌 …… 164

1. はじめに　164
2. 傷病者への対応　164
3. 観　察　165
4. 各種傷病に対する対応　167
5. おわりに　172

第20章 きずの手当てに対する最近の考え方 ……………………… 横田　和典 …… 173

1. 創傷の種類　173
2. 創傷に対応する　174
3. 応急処置を行う　175
4. 医療機関にかかったほうがよいケガ，かからなくてよいケガ　179

第21章 スポーツによる頭頸部外傷に対する現場での対応について … 石井　良昌 …… 182

1. はじめに　182
2. 頭部外傷　182
3. 頸椎・頸髄損傷　187
4. さいごに　189

第22章 小児科開業医からのアドバイス ……………………………… 稲田　准三 …… 190

1. はじめに　190
2. 感染症とワクチンに対する基本的な考え方　190
3. 発熱時の一般的対処　192
4. 熱中症と脱水症・水分補給　195
5. 熱性けいれん　196
6. おわりに　197

第23章 地域医師会からみた学校保健 ………………………………… 松本　治之 …… 198

1. はじめに　198
2. 学校保健における地域医師会の役割　198

コラム⑧　リエゾン ………………………………………………………… 松本　治之 …… 200

3. おわりに　202

コラム⑨　パルコシェーニコ …………………………………………… 松本　治之 …… 203

参考資料　韓国の保健室の現状 ………………………………………… 金　炫勇 …… *204*
    1.　はじめに　*204*
    2.　韓国の学校保健室の機能　*204*
    3.　韓国の学生が保健室に行く主な理由　*208*
    4.　おわりに　*208*

あとがき ……………………………………………………………………… 石井　良昌 …… *209*

執筆者紹介 ……………………………………………………………………………………… *210*

第Ⅰ部 総 論

第1章

学校保健における教育行政

1. はじめに

　学校において、学校保健の重要性は疑うまでもない。なぜならば、学校保健の目的は、「児童生徒等の健康の保持増進」であり、生命の育成につながる重要なものであるからである。ところが、現在、学校保健を取り巻く状況は複雑で多様となり、健康の保持増進に対する現場での取組みは、まだまだ不十分なものと考えられる。一方、管理職をはじめ、教職員、学校医、保護者等が一体となり、児童生徒等の健康の保持増進に向けて日々取組んでおり、その結果、自ら健康管理できる能力の高い多くの児童生徒等が育っているのも事実である。

　次に、すべての学校において同じ水準で学校保健が行われているとは必ずしもいえない現状がある。誰もが児童生徒等の健康を願っているが、学校教育においては教科学習や進路指導等が優先されており、学校保健の取組みは組織的・継続的なものにいたっていないと思われる。特に、教育行政においては、法的根拠や答申等に基づき施策として現場に位置づかなければ意味を持たないが、具体的に学校への支援として財源や人材の確保がなければ、取組みへのきっかけにもつながらない。また、学校保健の内容は衣食住等の日常生活に密着したものが多いために、数値化された成績で短絡的に評価することは疑問である。さらに、保護者や地域の協力も必要であるために、教育行政が単独で進めていくにも限界がある。このような事情から、健康についての必要性や重要性が認識されているにもかかわらず、各学校における学校保健への取組みがなかなか同じように進まないのが現状である。

　このような環境下においても、学校保健に対する取組みは各学校で工夫しながら行われている。学校間での最も大きな違いは問題意識を持った熱意のある管理職、保健主事、養護教諭、教職員、学校医・学校歯科医・学校薬剤師、保護者がいるかどうかではないだろうかと感じている。筆者が高等学校で養護教諭として経験してきたこと、教育委員会や教育センターにおいて教育行政の一員として学校保健を推進してきたこと、現在、高等学校における管理職として勤務している観点から学校保健における教育行政に関する事項を述べたい。これから学校保健を担う方々の参考にしていただけることがあれば幸甚である。

2. 学校保健の定義

　「学校保健」については、様々な捉え方があるが、ここでは、保健体育審議会答申（平成9年9月22日）で、「学校においては、心身の健康の保持増進のための保健教育と保健管理を内容とす

る学校保健、自他の生命尊重を基盤とした安全能力の育成等を図るための安全教育と安全管理を内容とする学校安全、望ましい食習慣の育成等を図るための給食指導と衛生管理等を内容とする学校給食のそれぞれが、独自の機能を担いつつ、相互に連携しながら、児童生徒等の健康の保持増進を図っている」[1]と述べられ、学校健康教育として、学校保健、学校安全、学校給食について明確に区分したことを踏まえ、保健教育・保健管理・保健組織活動を内容とする「学校保健」とする。

しかし、「学校保健、学校安全及び学校給食のそれぞれの果たす機能を尊重しつつも、それらを総合的にとらえるとともに、とりわけ教育指導面においては、保健教育、安全教育及び給食指導などを統合した概念を健康教育として整理し、児童生徒等の健康課題に学校が組織として一体的に取り組む必要がある」[2]と示されているように、児童生徒等の健康の保持増進を図る上で、学校保健だけでなく、学校安全及び学校給食について、包括的な取組が必要であることは言うまでもない。

3. 学校保健に関する制度

学校保健に関わる沿革や法整備等について、特に、教育行政において、現在の学校保健に大きく影響を及ぼしている中央教育審議会答申（平成20年1月）、学校保健安全法（平成21年4月）及び学習指導要領について、ポイントを整理したい。

(1) 中央教育審議会答申における提言

中央教育審議会（平成20年1月17日）「子どもの心身の健康を守り、安全・安心を確保するために学校全体としての取組を進めるための方策について」（答申）では、学校保健の充実を図るための方策として、①児童生徒等の健康を取り巻く状況とその対応、②学校保健に関する学校内の体制の充実、③学校、家庭、地域社会の連携の推進、について具体的に提言された。

この答申は、①児童生徒等のおかれている様々な健康課題に対応するために、教職員のそれぞれの役割を明確にし、相互の効果的な連携の在り方を探求し、学校全体の取組体制を整備すること、②地域の専門家や関係機関の知見や能力を最大限に活用し、児童生徒等の健やかな発達について大きな責任を有する保護者との連携を強化する取組や体制を整備・充実すること、の二つの観点から検討された。

審議された結果として、「学校保健に関する学校内の体制の充実」を図るために、①学校保健を担うそれぞれの教職員（養護教諭、保健主事、学級担任や教科担任等、校長・教頭等、学校医、学校歯科医、学校薬剤師、スクールカウンセラー）の役割、②教育委員における体制の充実、③学校環境衛生の維持・管理及び改善、等について具体的に示された。

特に、学校保健を充実させるためには、校内体制において、多様化・深刻化している現代的な健康課題を解決するために、すべての教職員が共通の認識（基本的な知識と理解）を持ち、校長のリーダーシップの下、学校保健計画に基づき、学校組織体制の整備を図り、保健教育と保健管理に取組むことへの重要性が述べられた。

児童生徒等の心身の健康に関する課題解決については、一部の教職員が個々に対応するのではな

く、養護教諭、保健主事を中心として、全教職員で学校全体の取組体制を整備することが、学校保健の充実・推進させるために一層必要になってきている。

また、この答申を受けて、「学校保健安全法」の施行、学習指導要領が改訂されていることから、学校保健に携わる方々には、この答申の全体を一読していただきたい。

(2) 学校保健安全法の改正による保健管理の充実

学校保健については、昭和33年に学校保健法が制定されたことにより、制度的に体系が整備され、この法律に基づく活動が進められた。その学校保健法が、先の中央教育審議会答申（平成20年1月）を受けて、平成21年4月1日から「学校保健安全法」として改正されたことは、学校保健にとっては、非常に大きな発展であった。

この学校保健安全法の公布において、改正の理由として「メンタルヘルスに関する問題やアレルギー疾患を抱える児童生徒等の増加、児童生徒等が被害者となる事件・事故・災害等の発生、さらには、学校における食育の推進の観点から、『生きた教材』としての学校給食の重要性の高まりなど、近年の児童生徒等の健康・安全を取り巻く状況の変化にかんがみ、学校保健及び学校安全に関して、地域の実情や児童生徒等の実態を踏まえつつ、各学校において共通して取組まれるべき事項について規定の整備を図るとともに、学校の設置者[*1]並びに国及び地方公共団体の責務を定め、また、学校給食を活用した食に関する指導の充実を図る等の措置を講ずるものです」[3]と述べられた。

この改正理由に述べられているように、学校保健の領域における健康課題だけでなく、法律の題名を「学校保健安全法」に改め、学校における教育活動が安全な環境において実施され、児童生徒等の安全の確保が図られるよう、学校における安全管理に関し必要な事項が定められた。

この法律における学校保健に関する主な改正事項としては、次の三点ではないだろうか。①学校保健に関する学校の設置者が果たすべき役割の重要性について法律上明確に規定したこと。具体的には、設置者が学校保健に関わって、施設及び設備並びに管理運営体制の整備の充実を図るために、保健室の相談スペースの拡充や備品の充実、換気設備や照明の整備、自動体外除細動器（AED）の設置など物的条件の整備、養護教諭の適切な配置など人的体制の整備、教職員の資質向上を図るための研修会の開催等などについて、財政上及び法制上の措置を講じること。②学校において計画的・組織的な学校保健活動の取組を推進するために、マネジメントサイクルに基づき、学校保健計画が作成・実施・評価・改善されること。具体的な学校保健計画の内容としては、法律で定められた児童生徒等及び職員の健康診断、環境衛生検査などの保健管理、児童生徒等への指導を必ず盛り込むこと。③健康相談や担任教諭等の行う日常的な健康観察による児童生徒等の健康状態の把握、健康上の問題があると認められる児童生徒等に対する指導や保護者に対する助言を保健指導として位置付け、養護教諭を中心として、関係教職員の協力の下で保健指導を実施すること。などが明確に規定された。

また、学校保健及び学校安全に共通する事項として、次のことが述べられている。①学校保健及び学校安全の推進に当たっては、学校の実情や児童生徒等の発達段階、心身の状況、障害の有無について適切に配慮しつつ、校長の下で組織的な対応を図る。②国や地方公共団体の責務として、物

的条件や人的体制の整備充実に係る財政上及び法制上の措置、通知や各種会議等を通じた情報提供や指導助言、指導用資料や実践事例集の作成・配付、関係教職員を対象とした研修会の開催などの施策を講じる。③学校長や教職員のみの責任とするのではなく、学校の設置者としての学校の管理運営の果たすべき責務を担う。

このように、学校保健安全法の改正により、学校保健及び学校安全に係る取組みについては、児童生徒等の実態を踏まえて、学校の設置者の果たすべき責務が明確になり、校長はじめ教職員全体で組織的・計画的に取組み、さらには、学校だけでなく、保護者や関係機関・関係団体等と連携協力を図っていくために、積極的に学校保健に関わる情報を提供することなどが必要になった。

なお、この学校保健安全法第9条において、「養護教諭その他の職員は、相互に連携して、健康相談又は児童生徒等の健康状態の日常的な観察により、児童生徒等の心身の状況を把握し、健康上の問題があると認める時は、遅滞なく、当該児童生徒等に対して必要な指導を行うとともに、必要に応じ、その保護者に対して必要な助言を行うものとする」[4]と規定されている。

これまで養護教諭の職務については、学校教育法第37条で「養護教諭は、児童の養護をつかさどる」（第49条中学校準用、第62条高等学校準用、第82条特別支援学校準用）という表現がなされ、具体的な職務内容について明記されていなかった。しかし、今回の学校保健安全法において、職名を明記して養護教諭が、主体的に児童生徒等の健康管理（健康相談、健康観察、保健指導等）を実施することについて規定されたことは、養護教諭にとっては大きな前進である。

(3) 学習指導要領における健康教育の明確化

学校保健における保健教育（保健指導と保健学習）について、平成10年12月14日の幼稚園教育要領、小学校学習指導要領及び中学校学習指導要領の改訂、平成11年3月29日の盲・ろう・養護学校の学習指導要領、高等学校学習指導要領の改訂において、従前の「体育に関する指導」から「体育・健康に関する指導」に改められたことは大きな飛躍であった。

具体的には、高等学校学習指導要領（第1章　総則　第1款　教育課程編成の一般方針3）において、「学校における体育・健康に関する指導は、学校の教育活動全体を通じて適切に行うものとする。特に体力の向上及び心身の健康の保持増進に関する指導については、『体育』及び『保健』の時間はもとより、特別活動などにおいてもそれぞれの特質に応じて適切に行うよう努めることとする。また、それらの指導を通じて家庭や地域社会との連携を図りながら、日常生活において適切な体育・健康に関する活動の実践を促し、生涯を通じて健康・安全で活力のある生活をおくるための基礎を養う」[5]と示され、「健康に関する指導（健康教育）」が、「道徳教育」「言語活動」「体験的な学習」及び「勤労観、職業感の育成（キャリア教育）」などとともに、教科学習と異なる教育内容として教育方針に位置づけられた。小学校、中学校及び特別支援学校の学習指導要領においても同様に位置づけている。

特に、平成10年の学習指導要領の改正においては、完全学校週5日制の下で、各学校が「ゆとり」の中で「特色ある教育」を展開し、豊かな人間性や基礎・基本を身に付けさせ、個性を生かし、自ら学び自ら考える力などの「生きる力」を培うことを基本的なねらいとして位置付けた。この「生

きる力」として、「①いかに社会が変化しようと、自分で課題を見つけ、自ら学び、自ら考え、主体的に判断し、行動し、よりよく問題を解決する資質や能力、②自らを律しつつ、他人とともに協調し、他人を思いやる心、生命や人権を尊重する心、感動する心など、豊かな人間性、③たくましく生きるための健康や体力等が重要な要素である」[6]と解説され、「生きる力」を身に付けるためには、健康や体力の基礎を育むことが重要であることが強調された。

　また、教科・科目における保健学習や特別活動等における保健指導においては、養護教諭や学校栄養職員などの専門性を有する教職員等の参加・協力を推進し、多様な指導方法の工夫を行うことにより、学習効果を高めるように配慮すべきであると述べられ、保健教育の推進において、教諭とともに養護教諭等の専門性を有する教職員がこれまで以上に学習活動へ参画することが求められた。

　そもそも、学習指導要領は、学校教育について一定の水準を確保するために法令に基づいて国が定めた教育課程の基準であり、各学校における教育課程の編成及び実施に当たっては、これに従わなければならないものである。つまり、学習指導要領に定めた教育内容は、法的拘束力を持つものであり、「健康に関する指導（健康教育）」は、教科としての保健教育だけでなく、教育活動全体を通じて、全教職員が実施しなければならない教育内容であるという根拠となった。

　その後、平成20年3月28日に幼稚園教育要領、小学校学習指導要領及び中学校学習指導要領の公示に引き続き、平成21年3月9日に高等学校学習指導要領及び特別支援学校の学習指導要領が告示された。この改訂においては、前回の改訂を踏まえ、「体育・健康に関する指導」について、新たに学校における食育の推進及び安全に関する指導が加わり、発達段階を考慮して、食育の推進並びに体力の向上に関する指導、安全に関する指導及び心身の健康の保持増進に関する指導を、保健体育科はもとより、家庭科、特別活動などにおいてもそれぞれの特質に応じて適切に行うように努めることとされた。学校における体育・健康に関する指導については、児童生徒等の発達段階を考慮して、関連する教科学習においても充実を図るとともに、学校の教育活動全体で取組むことが必要であると強調されたものである。特に、「豊かな心や健やかな体の育成のための指導の充実」については、学習指導要領改正の基本的な考え方として、改善の方向性が示された。

　このように学習指導要領における改正により、法的根拠に基づき、保健教育（健康教育）が推進・充実されるものであり、今後はこの指導要領の教育内容の実現を期待するものである。

4. 学校保健の重要性

(1) 子どもの健康実態からの重要性 ― 養護教諭の立場から考える ―

　高等学校の養護教諭として、20年間勤務する中で、高校生にとって、学校保健は非常に重要であると実感した。なぜならば、児童生徒等がこれから生きていかなければならない社会は、都市化、少子高齢化、地域社会における人間関係の希薄化などが進む中で、家庭や地域社会において社会性を身に付ける場が減少していること、情報化の進展により間接体験や疑似体験が膨らむ一方で、望ましい人間関係を築く力などの社会性が身に付けにくくなっている。本来、家庭や地域社会との連携の中で、身に付けるべき心身の健康に関わる資質能力が、小学校の段階から身に付いてい

ない。それは、とりもなおさず、学校教育だけでなく、保護者や地域社会全体の教育力が低下していることにほかならない。今や98％の中学生が高等学校に進学し、高等学校卒業後は、社会人として旅立つ者や大学等に進学する者など様々であり、高等学校における教育が、体系的な健康教育を受ける場として最後の機会を有するものであり、この時期に学ぶことの重要性は大きい。生涯を通じて健康な生活を送るために、個人生活だけでなく、社会生活における健康・安全に関する内容を総合的に理解し、生涯を通じて自らの健康を適切に管理し改善していく思考力・判断力などの資質や能力を培い、実践力を育成すること（自己管理能力の育成）を目指して、学校における保健教育（保健学習及び保健指導）の推進を図らなければならない。もちろん、小学校、中学校及び高等学校と系統性のある学校教育の充実を図り、家庭教育においては、学校で学んだ知識を実践すること、さらに、地域社会においては、学校で学んだ知識、家庭生活で実践した個人生活を踏まえ、集団生活の中で行動することで社会性が身に付くものである。

児童生徒等の健康実態については、文部科学省が公表している様々な統計情報の中で、毎年実施される「学校保健統計調査」[*2)]が児童生徒等の疾病や発育状況等状況を把握するための参考になる。また、定期的に実施される保健室利用状況に関する調査についても、全国規模で児童生徒等の心身の健康実態を把握することができる。

例えば、平成24年度学校保健統計調査[7)]の結果によれば、身長は横ばい傾向、体重は減少傾向で、裸眼視力1.0未満の者が増加、むし歯の者は減少、すべての年齢層で喘息の者の増加が見られることなどが報告されている。これらの調査結果が直ちに学校保健に関する具体的な取組みにはつながらないが、児童生徒等の健康状態や発育状況について、各学校の経年的な変化を見たり、全国・県・地域と各学校等を比較したりするなど、他の状況や実態と合わせて健康実態を客観的に把握することができる。

また、「保健室利用状況に関する調査」は、5年毎に「児童生徒等をはじめ、教職員及び保護者の保健室の利用状況の実態から、児童生徒等の心身の健康状況を把握し、課題解決に向けて養護教諭の役割を明らかにするとともに、児童生徒等の心身の健康つくり推進に資する」[8)]ことを目的として、実施されるものである。これは、連続する5日間における児童生徒等の保健室利用状況等の実態から、児童生徒等の心身の健康状況を把握するものである。例えば、保健室の利用状況としては、ぜん息・アトピー性皮膚炎・食物アレルギー・その他アレルギーや心臓病・腎臓病・糖尿病による保健室利用者の増加などが明らかになっている。また、心の健康として、発達障害、身体症状からくる不安や悩み、友人や家族との人間関係に関する問題、いじめや児童虐待の相談等も増加している。このように保健室の利用状況から、今おかれている児童生徒等の心身の健康課題が見えてくる。

児童生徒等の様々な健康実態を明らかにすることで、学校保健の重要性がますます認識できるものであり、全国的な実態を踏まえて、各学校における健康実態について、養護教諭、保健主事、学級担任、教科担任等が、それぞれの立場において、日々の教育活動の中で集積することが重要である。

また、前述の中央教育審議会答申において、養護教諭に関わって学校保健の重要性が示された。養護教諭について、「学校保健活動の推進に当たっては中核的な役割を果たしており、現代的な健

康課題の解決に向けて重要な責務を担っている」[9]と評価し、養護教諭の主な役割として、昭和47年及び平成9年の保健体育審議会答申を踏まえて、「救急処置、健康診断、疾病予防などの保健管理、保健教育、健康相談活動、保健室経営、保健組織活動」[10]などを行っていると示された。その上で、この答申において、これまでの養護教諭の職務に加えて、これから期待する役割として、①学校保健に関するコーディネーター〜健康課題の対応に当たり、学級担任等、学校医、学校歯科医、学校薬剤師、スクールカウンセラーなどの学校内の連携、学校と医療関係者や福祉関係者などの地域の関係機関との連携を推進する。②保健教育のエキスパート〜深刻化する児童生徒等の現代的な健康課題の解決に向けて、学級担任や教科担任等と連携し、養護教諭の有する知識や技能などの専門性を保健教育に活用する。③学校組織マネジメント〜児童生徒等の健康づくりを効果的に推進するために、学校保健活動のセンター的役割を果たしている保健室経営の充実を図る。具体的には、養護教諭が保健室経営計画*3)を立て、教職員に周知を図り連携する、などが示された。

　学級・ホームルーム担任や教科担任は、普通教室等で教科学習・特別活動等の指導を行うが、養護教諭は、保健室という教室で、救急処置、健康診断、疾病予防などの保健管理とともに、児童生徒等の心身の様々な健康実態を総合的に把握し、健康教育を実施する教育者である。学校保健を推進・充実させるために、養護教諭の果たす役割がますます重要になる。

(2) 教職員の資質能力の向上 ― 教育行政や管理職としての立場から期待する ―

　指導主事として10年間教育行政に携わった経験や現在高等学校の管理職という立場から、学校保健の重要性について、㈰個々の教職員の資質能力の向上、㈪組織的な取り組みの推進　ということを強く感じている。特に、教職員の資質能力の向上ということにおいて、保健主事や養護教諭ではなく、学校長が学校保健に関する理解・認識を持ち、子どもの健康づくりが教育の土台であり、「学校保健を重視した学校経営」を行うことが必要になってきている。また、学校だけでなく、教育行政においても同じように、学校保健を担当する指導主事の資質能力の向上がこれからの学校保健の推進・充実には大きな意義を持つものと感じている。指導主事は、管理職、保健主事・養護教諭や教科担任・学級担任等、あるいは学校保健の研修を企画・推進・実施する立場であり、継続的・体系的・計画的な研修を今後どのように進めるかについて、さらに検討が必要である。また、指導主事は各都道府県の教育行政における学校保健の担当者として、学校全体の組織づくりや都道府県レベルの教育行政と関係機関との連携を図るなど、様々な役割を担っている。学校長や指導主事など、いづれにしても、「児童生徒等の健康の保持増進」は生命の育成であるということを改めて認識していただき、学校保健に対する熱意ある取組みを願っています。

注
*1)「学校の設置者」とは、学校教育法第2条で次のように明記されている。
　「第二条　学校は、国（国立大学法人法（平成十五年法律第百十二号）第二条第一項に規定する国立大学法人及び独立行政法人国立高等専門学校機構を含む。以下同じ）、地方公共団体（地方独立行政法人法（平成十五年法律第百十八号）第六十八条第一項に規定する公立大学法人を含む。次項において同じ）及び私立学校法第三条に規定する

学校法人（以下学校法人と称する）のみが、これを設置することができる。
2　この法律で、国立学校とは、国の設置する学校を、公立学校とは、地方公共団体の設置する学校を、私立学校とは、学校法人の設置する学校をいう」

　国や学校法人が設置する学校については、教育行政担当部署が異なるので、学校における学校保健については、この法律を踏まえて、本章では「公立学校（広島県内の市町立学校及び県立学校）」の幼稚園、小学校、中学校、高等学校及び特別支援学校を対象として述べる。

＊2）「学校保健統計調査」とは、統計法（昭和22年法律第18号）に基づき、昭和23年（1948年）から毎年実施されている調査で、「学校における幼児、児童及び生徒の発育及び健康の状態を明らかにすること」を目的とする調査である。全国の幼稚園、小学校、中学校、高等学校及び中等教育学校のうち、文部科学大臣があらかじめ指定する学校に在籍する満5歳から17歳（4月1日現在）までの幼児、児童及び生徒を調査対象とする。抽出は、発育状態調査が層化二段無作為抽出法、健康状態調査が層化集落抽出法を用いている。この統計は、学校保健安全法による健康診断の結果に基づき、全国の児童生徒等の健康状態や発育状態を調査するものであるが、各都道府県では、この調査に先駆けて、都道府県内等のすべての学校について悉皆で調査する場合が多い。全国及び各県等の実態を把握し、各学校との比較により、健康課題を明らかにして取組を実施している。

＊3）「保健室経営」とは、各種法令、当該学校の教育目標等を踏まえて、児童生徒等の健康の保持増進を図ることを目的に、養護教諭の専門性と保健室の機能を最大限に生かしつつ、教育活動の一環として計画的・組織的に運営することである。具体的には、各学校における年間指導計画、学校保健安全計画等に基づき、計画的に運営される必要があり、保健室の運営計画を明確にして、各学校の実態により保健室経営計画を単独の計画として作成することが望ましい。
　「保健室経営計画」は、養護教諭が立案し、職員会議等で提案の上、校長の判断で決定することとし、実施に当たっては校内外の関係者との協力体制を十分に確保する必要があり、年度末の評価を経て翌年の計画に生かすことが求められている。このように、保健室においても学校組織マネジメントを導入して、学校教育目標を達成させなければならないものである。なお、平成16年3月に文部科学省の委託を受けて、財団法人日本学校保健会が、「養護教諭の専門性と保健室の機能を生かした保健室経営の進め方」を作成し、すべての学校に配付した。この書籍の中で始めて、「保健室経営」が明確に定義され、それ以降の文部科学省等の主催研修等では、「保健室経営計画」の作成が推奨されている。

引用・参考文献
1）　保健体育審議会答申「生涯にわたる心身の健康の保持増進のための今後の健康に関する教育及びスポーツの振興の在り方について」平成9年9月22日
2）　1）で前掲
3）　文部科学省スポーツ・青少年局長「学校保健法等の一部を改正する法律の布について（通知）」平成20年7月9日
4）　学校保健安全法（昭和33年4月10日法律第56号、平成20年73号改称）
5）　文部科学省「高等学校学習指導要領解説　総則編」平成11年12月
6）　5）で前掲
7）　文部科学省「平成24年度学校保健統計調査」平成25年3月29日
8）　財団法人日本学校保健会「保健室利用状況に関する調査報告書」平成20年2月14日
9）　中央教育審議会「子どもの心身の健康を守り、安全・安心を確保するために学校全体としての取組を進めるための方策について」（答申）平成20年1月17日
10）　9）で前掲

参考文献
文部科学省「高等学校学習指導要領解説　総則編」平成21年11月
学校教育法（昭和23年3月31日法律第26号、最終改正平成23年法37）

学校管理者からみた学校保健

1. はじめに

　学校管理者にとって、学校とは本当に落ち着けない、気苦労の多い職場になってきているのではないだろうか。登校・下校に始まり、学校内での傷害、生徒間のトラブル等があり、さらに、PTA関係者とのうち合わせ・地域の人々とのうち合わせ・学校関係者（教育委員会や大学関係者）とのうち合わせ等、毎日が多忙である。

　このような現状の中でも、学校管理者としては、学校の教育目標を遂行できるように取り図らなければならない。それは、生徒だけにとどまらず、教師一人ひとり対しても十分な配慮が必要である。

　学校の本来の目標は、生徒一人ひとりが校舎内外で目的に応じて安心して活動できるとともに、自分の良さを発揮できる場にしていかねばならない。それは、多くの仲間と"かかわり合いながら"自分の良さを意識できるともに仲間の良さも意識できる環境作りに日々取り組んでいくことである。

　さらに、生徒たちが、日々安心して学習活動に励むためには、教師の心身が安定していることが大切である。教師は、教育活動を意図的・計画的に実施していかねばならない。教師が自分のことで、ストレスを抱え込んだり、明日を心配したりしているようでは、安定した教育活動はできないし、このような不安定な精神状態では、生徒一人ひとりに気を配った教育活動はできないと思われる。

　つまり、生徒が安心して学校教育を受けられるようにするためには、教師が安心して、教育に気を配れる環境が必要なのである。

　そこで学校管理者としては、学校の構成者である生徒と教職員が、安心・安全が確保された状態を維持しなければならない。そのための、組織づくりと教育方針を決定していかなければならない。

　筆者が経験してきたX校の組織について取り上げて検討する。

　①学校保健委員会

　組織としては、校長を中心におき、副校長、養護教諭、栄養教諭、学校医、学校歯科医、学校薬剤師、PTA役員をもって構成している。

　ねらいとしては、子どもたちが生涯を通して、自ら健康で安全な生活を送ることができる「生きる力」を身につけるため、幼児、児童、生徒の健康の問題を研究協議し、健康つくりを推進することである。具体的な議題内容としては、定期健康診断のまとめの報告や結果から見えてくる子ども

の健康課題について協議し、学校医の先生方からの指導助言をもとに子どもの健康の保持増進に向けて取り組んでいる。

②安全衛生委員会

組織としては、管理職である副校長3名を中心として、産業医1名、養護教諭3名、事務職員2名、教職員代表3名の12名で構成している。

ねらいとしては、主に、教職員や子どもたちの安全健康管理等について話し合うことである。また、校内委員は、施設の安全点検や衛生管理を主に活動し、改善策等について管理者との連携を図る。

地区安全衛生委員会は、月一回以上実施。校内委員会は、週1回以上実施している。

③特別支援教育推進委員会

組織としては、管理職、特別支援教育部員（養護教諭、担当教職員、適宜該当学級担任）、スクールカウンセラー等で、構成している。

ねらいとしては、支援の必要な幼児・児童・生徒の自立や社会参加に向けた主体的な取り組みを支援するという視点に立ち、幼児、児童、生徒一人ひとりの教育的ニーズを把握し、その持てる力を高め、生活や学習上の困難を改善または克服することにあり、そのため、適切な指導及び必要な支援を行う。

2．生徒に信頼される保健室

中学校に通ってきている生徒の中で、学校へ来たくないと思っている生徒はそう沢山はいないと思われる。生徒の誰もが、学校で友達と話し合い、勉強し、運動をしながら楽しく過ごすことを望んでいるはずである。筆者は、学校管理者として、1人として学校へ来たくない生徒を作ってはいけないと考えていた。しかし、様々な事情を抱えながら学校へ来れない、もしくは来たくない生徒は、どこかの学年に1人はいたように思う。そうした中でも、保健室までなら行こうかと思っている生徒はいた。その場合の保健室の養護教諭のかかわり方は大変であったことと思う。でも、その養護教諭のかかわりのお陰で、少しずつ掃除の時間は教室の方へ行ったり、行事には参加するようになったりした生徒もいる。このような取り組みは、半年から1年といったように長期にわたるので、学校管理者と学級担任、養護教諭といったその生徒にかかわる教員との連携は常時行わなければならない。それだけに、養護教諭とその生徒との人間関係は深まり、師弟愛が生まれてくるのである。

中学校では、生徒が何かトラブルにあったり、自分にとっていやな思いをしたりすると保健室が一時的に避難場所になっている。長い時間になることもあるが、ほとんどが少しの時間で自分の感情を整理して心を落ち着かせて教室等へ戻って行くのである。また、長期にわたって、かなりの回数を保健室で過ごす生徒もいる。一時的にせよ、心を落ち着かせてもらった生徒は養護教諭のB先生に様々な感謝の言葉を述べている。次の文章はその一例である。

これは、卒業後に養護教諭に宛てた手紙の中身の一部である。

いよいよ暑い夏が近づいてきますが、先生お変わりなくお過ごしでしょうか、X校在学中はお世話になり、有り難うございました。高校に入学し早くも3ヶ月が経過し、友達が一杯でき、今は、もう生きるのが本当に楽しくて、楽しくて……中略……

B先生もお体に気をつけてお過ごし下さい。また、どこかでお会いする日を楽しみにしています。中学校の時に、本当にありがとうございました。先生のお陰で卒業まで行けました。大好きでした。

3. 学校保健委員会の組織と役割

幼小中一貫校では子どもたちは、幼稚園から中学校まで、12年間を同一敷地内で過ごすことになる。ここではある、幼小中一貫校の学校保健委員会を取り上げてみる。

(1) 保健委員会の構成員

学校園長のもと、学校側関係者、学校医・学校歯科医・学校薬剤師・PTA関係者の19名で保健委員会は構成される。

3校園で学校園長	1人（幼小中）	PTA会長	1人（学校園）
副校長	3人（幼小中）	PTA副会長	3人（幼小中）
養護教諭	3人（幼小中）	学校医	3人（幼小中）
栄養教諭	1人（小学校）	学校歯科医	3人（幼小中）
学校薬剤師	1人（学校園）		

(2) 組織の役割

保健委員会の中で、どんな内容が話し合われるのか、平成23年度の保健委員会の内容をあげてみよう。

ア　学園長挨拶
イ　PTA会長挨拶
ウ　健康診断について
　・平成23年度健康診断結果（幼小中）
　・平成24年度定期健康診断日程
エ　健康・安全管理について
　・水質検査結果について
　・安全衛生委員会
　・避難訓練について
　・学校危機管理研修報告（学園・PTA）
　・学校給食について
オ　歯科講話・健康教室の報告

このような手順で、議事は進行されていく。

この委員会は、幼児・児童・生徒の健康・安全について、学校側が実施している取り組みについて、PTAの立場、学校医・学校歯科医・学校薬剤師の立場からの、質問を受けるとともに、評価・指導を受けているのである。

例えば定期健康診断の結果から、子どもたちの発育や健康課題を考え、今後の保健教育の方向を示してもらう。また、環境衛生管理として、水道水及びプールの水質検査や学習環境を整えるための照度検査等を実施し、適宜、適切な指導助言を受けている。

以前の避難訓練は、火災と地震の場合がほとんどであったが、最近では、学校危機管理の一貫として、不審者侵入に対応した避難訓練も実施するようになってきた。不審者侵入に対する避難訓練を実施する場合は、PTA役員の協力も得ながら実施している。様々な状態が予想されるので、PTAの役員会でもよく検討した上で実施している。

特に、平成23年度は、栄養教諭が着任して3年になることから、栄養教諭の日々の活動の一部を紹介してもらった。活動は、主に子どもたちへのかかわりと保護者へのかかわりに絞って紹介した。子どもたちへのかかわりは、学級へ出かけていき、担任と共に食育について指導を行うとともに、学校給食についても子どもたちにより理解してもらうために指導を行った。また、保護者への啓発活動として、学校給食や食の安全について、大学教授や講師を招き、家庭との連携を深めている。

その一部をここに紹介する。

学校給食の子どもたちへの発信として、単においしい給食が食べられるだけでなく、給食指導が日常の教育に中で行われるようになった。例えば、子どもたちへの発信として、〈給食掲示板（写真2-1）〉〈ぱくぱく日記（写真2-2）〉〈調理の様子を紹介〉がある。

日常的に全体の児童への対応と個々の児童への対応とが行われている。個々の児童への対応のほとんどは、食物アレルギー児童の食事である。まずは、原因食物の内容を報告してもらうと共に、保護者には、①診断書を提出してもらう、②保護者との面談、③給食での対応、④全教職員で共通認識、⑤代替え食を提供といった手順を踏んでもらっている。

保護者への発信も行っている。食に関して

写真2-1　給食掲示板

写真2-2　ぱくぱく日記

は、保護者の関心は高く、給食試食会や外部講師による食育講話には、本当に多くの保護者の方の参加をいただき、関心の深さを目の当たりにした。

写真 2-3　給食試食会

4. 安全衛生委員会の組織と役割

(1) 安全衛生委員会の構成者

　副校長を中心として、産業医、養護教諭、事務長、教職員代表等の 12 名で安全衛生委員会は、開催される。

　　副校長　　　3 人（幼小中）　　産業医（医師）　　1 名
　　養護教諭　　3 人（幼小中）　　事務長（事務関係）　1 名
　　教職員代表　1 人（幼小中代表）労働者代表　　　　3 人
　をもって構成している。

(2) 組織の役割

　少なくとも、毎週 1 回、X 校内を巡視し、設備、授業での活用方法に危険はないかまたは衛生状態に有害のおそれはないかを点検、調査し、安全衛生日誌を作成するともに、措置が必要な場合は、安全衛生委員会に対して報告を行う。本来は、教職員の安全や校園内の衛生状態を調べるのが大きな目的ではあるが、学校ということもあり、当然幼児、児童、生徒の危険や衛生状態も考慮しながら調査している。

　　ア　巡視記録表（表 2-1）
　　イ　平成 23 年度　巡視計画表（表 2-2）
　　ウ　平成 24 年度安全衛生委員会活動計画
　　〇活動計画
　　　・5S（整理・整頓・清潔・清掃・習慣づけ）活動の実行
　　　・巡視活動の充実
　　　・安全衛生教育の充実
　　　・心身の健康増進及び健康診断受診率の向上
　　　・防災対策の推進
　　〇活動内容
　　　・〇〇地区安全衛生委員会の開催（月 1 回）
　　　・校内施設・環境の管理と巡視
　　　・教育環境・労働条件についての要望や改善案を検討する。
　　　・公務災害の予防と把握
　　　・ハラスメント研修や健康相談活動の推進（産業医との連携）

表2-1 巡視記録表

	巡視記録票	（平成　年度）
		月
部局名	○○地区	○○地区安全衛生委員会
日　時	日（　）時　分〜 時　分	場　所
巡視者	衛生管理者　○○○○印	
巡視内容（問題点・課題・改善点・対応）		
日　時	日（　）時　分〜 時　分	場　所
巡視者	衛生管理者　○○○○印	
巡視内容（問題点・課題・改善点・対応）		
日　時	日（　）時　分〜 時　分	場　所
巡視者	衛生管理者　○○○○印	
巡視内容（問題点・課題・改善点・対応）		

表2-2　平成23年度　巡視計画表

○○地区安全衛生委員会

年	月	第1週	第2週	第3週	第4週	備　考
23年	4月	幼・小・中　玄関	小・中・幼　教官室・校長室	小・中　教室	幼稚園教室、小・中特別教室	
	5月	グランド(小・中)、体育器具倉庫	敷地周辺	小・中体育館、幼稚園遊戯室	小・中　自転車置き場	
	6月	プール（倉庫）	幼稚園プール	景雲ハウス	渡り廊下屋根	⎫ ⎬プール点検を定期的に
	7月	給食室	新館	景雲台	幼稚園プール	⎭
	8月	プール（倉庫）	茶室周り	岩石園周り、飼育小屋	小・中　グランド（遊具）	⎫ ⎬グランド整備に注意
	9月	幼稚園　園庭（遊具）	事務室、中学校特別教室	小学校　特別教室	小学校　トイレ	
	10月	中学校　トイレ	幼稚園　トイレ	小・中体育館、幼稚園遊戯室	景雲ハウス	
	11月	小学校校舎、教室	中学校　特別教室	幼稚園園舎、教室	スチーム点検、ボイラー室	
	12月	校門周辺、池	売店、油庫	給食室	新館	⎫ ⎬スチーム・ボイラーに注意
24年	1月	幼稚園　教室	スチーム点検、ボイラー室	敷地周辺	小学校　教室	
	2月	中学校　教室	景雲台	渡り廊下屋根	茶室周り	⎭
	3月	敷地周辺	新館	売店	校門周辺、池	

○平成 23 年度目標達成項目
- 毎月の巡視活動を実施し、施設や環境の改善を図っている。
- 職員健康診断受診率の向上と事後措置の充実（受診率 100％）
- メンタルヘルス、セクシャルハラスメント研修の開催、職員の意識の向上に努めている。
- 感染症対策の充実（消耗品の購入）
- 受動喫煙防止対策の徹底

○継続課題
- 学園内施設のバリアフリー化（トイレの洋式便器への全面改修、スロープの設置）を推進する。
- 職員休憩室の確保
- 健康診断時における感染症予防対策の徹底（検査器具の滅菌消毒）を要望する。
- AEDの設置場所を改善する。

5. 特別支援教育推進委員会

(1) 特別支援教育推進委員会の構成員

　学校園長（1人）、副校園長（3人）を中心に、3校園教務主任（3人）、3校園生徒指導主任（3人）、特別支援教育部会員（3人）、養護教諭（3人）、スクールカウンセラー（1人）の17人程度で行っている。

　推進委員会の目的は、特別支援が必要な幼児・児童・生徒の自立や社会参加に向けた主体的な取り組みを支援するという視点に立ち、幼児・児童・生徒1人ひとりの教育的ニーズを把握し、生活や学習上の困難を改善または克服するため、適切な指導及び必要な支援を行うこととする。

　この目的のために、推進委員会は外部関係機関との連携、保護者との話し合いを密に行うとともに、それぞれに対して連携を深めるように努めている。

　特別支援推進委員会は、幼小中の全体職員会に報告するとともに全体で行う研修の企画運営も行っている。

(2) 組織の役割

○役　割
- 推進計画の立案
- 研修会の企画（講師との連携）、運営…年に1回以上の開催
- 幼小、小中入学時連携
- 外部関係機関との連携
- スクールカウンセラーとの連携
- 子どもの実態把握
- 個別の指導計画の立案

・子どもの実態把握
　　・保護者との連携（窓口・各校園コーディネーター）等
　○活動計画
　　・校内研修（年1回以上）
　　・研修会・研究会などへの参加
　　・部員による子どもの実態交流
　　・部員による文献等の情報交換
　　・子どもに関する各校園・担任相互の情報交換
　　・まとめと次年度への申し送り
　○活動内容
　　・教職員対象の研修の推進
　　・組織的な実態把握と共通理解
　　・有効な支援内容・方法の検討

6. 学校管理と教育

　学校教育は、意図的、計画的に進められなければならない。子どもたちや校内で働くすべての人が、健康で安全に安心して過ごせることは最低限のことである。このために、X校では、3つの委員会（学校保健委員会、安全衛生委員会、特別支援教育推進委員会）を設立し、相互に連携を図りながら運営をしている。

　この3つの組織すべてに参加し、中心的に役割を担っているのが養護教諭の先生方である。副校長もすべての委員会に参加しており、委員会のおおよその様子や子どもたちの人間関係やトラブルの様子等は知っている。しかし、最近問題になっているいじめ問題等のことを考えると、養護教諭との情報交換は、頻繁に行う必要があると考える。

　その1つは、ケガや精神的に辛くなると子どもたちは、さりげなく保健室へ行き、保健室の様子等をさりげなく観察すると共に、養護教諭にそれとなく話すケースがあるのではないかと思っている。もう1つは、ケガをした場合の原因や身体の状況や制服の状態等を観察できる立場にあることである。一刻を争う場合も多々あり、学校管理者としては、より早く、より速い情報収集・判断で行動を起こすことが大切である。

（1）教職員のかかわり

　管理者として何よりも大切にしなければならないのが、組織の動きである。担当者同士のかかわり、職員間のかかわり等を日常的にもかかわり合う事ができる組織にしておくことが大切である。そして、事ある時には、いつでも情報を持ち寄りながら緊急に会議を持ち、適切に対応することが大切である。

(2) 組織間のかかわり

　学校園の学校健康安全活動にかかわる組織は、緊急時以外での組織としては
　　　健康安全にかかわる組織…X校保健委員会・安全衛生委員会、特別支援教育推進委員会、
　　　　　　　生徒指導委員会
が中心となり日常的に活動しているが、それを支える組織は
　　　保健指導と他の組織の連携…保健体育科・特別活動（担任）・理科・生徒指導部
となる。これらの組織を構成する教員や事務職員が手を取り合ってこそ、子どもたちに対して適切でニーズにあった支援ができるとともに、子どもにとって学校は居心地のよい場になっていくと思う。

7．おわりに

　学校は、人が大勢いる。人が運営している。学校が上手くいき、生徒や先生が生き生きと活動できるかどうかは、人次第である。いくらよい組織を作っても、いくらどのように活動するのだと明文化しても、その学校を動かすのは人である。その時、その学校にいる人々である。その人たちとどうかかわり、その組織をどのように生かしていくかは、その時、その学校にいる人たちの努力にかかっていると言える。

　とはいえ、一気にすべての教員が変わる訳ではない。少しずつ組織の有り様を変化させながら、自分たちにあった組織にしていく事が大切である。その時大切にしなければならないことは、生徒1人ひとりが学校を居心地のよい場と感じているか、生徒1人ひとりが自分の良さを発揮しようと努力しているかを確認していくことが大切である。ぜひとも管理職の先生を筆頭にして、学校を元気に、生徒を元気に、教職員を元気にするべく頑張っていただきたいと思う。

第3章 学校保健と研究

1. はじめに

　学校保健の計画的・組織的運営には、計画（Plan）、実施（Do）、結果評価（Check）、改善（Action）という一連の過程をとることが必要である。この一連の過程は、これまでの活動から次の課題を発見し、解決方法を導き出すために行われるからである。これは研究疑問を見つけ解決していく研究の過程と重複している。したがって、学校保健を計画的・組織的に行うには研究活動が不可欠である。ところが、研究という作業は、学校では日常的に行われているにもかかわらず、教員を対象とした研修会等では、とても難しいという感想をよく聞く。研究は特別に行うものという印象があるためかもしれない。

　学校保健を計画的・組織的に運営するためには、教職員に課題や解決する必要性が共通に理解されること、連携して行うことが大切である。共通理解のためには研究論文の記載の方法が適している。研究論文には誰が読んでも内容が理解できることが求められるため、目的や課題を明確に示すスタイルで文章化される必要がある。学校保健では、「研究をする」というよりも、計画的・組織的に学校保健を行うために、実践をまとめ、教職員の理解を得ることによって、次の課題が見えてくると同時に、結果的に「研究になっていく」と考えられた。このような流れを、附属学校の養護教諭とともに実体験することができたので、皆様にもぜひ体験していただきたいという思いをまとめた。

　本章では、学校保健という大きな構造の中で、実践から研究を行うことを身近に感じていただくことを目的とし、今までの実践活動をできるだけ具体的に記載した。

2. 実践からテーマを選ぶ

　毎年、年度末には、保健室経営計画に対する実践から課題抽出し、次年度の計画立案が行われる。この時期が実践活動をまとめるきっかけとして有効だと考えられる。しかし、その年の実践活動を単にまとめるというわけではなく、表3-1に示したように、まず、本年度の計画と実施から評価を行う。学校保健では、学校保健計画に基づき一年間に実践したことを必ず評価することが必要である。

　つぎに、例年どおりの作業に加えて、新たな作業を少し加える。表3-1に「前年度」と記載した。新たな作業とは、前年度の年度末に行った評価の中から、自分なりの重点テーマ・課題を選ぶことである。健康課題の解決という視点からは、一度に多くのことをすることは難しいため、テーマを

絞る必要がある。自分が楽しかったことや得意なこと、力を注いだことから探索し、一年間の実践から一つのテーマを選ぶことが重要である。

3. 選んだテーマについて工夫・探索する

　一つのテーマの計画と実践記録をじっくりと読み返すことから始めた後は、事前に決めた評価項目に沿って再評価を行う。その際、評価項目が不足していてうまく評価できないことも正直に評価する。これが研究年次１年目の課題になる。学校では、実践はすでに始まっているために、途中で計画が立案を変更し、実践の中で工夫しながら記録することが多いと思われる。本章では「工夫・探索期」と名前をつけ、この作業を研究の始まりと位置づけた。

　工夫・探索期には、絞ったテーマについて、前年度の計画に、生徒の望ましい状況や行動について具体的に加筆する。実践を詳細に評価するために、円滑に評価できなかった評価項目も加筆する。

　年度末に、すべてのことを一度に行うことはとても難しい。年度末に行うべきことは他にも多くあり、自分が考えたテーマを詳しく評価する時間を捻出できない可能性が高い。テーマを絞った課題については、まとめや評価は年度末にこだわらないことも重要と思われる。

　自分が大切にしていることや、これまで実践の中で大切にしてきたことが浮き上がり、なんだか「わくわく」する感じがあれば、おそらく研究の方向性は間違っていないと思われる。逆に気分が重くなるようなら、この時点でテーマを変えることも検討する。これ以降はテーマを変えてはいけない。

4. 形式に沿って文章にする

　研究論文の形式である、目的、方法、結果、考察という形式に沿って、これまでの作業を記載する。その際には、記載しやすい部分から記載することが文章を書きやすくするコツだと思う。たとえば、箇条書きで記載する、方法から書き始める、といったことである。文字にすることで、「不明確なこと」「予想外なこと」が明確になる。この「不明確なこと」「予想外なこと」が次の課題になる可能性が高い。

　文章を書くことで、考えも整理できる。考えが整理される前には、混沌とした状況、「児童生徒にどうなって欲しかったのだろう」という、行ったり来たりも当然起こる。また、「もっとこんなことをやりたい」「もっとこうしたかった」という思いも出てくる。これまでの経験や知識をもとに、紙面にどう表現すれば自分の思いが伝わるのか、試行錯誤する（参照、表 3-1 の試行錯誤期）。このとき大切なことは、事実と、考えたことを区別しながら文章を書くことである。自分の思いも記載し、事実とは区別して整理する。時間の流れの順に書く方がわかりやすいのか、内容毎に書く方がわかりやすいのかといった検討も行い、順序よく記載する。

　試行錯誤期は、一人で作業するのは辛い時期かもしれない。辛いときには、いっしょに行う仲間

がいると、助けになる。この時期を「頓挫期」と呼ぶことにした。表3-1の頓挫期の具体的な状況については実践を参照してほしい。事実は記載できるのだが、最後の「まとまり」に至らなかった。協力してくれた人たちやこれからのことを支えに、「なんとしても課題を見いだす」という強い意志が大切である。仲間に話していると考えが整理されることが多い。「課題はいったいなんなのか」、実践のときの課題は生徒の心の状態を評価することだと、ふたりで話をしているうちに明確になった。

　課題が明確になることで、課題を解決するという目的を共有できるもっと多くの仲間ができる。思いを共有するために、文章から課題と課題である理由を読み手が理解できるかを確認する。いくつも課題が出るので、ここでも一つに絞る。課題の緊急性、具体性、難しさを考え、順位をつけて一つに絞る。

　たとえば、保健委員会で折り紙を取り入れたい、学校を飾りたい、保健室に来ない生徒にも関わりたい、どんな生徒にどんな折り紙作品が適切なのか、生徒はみんな折り紙が好きか、など多くの課題が出た。一つに課題を絞るために、テーマを絞った時のことを思い出す必要がある。折り紙を折ることは何かを解決するための方法である。折り紙を折ることで何を解決したいと思ったのだろうか。

表3-1　研究活動への取り組み（1年目）

年　次	研究活動時期	活　動	内　容	実際の具体的内容
前年度		実　践	学校教育目標に沿った保健室経営計画・重点課題等から実践計画を立案する、実践している	全体についてまんべんなく記載。
研究年次1年目	研究計画期			テーマを絞って詳しく評価をしてみよう。
	工夫・探索期	実　践	日頃の活動の中から、得意なこと・重点を置いていることを選ぶ 仮説をたてる	学校のテーマ「集団から個への学び」だから「集団指導」から「個」につなぐ内容にしたい。 生徒はみな同じような悩みを抱えていることを知り、他の生徒の解決方法を学び、自分の解決方法の選択肢が増えるとよい。 悩みの相談は保健室に来る生徒ばかりでなく、来ることができない生徒もいるかもしれない。保健室のことを知らせたい。
	試行錯誤期	まとめ	研究論文の形式に沿って、実践したことを記入する	記載しようとすると情報が不足していることに気づく。 不足は不足で、気にしない、次回に期待する。 わかったこと、考えたことを箇条書きにすることから文章を作っていく。 途中で、混乱もするけれど、文章にする。
	頓挫期	課題抽出	次の実践の課題を「まとめ」の考察から見つけ出す	生徒が相談に来るとなれば、保健室で「こころの健康」にどう取り組むか明確な方針が必要。 集団から個というテーマだから、「個」への働きかけの方法も具体的にしたい。 「こころの健康」は見えないから、保健室で重点的に活動しても評価ができない。評価の方法も見つけたい。
	決断期	課題の選別	いくつかの課題の中から、ひとつを選び出す	「こころの健康」に対しての養護教諭の実践を評価するにはどうすればよいか。

テーマに一番関係があるのはどれか。多くの課題の中から、できるだけテーマに関連したものを選ぶ。たとえば、「生徒の悩みと解決」に着目している場合、大きく捉えた「こころの健康」から外れないように気をつける（参照、表3-1の頓挫期）ことが大切である。

いよいよ、次年度の活動に向けて、重点テーマを一つ「決断」する時期になる。もう一度、課題の解決法と解決のために必要な協力が他の人にはっきりとわかるかを確認する。

5. 自分で決めた課題を解決するための計画立案

研究年次2年目に入ると（表3-2）、解決したい課題が明確になり、仮説を文章化できるようになった。「折り紙の使用は、生徒の落ち込みを軽減する」というように「きっぱり」とした文章がよい仮説といえる。表現が「きっぱり」していると、何を測定すればよいのか、測定するための道具はあるのか、対象はクラス単位か、それとも保健室に来た生徒なのか、といった準備や対象、協力者などが具体的になる。また、教職員にも重点テーマや実践について、具体的に相談できる。対象によって相談する教職員も変わるが、会議等で全体に発表する機会があれば、ぜひ発表するのがよいと思われる。発表することになったら、課題を抽出した文章から指定された時間で要点を話せるように発表の準備をする。

自分の得意なことや、好きなこと、これまで大切にしてきたことを重点テーマに選ぶ意味は、ここで明らかになる。具体的に計画を立案するとき、自分が得意なことや好きなことは、本当に「わ

表3-2 研究活動への取り組み（2年目）

年　次	研究活動時期	活　動	内　容	実際の具体的内容
研究年次 2年目	研究計画期	実　践	いくつかの課題の中から、ひとつを選び出す	折り紙を使用すると生徒の態度や表情がよくなる気がするということから、仮説を折り紙の使用は生徒の落ち込みを軽減する、とする。 1年目の経過をまとめたもので説明し、担任の協力を得る。
	工夫・探索期		選び出した課題から仮説を作成し実践計画を立て、実践する	評価したいのは生徒の気持ちの変化だから、表出させる工夫としてフェイスマークを使用する。
	試行錯誤期	まとめ	明らかにしたいことを実践の中から取り出すための道具を探す	記載しようとすると情報が不足していることに気づく、文献を調べる。 他の教員と相談する。
	頓挫期	課題抽出	仮説に沿って、研究論文の形式でまとめる	課題が見えてくる。 折り紙の作品によって生徒への効果が違う気がする。 生徒によって好みがあるのではないか。 疲れの種類や程度によって折り紙の作品に適・不適がある、できあがらないと逆効果かもしれない。 個から集団へで、みんなで一つの作品を折り紙で作ると集団の雰囲気がよくなる気がする。
	決断期	課題の選別	次の実践の課題を「まとめ」の考察から見つけ出す	生徒やその状況にあった折り紙作品を提案することはできないか。

くわく」する。適切な道具を探し、自分で工夫し、考えの幅も選択肢も多く示すことが可能である。最後には、いくつかに絞るが、初期には選択肢が多い方が解決方法もみつけやすい。本章の例では、フェイスマーク（自分の気持ちを顔マークから選ぶもの）や折り紙作品の選択にあたる（参照、表3-2の工夫・探索期）。折り紙作品を選ぶ、これは折り紙の大好きな先生にとっては、課題解決をしながら、好きなものに囲まれるという楽しい時間といえる。

　保健室に来た生徒を対象とする場合には、担任の協力は不可欠である。論文の形式に沿ってまとめた文章を使用して、課題や解決のための方法と評価の方法を担任に説明する。会議で全体に説明しておくと、より円滑に実践がすすむ。

　生徒と一緒に折り紙をしていると、効果を実感するが、その効果をその場にいなかった人に説明することはとても難しい。効果を説明するためには測定する道具が必要で、数値化できると説明はさらに簡単になる。偶然得られた効果としてではなく、計画的に健康問題の解決のために、折り紙を保健指導に利用するという時にも、効果を測定するための道具が必要である。

6. 実践と評価

　実践・評価を具体的に意図してできるようになるのは、研究年次2年目からであった（参照、表3-2の試行錯誤期）。研究年次1年目の取り組みから、研究年次2年目に仮説し、具体的に評価のための道具を選ぶことができた。本章の例では、附属学校の行事として研究会があるので、テーマは毎年変えているが、「こころの健康」、折り紙を利用した保健指導という大きな枠の中には入るようにした。

　毎年テーマを変える必要はない。まったく同じテーマに何年か取り組み、生徒の様子の変化を見ることは興味深い結果が得られる可能性が高い。

　研究年次2年目の実施・評価の段階では、ある程度一年目に文章にまとめていたために、キーワードをもとに文献を探すことが可能になった。キーワードはこれまでの研究を参考にして実践を深めるための重要な手がかりになる。実践した内容から考察をするとき、いろいろな思いや考え、課題がでてくるために、文章を整理することは大変だった。しかし、大きくテーマから外れることはなかった。養護教諭が自分で作成した仮説によって方向が決まっていたからだと考えられる。

　研究年次2年目では、「折り紙の使用は、生徒の落ち込みを軽減する」ことが達成できたのかどうかを考察で議論しなくてはならない。次の課題が頭の中にたくさん浮かんでくるが、それはメモにとどめ、本年度評価として、フェイスマークを使用した結果を用いて、「折り紙の使用は生徒の落ち込みを軽減する」ことができたのかにこだわることが重要である。議論がそれないように細心の注意をはらう。生徒の「こころの健康」に対する支援やこれまでの思いを記載することはぐっとがまんし、論点はずれていないかを丁寧に点検する。

　仲間と一緒に文章を点検すれば、より一層客観的な記述となり、課題解決の状況は伝わりやすくなる。完成したときには、すっきりとして読みやすい考察になっている。

　考察に述べられていることだけでなく、まとめている時に出てきた課題も含め、次の課題を選択

するころには、取り組みが始まってから、研究年次3年目が過ぎていた。この頃になると、毎年重点テーマを選び活動することが当たり前のようになっていた。

表3-2の研究年次2年目の頓挫期と研究年次1年目の頓挫期を比較すると、課題への接近のための内容がより具体的になっている。担任の協力も円滑に得ることができてきた。表3-3に示したように、研究年次3年目には表の記載は少なくなった。記載が少なくなったのは、目的が「生徒の心身の状況に適合した折り紙作品の提案」ということに絞られたためであると考えられた。養護教諭が行っていることを他の教員に理解してもらえたことを実感できた時期であった。他の教員にアドバイスや感想をもらうことができ、計画や実践を発表する意味や効果が実感できたのもこの頃であった。頓挫期にはいろいろな思いが出てきたが、養護教諭の思いは、とにかく「保健室で折り紙によって生徒の気分を明るくしたい」ということだった。

研究年次3年目は、生徒の心身の状態に合わせて適切な折り紙作品を提案するという目的のために、生徒の折り紙の体験や疲れの度合いによって選ぶ折り紙作品は異なるという仮説を検証することに決まった。折り紙の難易や生徒の気持ち、性格などが関係する複雑な課題であるから、1年間で結論は出ず、この研究は続いていくと思われる。

実践から研究を行うことに抵抗なく取り組めていることに気づき、検証したいことが浮かんでくるという、うれしい頓挫期を迎えることができた。気後れせず、重点テーマを深めていけるようになるには3年経過していた。

表3-3 研究活動への取り組み（3年目）

年 次	研究活動時期	活 動	内 容	実際の具体的内容
研究年次3年目	研究計画期	実 践	いくつかの課題の中から、ひとつを選び出す	仮説は、疲れの度合やそれまでの体験によって選ぶ折り紙作品は異なる、とする。 養護教諭が何を取り組んでいるか他の教員に理解してもらえる。 実施内容が明確なので他の教員との連携が取りやすい。
	工夫・探索期		選び出した課題から仮説を作成し、実践計画を立てる	客観指標として疲労を測定する尺度を使おう。
	試行錯誤期	まとめ	明らかにしたいことを実践の中から取り出すための道具を探す	生徒の状態に合わせた折り紙作品の提案ができるかもしれない。 折り紙作品の複雑さを何で示したらよいだろう。折る回数か。使用する紙か。
	頓挫期	課題抽出	仮説に沿って、研究論文の形式でまとめる	生徒の性格によって、違いはないのか。 折り紙が嫌いな生徒はいないのか。 平面作品と立体作品、どっちがよいのか。 個から集団へという学校のテーマに戻ってみようか。
	決断期	課題の選別	ほぼ初期の目的を達成できれば残った課題に着目する 次のテーマを考える	3年振り返ると一つのテーマが深まり、実践の評価が行えていた。 テーマを継続するか、を考える

7. おわりに

　学校保健と研究の関係から、実践をまとめる方法をできるだけ具体的に記載した。本章に記載した体験は、大学教員である筆者と養護教諭のわくわくする共同作業であったが、楽しいことばかりではなかった。特に頓挫期は、どうなるかしらという大変さが筆者の心を大きく占めていた。終わってみれば、楽しかった記憶とともに、課題に導かれて新しい年度の活動が始まっているという状況だったと思われる。実践が課題を生み、さらに実践につながるという循環に入ると、ずっと実践を楽しみながら研究ができると考えられた。今回行った「研究活動の取り組み」の検証を楽しみにしている。

第4章 特別支援教育と保健室・養護教諭

1. はじめに

　2007（平成19）年から、特殊教育から特別支援教育へと移行し、障害の重い障害児の教育に軸足を置いた特殊教育から、それまでの障害カテゴリーに加え、発達障害、つまり、学習障害（LD：Learning Disabilities）、注意欠陥多動性障害（ADHD：Attention Deficit Hyper Active Disorder）、高機能自閉症（HFA：High Functioning Autism）、それにアスペルガー症候群等の子どもたちにも、制度として教育的支援を行うようになった。

　この制度が整備される以前は、「育てにくい子ども」、「かわった子ども」、「落ち着きのない子ども」、「家庭のしつけが行き届いていない子ども」のように、彼らの特徴のネガティブな部分だけが目に付き、否定的な見方がされていた。筆者の経験からすると、教育制度の中で正規の政策として位置付けられていない時代に、真っ先に彼らの存在に気がついたのは、保健室の職員・養護教諭や生徒（児童）指導担当教諭であったと言っても良いのではないか。それは、以下のような理由によるものである。発達障害、あるいはそれに類似した子どもたちは、不登校になりやすいと言われているが、こんなエピソードがある。彼らがいわゆる「保健室登校」を行っている時、養護教諭の先生が、「皆は教室で勉強しているから、勉強してみようね」と言って、その子に作文を書かせようとした。驚いたことに、日々の暮らしやテレビ番組の内容はきちんと話すのに、書くことがほとんどできない。字も枠からはみ出る、書き順が違う、鏡文字であったり、偏と旁が逆だったりなど、様々なことに気付いた。また、保健室でいろんな事を話すが、相互のやりとりや聞き取りができない。発音や構音に問題があるのではなく、対人関係の原則や自他の区別が難しいなどの問題がありコミュニケーションができない。あるいは、生徒（児童）指導担当の教諭が、何度も指導しても行動が改まらない、何度言ってもすぐ忘れる、激高しやすい、授業中に立ち歩く、じっとしていられない等の困難のある子どもと対応している内に、養護教諭の先生と同じことを発見し、これらの子どもたちは単なる「保健室登校」や「生徒指導対象」だけの子どもではなく、何らかの特別な困難・特徴があるのではないかと気付いた。以上の理由で、発達障害のある子どもたちが教育的支援を受ける以前から、保健室職員・養護教諭や生徒指導の教員が動き出していた。

2. 発達障害とはなにか

文部科学省の定義と、学校現場あるいは子どもの側から見た障害像を紹介してみよう。

(1) 自閉症〈Autistic Disorder〉

1) 定　義

自閉症とは、平成15年3月の「今後の特別支援教育の在り方について（最終報告）」によると、「3歳位までに現れ、①他人との社会的関係の形成の困難さ、②言葉の発達の遅れ、③興味や関心が狭く特定のものにこだわることを特徴とする行動の障害であり、中枢神経系に何らかの要因による機能不全があると推定される」。

高機能自閉症〈High-Functioning Autism〉とは、平成15年3月の「今後の特別支援教育の在り方について（最終報告）」によると、「3歳位までに現れ、①他人との社会的関係の形成の困難さ、②言葉の発達の遅れ、③興味や関心が狭く特定のものにこだわることを特徴とする行動の障害である自閉症のうち、知的発達の遅れを伴わないものをいう。また、中枢神経系に何らかの要因による機能不全があると推定される」。

アスペルガー症候群とは、知的発達の遅れを伴わず、かつ、自閉症の特徴のうち言葉の発達の遅れを伴わないものである。なお、高機能自閉症やアスペルガー症候群は、広汎性発達障害に分類される。

2) 教室内あるいは本人から見た障害像

・話す内容はしっかりしているのに、意外に話の内容や周囲で起こっていることが理解できていないことがある。
・ゲームをしても「面白さ」を友だちと共有できないことが多く、自分だけでゲームをしているかのように楽しんでしまう。「ルールが守れない」とよく言われる。
・することをいつもとがめられて、不満が蓄積してしまう。
・フラッシュバックを起こしやすい。主に音声に対して、過去の嫌な思い出を強い臨場感をもって思い出しパニックになる子どもがいる。
・クラス内のある子どものことが気になって授業に集中できない。何もかもが気になる。

(2) 学習障害〈LD：Learning Disabilities〉

1) 定　義

学習障害とは、平成11年7月の「学習障害児に対する指導について（報告）」によると、「基本的には全般的な知的発達に遅れはないが、聞く、話す、読む、書く、計算する又は推論する能力のうち特定のものの習得と使用に著しい困難を示す様々な状態を指すものである。学習障害は、その原因として、中枢神経系に何らかの機能障害があると推定されるが、視覚障害、聴覚障害、知的障害、情緒障害などの障害や、環境的な要因が直接の原因となるものではない」。

2）教室内あるいは本人から見た障害像

- 学習障害のある子どもの中には、読むことに大変苦労している子がいる。自分では上手に読もうと精一杯頑張っているのに、読んでいる途中でどこの行を読んでいるか分からなくってしまう。近視、遠視、乱視とは違う、新しいタイプの視覚障害があるとされている。
- お手本の文字を書き写すのに大変な苦労をしている子もいる。一生懸命手本を見ながら書くのだけれど、どうしても正しく書けない。
- 「何度練習しても上手にできない」「もっと練習しなさい。一生懸命やりなさい」と繰り返し言われているうちに、意欲をなくしてしまい、ますます「なまけている、不真面目」と見られてしまう。

(3) 注意欠陥多動性障害〈ADHD：Attention-Deficit Hyperactivity Disorder〉

1）定　義

ADHDとは、平成15年3月の「今後の特別支援教育の在り方について（最終報告）」によると、年齢あるいは発達に不釣り合いな注意力、及び／又は衝動性、多動性を特徴とする行動の障害で、社会的な活動や学業の機能に支障をきたすものである」。

また、7歳以前に現れ、その状態が継続し、中枢神経系に何らかの要因による機能不全があると推定される。

2）教室内あるいは本人から見た障害像

- とにかく気が散りやすく、興味のあるものが見えるとすぐそちらに行ってしまう。面白そうなことが「気になる」というより、気にしないではいられないといったほうがよいかもしれない。
- 「喋りたい」と思ったとたん、喋ってしまう。喋った後で、「今しゃべったらいけない時だった」と気づくが、周りの人から注意や叱責をうける。
- 「やりたい」と思った時も、やらなければ気が落ち着かない。それを無理に止められるとカッとなり思ってもいないような激しい行動に出てしまう。いつも叱られてばかりでだんだん自信をなくしていく。

(4) もっと多いその他の子どもたち

この数年間、巡回指導で特に気になることは、以下のことである。近年、社会的格差の問題が議論されているが、社会的格差の拡大による家庭教育力の低下が学習困難や行動問題を引き起こしている場合がある。そして、保護者が定職を得ることが、この子に大切だと思えるようなケースが増えてきた。このことも子どもとの対応で意識しなければならないことである。社会経済的な課題がある子どもたちの増加があり、家庭や保護者の責任と言われても対応できない家庭が急増していることに気付くべきである。

以上、発達障害等のこどもたちについて、文部科学省の定義と教室内での姿を紹介した。彼らは、このような困難を抱えながら保健室に飛び込んでくる。近年、発達障害についての啓発、情報

の普及に力がおかれているが、一方で次のような事が起きている。文部科学省の発達障害の定義の中に「中枢神経系に何らかの要因による機能不全があると推定される」という一文がある。ある県の福祉関係のホームページを見ると、中枢神経系、つまり脳機能の障害に言及しているのは、てんかんと発達障害のみであった。ただ「おもしろい子ども」「ユニークな子ども」あるいは「かわった子ども」から、脳機能に問題がある子どもというように、中途半端な啓発が進むと、子どもをとりまく雰囲気が悪くなることがある。

3. 保健室スタッフ・養護教諭に期待されること

(1) 19文科初第125通知（文部科学省、2007）から

　特殊教育から特別支援教育へ移行するに当たって、この通知では、「特別支援教育に関する校内委員会の設置」の項目で、「各学校においては、校長のリーダーシップの下、全校的な支援体制を確立し、発達障害を含む障害のある幼児児童生徒の実態把握や支援方策の検討等を行うため、校内に特別支援教育に関する委員会を設置すること。委員会は、校長、教頭、特別支援教育コーディネーター、教務主任、生徒指導主事、通級指導教室担当教員、特別支援学級教員、養護教諭、対象の幼児児童生徒の学級担任、学年主任、その他必要と思われる者などで構成すること。（下線は筆者）」として、校内委員会での養護教諭の活躍を期待している。このことを反映する内容として、千葉市養護教諭会で2004年度に実施したアンケート「保健室で個別支援を要する児童生徒の状況」の結果からみると、「保健室で個別支援を要する児童生徒がいる」と答えた養護教諭は、小学校で79.8％、中学校で89.3％であり、特別支援教育が制度として実施される以前から、保健室では、これらの子どもたちに様々なことが行われていたと言っても過言ではない。

(2) 学習指導要領での位置付け

　2008年に作成された小学校学習指導要領解説 総則編（63頁）、同年に作成された中学校学習指導要領解説 総則編（65頁）、さらに高等学校学習指導要領総則編（73頁）では、障害のある児童・生徒への対応について述べている。

　「障害のある児童（生徒）などについては、（各教科・科目等の選択、その内容の取扱いなどについて必要な配慮を行うとともに、）特別支援学校等の助言又は援助を活用しつつ、例えば指導についての計画又は家庭や医療、福祉等の業務を行う関係機関と連携した支援のための計画を個別に作成することなどにより、個々の児童（生徒）の障害の状態等に応じた指導内容や指導方法の工夫を計画的、組織的に行うこと。特に、特別支援学級又は通級による指導については、教員間の連携に努め、効果的な指導を行うこと。（下線部は高等学校指導要領にはない。筆者加筆）」このあと、すべての学習指導要領解説では、特殊教育から特別支援教育へと制度的変更があったことが述べられている。さらに「小学校（中学校）には、特別支援学級や通級による指導を受ける障害のある児童（生徒）とともに、通常の学級にもLD（学習障害）、ADHD（注意欠陥多動性障害）、自閉症な

どの障害のある児童（生徒）が在籍していることがあり、これらの児童（生徒）については、障害の状態等に即した適切な指導を行わなければならないとし、今回の改訂では、障害のある児童（生徒）の指導に当たっては、特別支援学校等の助言や援助を活用すること、個々の児童（生徒）の障害の状態等に応じた指導内容や指導方法の工夫を計画的、組織的に行うことが新たに加わった。当然、このような取り組みを行うためには、校内委員会が設置され、養護教諭もこの中での活躍が期待される。

この中で、留意しなければならないのは、小学校と中学校には、特別支援学級や通級指導教室があり、特別支援教育に係わる教員がいる可能性が高いが、高等学校においては特別支援教育制度の組織がなく、これまでの経験を生した養護教諭の活躍が他の学校よりも必要となる。

(3) 高等学校学習指導要領解説に記載されている特記すべき内容

公立高等学校に特別支援学級が設置されていないので、養護教諭がその役割を担わなければならないことをすでに述べた。新しい高等学校学習指導要領では、以下のような内容があり、養護教諭の専門性とは異なる内容を実施しなければならない。

---

(3) 義務教育段階での学習内容の確実な定着を図る工夫（第1章第5款の3の(3)）（解説57頁）

(3) 学校や生徒の実態等に応じ、必要ある場合には、例えば次のような工夫を行い、義務教育段階での学習内容の確実な定着を図ること。
ア　各教科・科目の指導に当たり、義務教育段階での学習内容の確実な定着を図るための学習機会を設けること。
イ　義務教育段階での学習内容の確実な定着を図りながら、必履修教科・科目の内容を十分に習得させることができるよう、その単位を標準単位数の標準の限度を超えて増加して配当させること。
ウ　義務教育段階での学習内容の確実な定着を図ることを目標とした学校設定科目等を履修させた後に、必履修教科・科目を履修させるようにすること。

---

(7) 学習の遅れがちな生徒の指導における配慮事項（第1章第5款の5の(7)）（解説73頁）

(7) 学習の遅れがちな生徒については、各教科・科目等の選択、その内容の取扱いなどについて必要な配慮を行い、生徒の実態に応じ、例えば義務教育段階の学習内容の確実な定着を図るための指導を適宜取り入れるなど、指導内容や指導方法を工夫すること。学習の遅れがちな生徒に対しては、一人一人の能力や適性等の伸長を図るため、その実態に即して、各教科・科目等の選択やその内容の取扱いなどに必要な配慮を加え、個々の生徒の実態に即した指導内容・指導方法を検討し、適切な指導を行う必要がある。この規定の「各教科・科目等の選択、その内容の取扱いなど」の「など」には、個々の生徒に応じた学習意欲を高める指導方法などが考えられる。学習の遅れがちな生徒の指導に当たっては、一人一人に即した適切な指導をするため、学習内容の習熟の程度を的確に把握することと、学習の遅れがちな原因がどこにあるのか、その傾向はどの教科・科目において著しいのかなど実態を十分に把握することが必要である。

高等学校では、2013年度から新しい学習指導要領が完全実施され、上記の内容を実施すべき時がくる。高等学校においても「特別支援教育コーディネーター」が指名され、養護教諭がコーディネーターになるケースが多い。小学校においては、そのほとんどは学級担任制であり、個人・学級の課題に対しては、学級担任を中心として支援を行うが、中学校や高等学校においては、教科担任制度であり、1人の生徒に複数の教員が担当している。発達障害について、その理解が十分でない今日、多くの教員に共通理解を得るためには、特別支援教育に関する内容だけでなく、ワーク

ショップ・スキル、ファシリテーション・スキル、会議の技法など、学校内でのパートナーシップ形成のために必要な様々なスキルが必要であろう。

4. おわりに

　特別支援教育が実施される以前から、保健室には毎日様々な児童生徒が来室していた。対人関係のトラブルから腹痛を訴える子、学習に不適応を起こして頭痛を訴える子、多動や粗暴から教室にいられない子の存在があった。これらの子どもたちは、今言えば発達障害のある子どもだったかもしれない。さらに発達障害の二次障害として、虐待、ネグレクト、いじめが疑われる子、そして、ついには非行が心配され、生徒指導の対象となっている子、そして最近目立ってきたのが、社会経済的な課題が原因による社会的格差による困難である。保健室は、応急処置の場であると同時に不適応を起こした児童生徒の居場所にもなる。頭痛や腹痛などの心身症状の背景にある児童生徒ひとりひとりの困難に寄り添い、支援することは、養護教諭の大切な仕事のひとつでもある。LD・ADHD・アスペルガーなど発達障害を持つ児童生徒の指導に関する取り組みが制度として実施される中、養護教諭の日常の執務そのものが特別支援教育の一翼を担う覚悟、特に高等学校ではその必要があるといってもよいのかもしれない。しかし、前述したように、特別支援教育の推進は担任や養護教諭が個別に取り組むものではなく、校内体制の中で実践される委員会対応によって大きな効果をあげると考えられる。特別支援教育における自分自身の実践を振り返り、養護教諭の役割について考えてもらいたい。

引用文献
千葉市養護教諭会「保健室で個別支援を要する児童生徒の状況」2004
文部科学省初等中等教育局「特別支援教育の推進について（通知）」19 文科初第 125 号通知　2007
文部科学省『小学校学習指導要領解説 総則編』東洋館出版社　2008
文部科学省『中学校学習指導要領解説 総則編』ぎょうせい　2008
文部科学省『高等学校学習指導要領解説 総則編』海文堂出版　2009

コラム①

障害児者の運動指導

　筆者は障害程度の重い障害児者を対象にした運動指導を 40 年以上行ってきた。運動指導を入り口にして、彼らが自立するためのソーシャルスキルの獲得を目指している。運動ができなくても、また、運動をしなくても生きていくことはできるのだが、運動を覚え、友達同士とのゲームに参加できれば、今まで知らずにいた社会を知り、自己の責任感が芽生える。そこに運動を指導する意義があると思っているからである。

　現在、障害児者に対する指導法は様々紹介されている。しかし、多くは障害という特異性からみた特別なアプローチを行っていると感じる。筆者自身は、例え障害程度が重くてもできるだけ一般の指導方法で行っている。障害児者を運動の仕方を知らなかった者として捉えれば、普通に運動を楽しめるようになると思っている。

　次に、筆者が特に重要視しているのが「静止」することである。いくら動く技術を指導しても静止することができなければ指導の展開は困難となる。最初の運動指導は「動かないこと」を指導する。静止を学習すれば各運動技能を集中して行うことができ、さらに各種競技の展開が可能となるのだ。

　運動指導の場は社会生活の縮図でもある。「たかが運動、されど運動」なのだ。

第Ⅱ部　養護教諭の立場からみた学校保健

第5章 教育職としての意識を高める養護実習の取組み
—— 養護実習生に対する指導経験を通して ——

1. はじめに

　広島大学（以下、本学）では1992（平成4）年度に医学部保健学科看護学専攻において養護教諭の養成が始まり、1995（平成7）年度からその養護実習を各附属学校園で行っている。さらに2005（平成17）年度には歯学部口腔保健学科口腔保健衛生学専攻（現在、歯学部口腔健康科学科）においても養成が始まり、2008（平成20）年度からは2学部の養護実習生を受け入れている。

　養護教諭の養成課程は、主として教育系（養護教諭免許の取得が卒業要件）の養成と看護系（看護師免許の取得が卒業要件）の養成に大別されるが、本学の場合は看護系の養成課程であるがゆえに、あえて教育職としての意識を高める養護実習となるようさまざまな工夫をしているところである。

　そこで、実習終了後の学生のレポートから、有効性を確かめるために分析を行い、今後の実習のあり方を模索するための一資料としたいと考えた。さらに、養護実習に携わっておられる先生方の参考資料になれば幸いである。

2. 養護実習の概要

（1）養護実習の運営組織

　本学における養護実習の運営組織を表5-1に示す。事前に養護実習委員会において実習期間や実習人数等の大枠が承認され、それを受けて各附属学校園の養護教諭と大学側の担当者の間で詳細な打ち合わせを行った上で実習生を受け入れる。また、実習終了後には養護実習委員会において反省を行い、次年度に生かしている。

表5-1　運営組織

【養護実習委員会】 医学部保健学科（学科長、実習担当）、歯学部口腔健康科学科（実習担当）、医・歯学部学生支援グループ、附属学校支援グループ、各附属学校園副校園長、附属学校園各地区養護教諭の代表

（2）養護実習の展開

　養護実習が始まるまでの学生の動きは次のとおりである。3年次の2〜3月に各附属学校において二日間の観察実習を行い、4年次4〜5月には健康診断体験実践演習を行う。その後、養護実習

第5章　教育職としての意識を高める養護実習の取組み —— 養護実習生に対する指導経験を通して ——

を行うことになる。また、養護実習開始前には、附属幼稚園副園長と附属学校養護教諭が大学に出向いて事前指導も行っている。

養護実習は一種免許取得には5単位（実習4単位＋事前・事後指導1単位）が必要で、本学では歯学部は4年次前期（6〜7月）に、医学部は4年次後期（9〜10月）に、各附属学校園において20日間実施している。医学部・歯学部あわせて約30名の学生が、小学校3校、中学校2校、中・高等学校2校に分かれて実習を行う。つまり、養護教諭一人あたり4名程度の実習生を受け入れている。

実習内容は各附属学校によって多少の違いはあるが、大きく分けて3段階の展開をしている。実施にあたっては、実施要項ならびに詳細な日程表を作成する（図5-1）。

図5-1　2011年度養護実習日程表

以下はX校（実習校）の場合について述べる。

1）基本的実習期間：3〜4日間
学校教育全体の組織・運営を理解し、児童の学校生活を知る期間

実習初日から、配属学級（実習生一人ひとりが分かれて）で一日を過ごす。授業だけでなく学級指導も含めた観察実習を行い、休憩時間などはできるだけ児童と一緒に過ごすことにより、子ども理解を深める期間にしている。特にこの期間は、同時期に教育実習をしている教育学部の学生と共

に実習することを大切にしている。一日の終わりには、教育実習生と共に学級反省会や授業反省会（教育実習生の行った授業）にも参加し、担任による指導を受けることにより、児童観や教育観が育まれる。

また、オリエンテーション、教員による指導講話（学校経営、学級経営、総合学習、特別活動、情報教育、道徳人権教育、教育相談、生活安全指導、給食指導など）もこの期間に行われ、教育実習生と共に参加し学校教育全般についての理解を深めている。

2）発展的実習期間：12～14日間
養護教諭の職務全般を実習する期間

主な実習場所を保健室に移し（朝の会・給食時間・終わりの会は配属学級へ行く）、来室児童の対応（救急処置、健康相談活動）を中心とした保健室内での実習に入っていく。身体測定などの保健行事の実習等も行う。救急処置に関しては、「救急処置の記録」を活用して事例検討会を行うことにより、養護診断や個別の保健指導の力量を高めるようにしている。

また、この期間に学生一人ひとりが配属学級で一単位時間の集団の保健指導を行うが、各学級担任からも指導を受け、指導後の反省会には教育実習生にも参加してもらい、幅広い視点で意見をもらうことができる。そして、保健指導の事後指導としての内容を盛り込んだ「保健だより」も作成している。

定期健康診断や学校環境衛生等、実習期間中に経験する事のできない養護活動については、学生一人ひとり違うテーマで調べ学習を行ってまとめたものを発表する「テーマ学習」を行い、発表し合った後、養護教諭が現場での実践等を補足説明することにより理解を深めている。

また、異校種実習（幼稚園で二日間、同じ敷地内の中・高等学校で一日）を行い、幼稚園から高校までの幅広い発達段階の子どもと関わることができている。

3）総合的実習期間：3～4日間
実習のまとめの期間

終日、保健室のみで実習をする。それまでに実習したことを生かし、学生が半日ずつ、一人で保健室を運営する「総合実習」を行い、最後に実習の反省会を行う。

3．教育職としての意識を高める養護実習

(1) 教育実習生との学び合い

X校では、実習時期を教育実習の時期に重ねることにより、教育実習生と同じ教室（空間）での実習が可能になっている。配属学級で担任の職務を教育実習生と共に経験したり、授業観察や授業準備などを共に行っている。また、教育実習生の教壇実習を観察し、その反省会に参加することにより、指導案の書き方や授業の組み立て方、発問の仕方なども学ぶことができ、自身の保健指導（集団）に生かすことができている。教育実習生と共に時間を過ごし、担任からの指導を受けるこ

とにより、学級指導のあり方を学ぶことができる。教育実習生から受ける刺激も大きく、教育観・児童観を育成する意味において大変有効である。

また、学校現場における学校保健活動や養護教諭の職務は、教育活動の一環として行うものであり、担任の立場を理解・経験することは、校内で連携していく上で役立つ。教育実習生にとっても養護教諭に対する理解を深めることにつながっている。

このように、教育学部の学生と共に実習できることには、大きな学びがある。

— 学生Aさんの記録より —

学級は学級、保健室は保健室で、それぞれの役割を果たすことが大切であることが、今日とてもよく分かった。

学級のある児童が、とても疲れた表情で保健室に来た。原因が分からず、対応が難しかったが、教生に聞くと、好きな人のことや友だちのことで悩んでいるようだった。もし、次に来室することがあったら、教生に教えてもらったことを考慮しながら対応できると思う。これが保健室と学級との連携であると感じた。

(2)「救急処置の記録」の活用

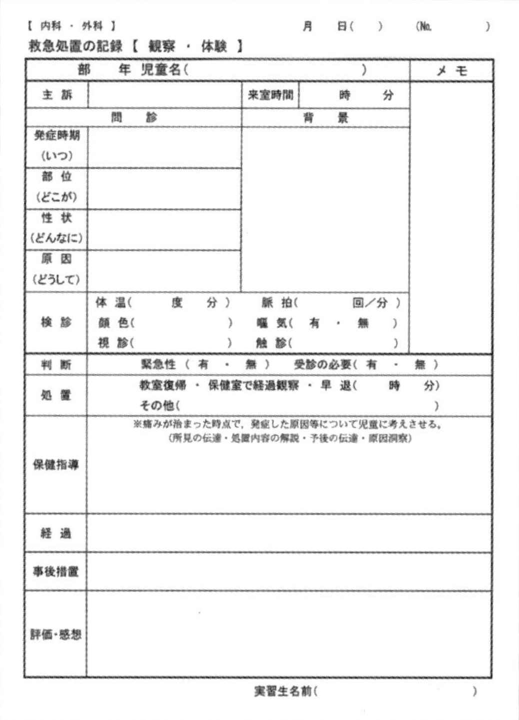
【 内科 ・ 外科 】　月　日(　)　(No.　)
救急処置の記録【 観察 ・ 体験 】

部　年 児童名(　)				メモ
主 訴		来室時間	時　分	
問 診		背 景		
発症時期(いつ)				
部 位(どこが)				
性 状(どんなに)				
原 因(どうして)				
検 診	体 温(　度　分) 顔 色(　) 視 診(　)	脈 拍(　回／分) 嘔 気(有・無) 触 診(　)		
判 断	緊急性(有・無)　受診の必要(有・無)			
処 置	教室復帰・保健室で経過観察・早 退(　時　分) その他(　)			
保健指導	※痛みが治まった時点で，発症した原因等について児童に考えさせる。(所見の伝達・処置内容の解説・予後の伝達・原因洞察)			
経 過				
事後措置				
評価・感想				

実習生名前(　)

図5-2　救急処置の記録

救急処置場面においては、「救急処置の記録」という用紙を活用している（図5-2）。単に処置のみを行うのではなく、【アセスメント → 養護診断 → 計画立案・実施 → 評価】という一連の救急処置活動の過程を、丁寧に確実に行っていくために記録を残すようにしている。そして、その記録を用いて一日の終わりに、実習生全員と指導養護教諭とで事例検討会を行っている。そのことにより、一人の学生が経験したことを全員が共有でき、学生全員の力量が日毎に高まっていくのを感じられる。

特に、救急処置の場面に行う個別の保健指導は、健康教育の絶好の機会と捉え、常に意識させて大切に行うようにしている。救急処置の際、または事後に行う個別の保健指導は自らの体験に根ざした理解から得られるもので効果的であり、個々の発達課題や成長に即した指導が可能である。その際に、基本的実習期間に学んだことが生かされる。子どもの学校生活の流れや教室の様子、学校の組織等が理解できていないと、目の前の子どもに適した指導にはなり得ない。言葉がけひとつにしても、学年によって使い分け、その子どものもっている背景を考えながら指導をすることは、非常に難しいことであるが、それによって子どもの行動変容が見られる場面もあり、学生の自信にもつながる。保健

指導の大切さを実感できる瞬間であると同時に、教育職としての意識が高まる瞬間でもある。

> ── 学生Bさんの記録より ──
> 事例検討会で他の学生が出した事例に、処置の必要性はないと判断して教室復帰させた児童への対応があり、その考察に「子どもの気持ちを共感することができていなかった」とあった。私は自分の事例の考察ではその点に気づくことができていなかった。今回の自分の対応を振り返ってみると（中略）対応自体はよかったと思うが、その判断に至るまでの過程に「共感」というものが足りなかった。今後は児童の訴えに耳を傾けるだけでなく、気持ちに寄り添えるような関わりが行えるよう努めていきたい。

(3) 各附属学校園における異校種実習

本学は幼稚園から高校までの附属学校園があることを活用して、実習校だけでなく、幼稚園や同じ敷地内の異校種の学校での実習を行っている。学生は、幼稚園児から高校生までの幅広い年齢層の子どもたちと関わることによって、「養護」の対象である子どもたちの各年代の成長・発達段階を理解し、それぞれのライフステージにおける教育課題や健康課題の違いを学ぶことができている。教育は子どもの人間形成に関わることであり、そのためにも異校種実習を行うことは大変有意義である。

また、校種によって養護教諭の果たす役割に違いがあることも学ぶことができる。と同時に、複数の保健室や養護教諭と出会うことにより、保健室経営のイメージを膨らませることにつながっている。

4. 学生のレポートより

X校では、これまで述べたような工夫をしているが、学生の受け止めや実習効果としてはどうであろうか。教育職であるという意識が高まっているであろうか。

実習終了後に、大学の事後指導で「教育職としての養護教諭の役割」というテーマでレポートを提出させている。それをまとめた結果、学生が学び、記述している内容は8つのカテゴリーに分類できた。それを表5-2に示す。

この結果より、養護実習を通して教育職としての理解が深まり、人間形成に関わる教育力や指導力などの養護教諭として必要とされる能力を学びとっていることや、子ども理解も深まっていることが分かった。

表 5-2 教育職としての養護教諭の役割

	カテゴリー	サブカテゴリー
1	養護実習の体験を通して多くのことを学んだ。	養護教諭の仕事を学んだ。 様々なことを実習で経験した。 教科書では学ぶことのできない体験が数多くあった。 児童や学校に関わる多くの人から学ぶことも多い。
2	保健室経営には養護教諭の思いがこめられている。	養護は双方向の活動である。 児童・生徒と積極的に関わり理解する。 保健室の空間作りは養護教諭の思いをこめる。 保健室を「安らぎの場」「頑張る力を育てる場」とする。 保健室を相互に思いやりをもって利用できるように指導する。
3	養護活動には健康教育や健康管理がある。	子どもには身体・精神の両面から対応する。 適切な処置をしつつ保健指導も行う。 医療的要素も含まれる。 養護教諭の対応や指導には技法がある。 教員の健康教育参画を促す。 関係者と連携する。
4	養護活動は教育活動である。	養護教諭の教育職としての役割は大きい。 養護教諭の教育的視点は、児童の様々なものを成長させる。 児童・生徒が健康生活をつくり出せるように、発達段階に応じた指導をする。 けがの手当だけでなく教育者として関わる。 児童が自信をもつように関わることが教育職としての役割である。 社会の中のルールを育む。
5	養護活動は期待されている。	児童の健康に関して養護教諭に頼る面がある。 子どもは養護教諭に助けを求める。 子どもに影響を与える養護教諭の役割は重要である。 医療関連分野の養護教諭への信頼は大きい。
6	子どもを捉えるのは容易ではない。	子どもの反応は予想がつかない。 自己表現できない児童が多い。 心理的問題で保健室を訪れる児童が多い。 子どもは自分の気持ちを表現するのが苦手である。 子どもの健康は不健康要素を併せもっている。
7	受容することは子どもを育てる。	子どもは発達段階それぞれにおける健康課題がある。 子どもは受容し理解されたい。 受容は子どもの力となる。 自己表現できると、児童の自信となり自己肯定感を育む。 自分を大切に思う気持ちは、日ごろの関わりの中で大切に育てる。
8	教育は人を生かす。	教育は相手を生かし自分も生かされている。 教育は人を生かしていく素晴らしい道だ。

5. おわりに

　学生のレポートを分析しまとめた結果、「教育職としての意識を高める」という点において本学の実践は成果があがっているといえる。今後の課題としては、個々の実習内容について検討を加え、より充実した養護実習にしていくこと、実習を通して今一度日々の執務を振り返り、養護教諭としての力量を高め実習指導に生かしていくこと、さらに、各附属学校園の養護教諭同士の情報交

換を密にして、実習校による実習内容の差をできるだけ少なくすること、などがあげられる。

参考文献
三木とみ子『養護概説（三訂）』ぎょうせい　2006
杉浦守邦『新版・養護実習』東山書房　2001

第6章

健康相談・健康相談活動における養護教諭のシステマティックアプローチ
―― 不登校・保健室登校事例のコーディネーション ――

1. はじめに

　1997（平成9）年保健体育審議会答申では、養護教諭の新たな役割としてヘルスカウンセリングの重要性を「養護教諭の行うヘルスカウンセリングは、養護教諭の職務の特質や保健室の機能を十分に生かし、児童・生徒の様々な訴えに対して、常に心的な要因や背景を念頭に置いて、心身の観察、問題の背景の分析、解決のための支援、関係者との連携など、心や体の両面への対応を行う健康相談（活動）である」と示している[1]。

　さらに、2008（平成20）年中央教育審議会答申では、「養護教諭の役割として、学校保健活動の推進にあたって中核的な役割、現代的な健康課題の解決に向けて重要な役割、学校内外の関係者との連携においてコーディネーターの役割、学校保健のセンター的役割を担っている」と明示した。このほか、「養護教諭の職務内容については、『保健管理・保健教育・健康相談活動・保健室経営・組織活動』である」と明示した[2]。

　このように、児童・生徒の健康課題の複雑化・多様化・深刻化により、養護教諭に必要とされる専門性は、ますます高くなってきている。そして、児童・生徒の心身の健康課題に適切に対応していくには、より専門的な視点での取組みや校内における連携、地域における連携が必要であり、養護教諭のコーディネーション能力はますます期待されるものとなってきている。

　本章では、身体症状を呈する不登校や、登校しても保健室登校となっている中学校生徒の症例を通して、養護教諭の行う健康相談・健康相談活動のあり方や、校内や各専門機関に繋ぐ養護教諭の行うコーディネーションについて論じてみたい。

2. 健康相談・健康相談活動における養護教諭のシステマティックアプローチ

（1）不登校対策校内体制づくりにおける養護教諭（保健主事）の役割

1）学校教育マネジメントと不登校対策

　生徒指導や教育相談校内体制は、学校教育目標に沿うものであり、全教職員の意識統一のもとに推進されるべきものである。児童・生徒のいじめ・不登校・自殺の問題などに対するその予防と課題解決には、特に生徒指導と教育相談との共同がなければうまく機能しないことはいうまでもない。

　図6-1は、A中学校の学校運営組織である。生徒指導主事、保健主事の統括する校内委員会が共同し、不登校対策に取り組む。その保健主事を養護教諭が担う場合も少なくない。学校保健のリー

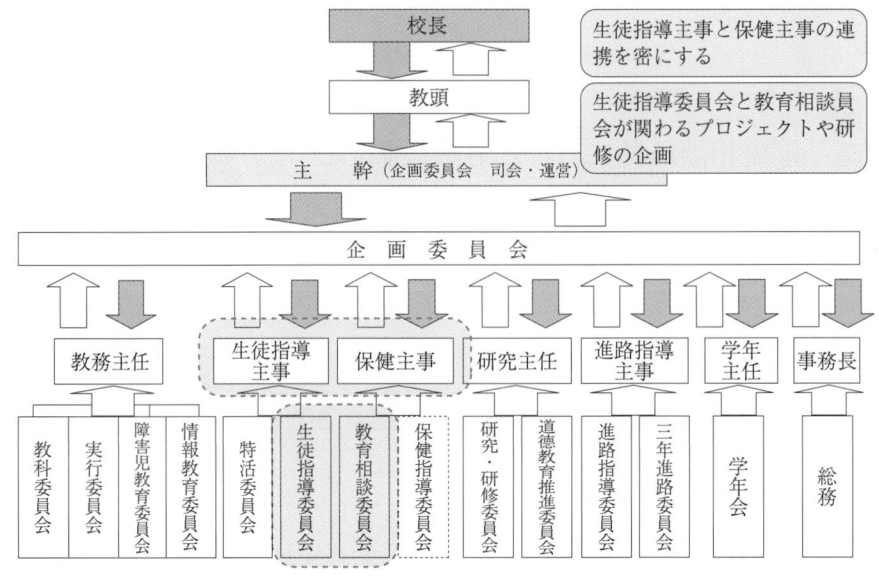

図6-1 学校運営組織（A中学校例）

ダーとしての養護教諭と、連絡調整役の保健主事は、それぞれの立場を尊重しあいながら学校保健を推進していかなければならないし、養護教諭が兼任した場合はその立場をより自覚する必要がある。

2）生徒指導・教育相談の共同

図6-2はA中学校の不登校対策の取組みである。生徒指導部と教育相談委員会が、それぞれ基本方針と具体的目標を明らかにし、理解し合いながら連携していくことになっている。A中学校では、生徒指導主事が不登校対策を企画・運営し、校長が統括する。保健主事は関係諸機関との連携、養護教諭は個別支援に係る専門機関との連携を行っている。

3）不登校対策プロジェクト

A中学校では、不登校対策にプロジェクトチームを作り、個別支援にはコアチームで取り組むという、チーム支援を基本とした。長期・短期の目標を立て、PDCAサイクルで取り組む。プロジェクトの概要は図6-3に示した。生徒指導主事と保健主事は、協力してこのプロジェクトのマネジメントを行う。

4）地域・関係機関との連携（ソーシャルネットワーク）

図6-4はA中学校においてソーシャルネットワークで取り組む時の、小・中学校連携を中心とした構成図である。中学校だけでは不登校対策は不十分であり、ソーシャルネットワークでの取組みが有効である。

図6-5は、養護教諭（保健主事）が中心となって取り組んでいるソーシャルネットワーキング

第6章 健康相談・健康相談活動における養護教諭のシステマティックアプローチ ── 不登校・保健室登校事例のコーディネーション ── 43

生徒指導部の基本方針
～学校生活（生活設計につながる）の基礎・基本の徹底と生徒会活動の活性化～
［重点目標］
- 大きな声で返事ができる。
- あいさつができる。
- 大きな声で歌が歌える。
- 時間が守れる。
- 身のまわりのものを整理整頓できる。
- 提出物を期限を守って提出することがぎきる。
- 人の意見を尊重して聞くことができる。
- 自分の意見を話すことができる。
- 場に応じた適切なマナーがとれる。
- 教師と夢が語れる。

- 夢実現のためのキャリア教育の推進
- 生徒指導の機能を生かした道徳教育の推進
- 進路指導部とタイアップした的確な進路指導の推進
- 生徒の自己実現のための関係緒機関との連携
（開かれた学校づくり）

それぞれの目標を理解し、生徒指導部と教育相談委員会のつながりを強くする。

教育相談委員会の基本方針
～生徒理解を大切にし、課題ある生徒、不登校生徒への指導の在り方を研究し、生徒一人一人の社会で生き抜く力を育成する。～
［具体的推進目標］
- 不登校支援プログラムの中で、スクールカウンセラーをスーパーバイザーにし、積極的に活用する。
- 生徒理解のための校内研修をし、すべての生徒のニーズに応えることを目的に、支援プロジェクトの中で、心理・教育アセスメントを計画・実施・評価していく。
- システム論に基づいた、システムマティックアプローチを進める。

○コミュニケーションスキルを育てる
・育てるカウンセリング
・アサーショントレーニング
○ネットワーク・アプローチの推進
・コア・サポートシステムの活性化
・システマティックアプローチ

図6-2　A中学校不登校対策の取組み

メンバー：校長、教頭、主幹、生徒指導主事、学年主任、教育相談委員会構成員、該当生徒の担任等

一年間

P
- 不登校傾向生徒の調査
- 不登校の原因や取組みの課題を学年会、教育相談委員会でアセスメント法など協議

D
- 毎月、プロジェクトにて協議
- 教育相談委員会で検討
- 各学年会にて新たなプロジェクトの改編

C
- 毎月の欠席薄に沿って、予防教育
- 各月3日以上の生徒については、協議
- アセスメントの検証

A
- アセスメントの改編
- プロジェクトのマンネリ化防止

生徒指導主事と保健主事で長期（1年）、短期のプロジェクトをマネジメント

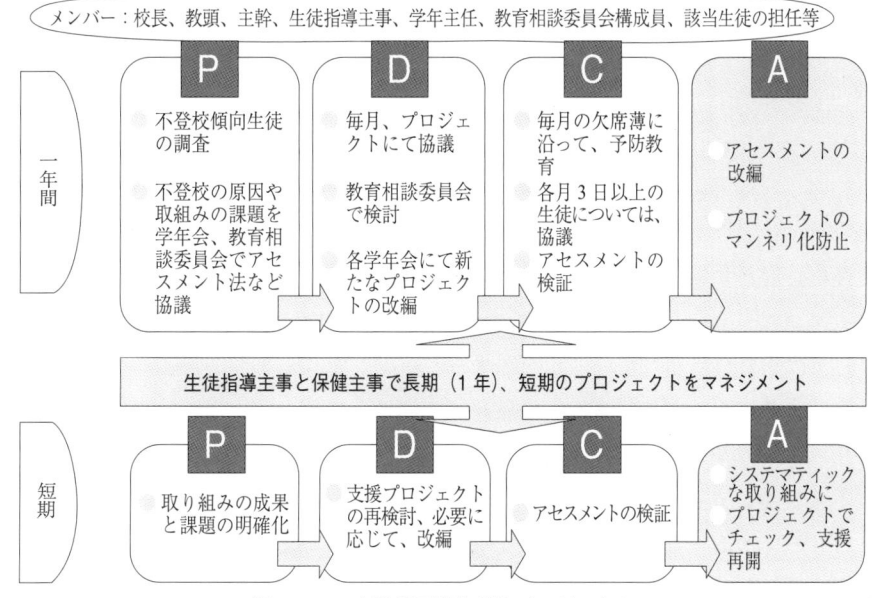

短期

P
取り組みの成果と課題の明確化

D
支援プロジェクトの再検討、必要に応じて、改編

C
アセスメントの検証

A
システマティックな取り組みにプロジェクトでチェック、支援再開

図6-3　A中学校不登校対策プロジェクト

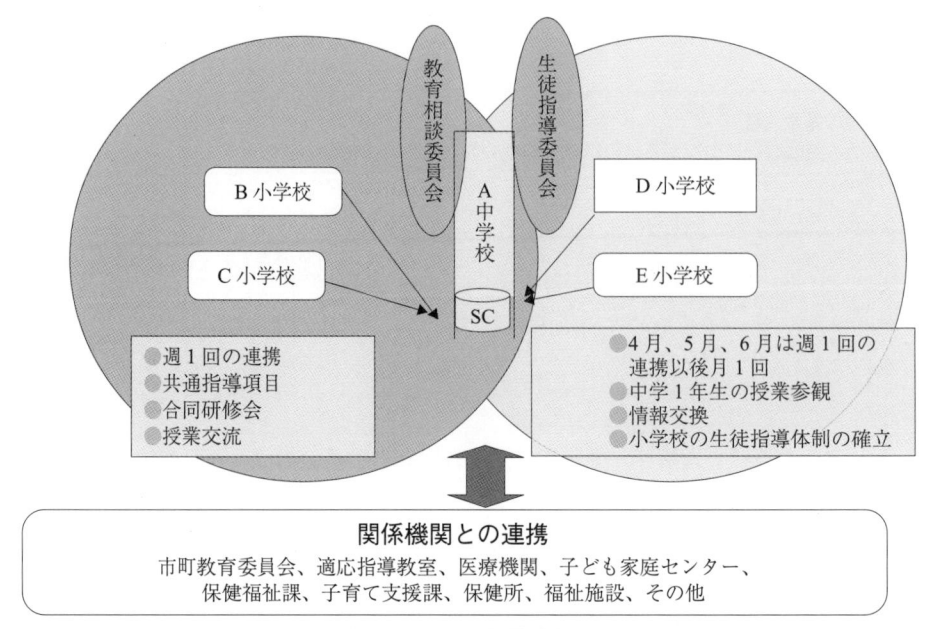

図6-4 A中学校小・中・関係機関連携図を一部改編

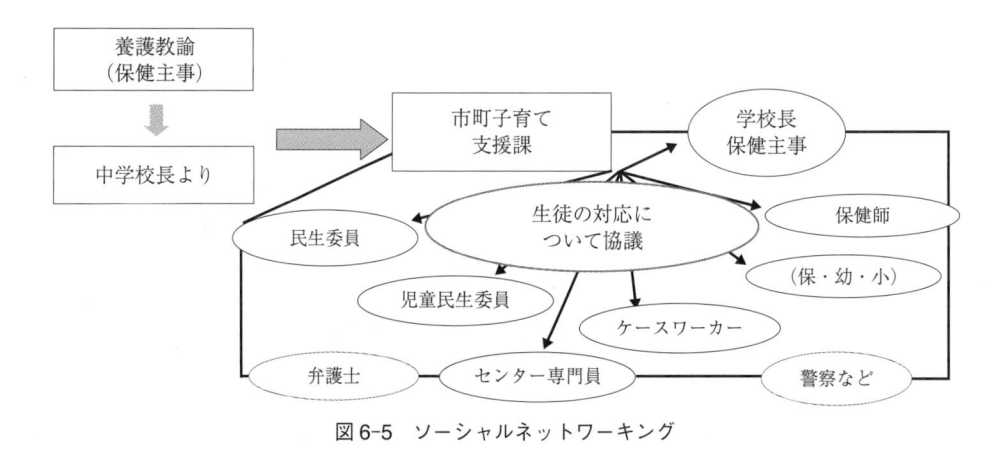

図6-5 ソーシャルネットワーキング

である。支援を必要とする生徒に関するすべての地域の資源を活用して組織的に地域で生徒を支援していくというエコロジカルアプローチである。2008（平成20）年の中央教育審議会答申でも、地域連携については重要項目としている。そのキーパーソンとなるのは養護教諭であるし、そうでなければならない。そのために、養護教諭の職務の専門性と資質の向上は、今後もさらに期待されている。

図6-6は不登校生徒支援プロジェクトの具体的な動きと、養護教諭のコーディネーションを具体的に示したものである。しかし、あくまでも教育相談におけるコーディネーションであり、健康相談・健康相談活動とは異なるものである。

第6章 健康相談・健康相談活動における養護教諭のシステマティックアプローチ —— 不登校・保健室登校事例のコーディネーション —— 45

生徒支援プロジェクト

支援を必要とする生徒の発見・気づき（担任、教科担任、部活顧問、養護教諭等）
↓
学年会にて問題の整理をし、教育相談委員会を開催。支援プロジェクトの決定（コアサポートチーム）
↓
支援プロジェクト会議にて生徒の指導・援助・教育の方法を決定
↓
支援プロジェクト会議にて、指導・援助・教育の方法を改善
↓
フォローアップ会議を開き、必要に応じて指導・援助・教育の方法を改善
↓
精密な心理・教育アセスメントを計画
↓
精密な心理・教育アセスメントを実施
↓
支援プロジェクト会議で心理・教育アセスメントの結果を検討し、個別教育プログラムを作成
↓
個別教育プログラムに基づき、生徒の指導・援助を開始

養護教諭の動き

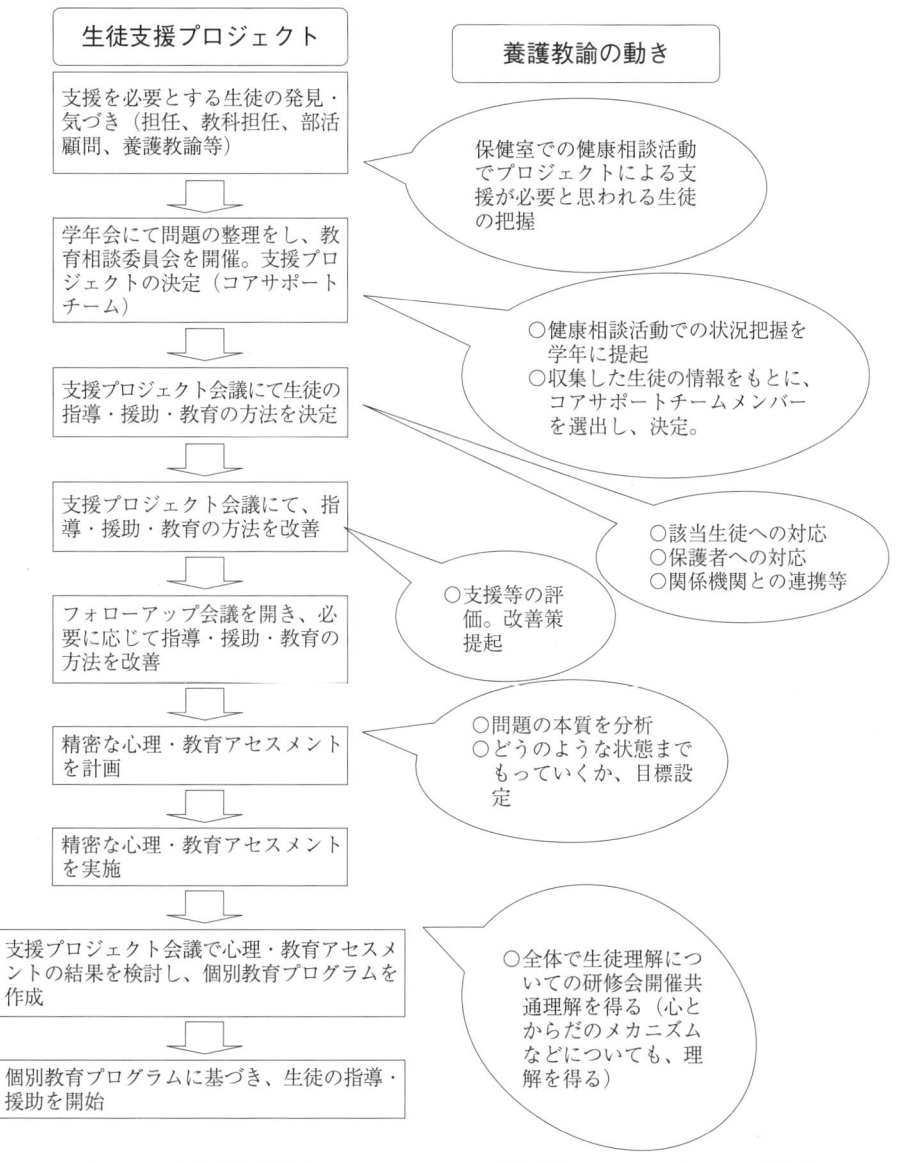

- 保健室での健康相談活動でプロジェクトによる支援が必要と思われる生徒の把握

- ○健康相談活動での状況把握を学年に提起
- ○収集した生徒の情報をもとに、コアサポートチームメンバーを選出し、決定。

- ○該当生徒への対応
- ○保護者への対応
- ○関係機関との連携等

- ○支援等の評価。改善策提起

- ○問題の本質を分析
- ○どうのような状態までもっていくか、目標設定

- ○全体で生徒理解についての研修会開催共通理解を得る（心とからだのメカニズムなどについても、理解を得る）

図6-6　不登校生徒支援プロジェクトにおける養護教諭のコーディネーター的役割

（2）健康相談、健康相談活動の実際

1）教育活動としての健康相談・健康相談活動

2011（平成23）年文部科学省が作成した「子どもの健康相談及び保健指導の手引[3]」では、「近年、心身的ストレスや悩み、いじめ、不登校、精神疾患などのメンタルヘルスに関する課題やアレルギー疾患の増加など、児童・生徒の心身の健康問題が多様化していることや医療の支援を必要とする事例も増えていることから、養護教諭、学級担任等、学校医、学校歯科医、学校薬剤師等の校内関係者のみならず、地域の関係機関等とも連携して組織的に健康相談を行うことが必要となって

いる。健康相談は、児童・生徒の発達に即して一緒に心身の健康問題を解決していく過程で、自己理解を深め自分自身で解決しようとする人間的な成長につながることから、健康の保持増進だけでなく教育的な意義が大きく、学校教育において重要な役割を担っている」と述べられている。

2006（平成18）年度の「保健室利用状況に関する調査報告書」[4]によると、児童・生徒の保健室の利用者数は、1日あたり小学校41人、中学校38人、高等学校36人と2001（平成13）年度調査時よりも増加していた。さらに、心の健康に関する問題では「友だちとの人間関係」、「家族との人間関係」、「身体症状からくる不安や悩み等」が中学校、高等学校ともに高い状態であった。また、過去1年間に養護教諭が「心の問題」で継続支援した児童・生徒「有」の学校の割合は、小学校76.8％、中学校93.1％、高等学校95.8％であり、ほとんどの中学校、高等学校で養護教諭が生徒の「心の問題」の継続的な支援にかかわっていることがわかった。このように、養護教諭の行う健康相談がますます重要となっており、健康相談・健康相談活動は教育活動として大きな意義があるものとなっている。日本養護教諭教育学会[5]では、健康相談活動を次のように定義づけている。

> 健康相談活動とは、養護教諭の職務の特質や保健室の機能を十分に生かし児童・生徒の様々な訴えに対して常に心的な要因を念頭において、心身の健康観察、問題の背景の分析、解決のための支援、関係者との連携など心とからだの両面への対応を行う養護教諭固有の活動である。

ここで、教育職員免許法施行規則第9条の「健康相談活動」と、学校保健安全法第8条に定義づけられている「健康相談」や、教育職員免許法施行規則第10条に定義づけられている「教育相談」との違いを明確にしておきたい。

2）不登校対策における養護教諭のコーディネーション

身体症状により保健室に来室した生徒のうち、不登校傾向にあり、「（校内）不登校生徒支援プロジェクト」により組織的に取り組み、養護教諭が中心になりソーシャルサポートを行った困難事例（200〇年4月〜200〇年3月の1年間）50件の中から、無作為に抽出した17事例を、養護教諭が記載した健康相談活動の記録に基づき、分析してみた（表6-2）。その結果、17事例のうち、スクールカウンセラー（SC）による支援は3例と少ない。これは、県内のSCの活用規定により、SCは基本的に学校外へ出向くことはできず、あくまでも学校内での来談者相談という活用であるため、SCの活用に限界があることを示している。

本来子どものソーシャルサポートは、基本的には家庭内で行われてきたものであるが、表6-1の結果で明らかなように、家庭へのアプローチにとどまらず、多くの外部機関との連携を必要としている。特に、医療機関や福祉関係との連携が多い。具体的には、子ども家庭センターが6例、その窓口である市町教育相談室が10例、医療機関が9例となっている。また、市町の役所の福祉関係課との連携も6例となっている。養護教諭は、保健室で健康相談活動を主にすすめているが、事例の深刻化、多様化により、保健室にとどまらず学校システム、社会システムの中で取り組むものとなっており、ソーシャルネットワークで展開していく必要があることがわかる。

表6-1 「健康相談」「健康相談活動」「教育相談」の特徴比較[6]

	健康相談	健康相談活動	教育相談
内容	児童生徒等の心身の健康に関する健康相談を行う	児童生徒が訴えてくる身体症状の背景に心の健康問題があることを念頭に置いて、心身の観察、問題の背景の分析、解決のための支援、関係者との連携など、心やからだの両面への関わりである。	一人ひとりの子どもの教育上の諸問題について本人または保護者、教師などにその望ましいあり方について指導助言をする
根拠	学校保健安全法第8条	保健体育審議会答申（1997［平成9］年）教育職員免許法施行規則第9条	教育職員免許法施行規則第10条
担当	学校医・学校歯科医学校薬剤師・養護教諭・学級担任等	養護教諭	全教職員
対象者の課題	・健康診断結果 ・保健調査の結果 ・日常の健康観察 ・欠席、遅刻から	・身体的症状の背景に心の健康問題を伴う。 ・身体症状は繰り返される。 ・保健室登校時の様子 ・頻回来室	・心の悩み ・問題行動 ・生徒指導上の課題
校務分掌	保健管理 ― 心身の管理	保健管理 ― 心身の管理	生徒指導 ― 教育相談
対応の特徴	・第9条（保健指導）の前提として行う。 ・課題を見つけて計画的に行う。	・養護教諭の職務の特質と保健室の機能を活かした対応をする。 ・身体症状の背景に心の健康問題を有することを念頭に置いて対応する。 ・心とからだの両面への関わり ・養護教諭が主に関わり、関係者との連携をとり、支援計画を立てる。	・問題行動の背景に課題を有することを念頭におく。 ・心の悩みに着目する ・カウンセリング的関わり

次の3）からは、教育現場で実際に養護教諭が日常的に健康相談にどう取り組んでいるのか、具体的事例を通してその意義及び実践の展開と成果を紹介する。なお、倫理的配慮により、本人が特定されないよう学校、学年、性別、家族構成などについて大幅に改編している。

3）健康相談活動の実際
①保健室経営を基盤とした健康相談活動に

養護教諭が保健室において健康相談活動を円滑に進めていくためには、保健室経営の中に基本理念を年度初めに打ち出しておく必要がある。健康相談活動の教育的意義と具体的方針を打ち出しておけば、心身共に様々な健康問題のケースを抱える保健室において、円滑な健康相談活動を推進していくことができる。特に、ケースの中で保健室登校へと進めていったときには、周りの理解を得やすく、スムースに取り組むことができる。

②器質性と思われる相談者

保健室には、様々な主訴で来室する生徒がいる。その中には、器質性と思われる症状と、心因性と思われる生徒が入り混じっており、養護教諭の鋭い観察力と即座のアセスメント能力を必要とする。次にあげるのは、器質性で来室したと思われる生徒の主症状の事例である。

　ア　頭痛をよく訴えて来室するA……てんかん小発作
　　　・授業中ボーッとしているときがよくある。本人は覚えていない

表6-2　事例における、各専門機関との連携

No.	主な要因	主訴	養護教諭	スクールカウンセラー	外部連携 可	外部連携 不可	子ども家庭センター	家庭教育相談室（保健福祉関係）	医療機関	教育相談室（教育委員会）	福祉保健課	社会福祉課	保健所	家庭裁判所	警察	その他
1	療育、母子関係	怖い、気分が悪い	●	●	●		●									
2	広汎性発達障害	頭痛	●		●			●	●							
3	親の不和	頭痛、腹痛、吐き気	●		●			●	●			●				
4	母子分離不安	腹痛	●			●										
5	母子分離不安	腹痛	●		●			●	●							
6	DV	頭痛、腹痛	●	●			●			●						
7	親の養育能力が不安	頭痛	●		●		●	●	●							●
8	親の療育態度、本人の病気	解離性人格障害疑	●		●		●	●	●							
9	友人関係の歪み	腹痛	●			●										
10	父の死、母親の精神症状	頭痛、腹痛	●		●		●	●	●				●			●
11	母親の精神症状	腹痛	●		●			●	●							●
12	家族機能不全	倦怠感	●		●		●	●	●							
13	パニック障害	倦怠感、頭痛、発熱	●	●	●			●	●							
14	統合失調症	倦怠感、気分不良	●		●			●	●		●	●	●			●
15	療育、母子関係	倦怠感	●		●			●	●			●				●
16	起立性調節障害	倦怠感	●		●			●	●							
17	療育、母子関係	腹痛	●			●										

注）その他は、保護者によるボランティアの会「ママハウス」
　事例は、200○年の健康相談活動を行ったケースの中から、特にソーシャルサポートを必要とした例を一部改編し、特定されないように工夫して提示した。

・周りの生徒とよく喧嘩する（すぐかっとなる）

・授業中、よく寝ている

イ　頭痛とめまいを頻回訴えてくるＢ……脳脊髄液減少症

・くりかえす頭痛・めまいの訴え

・発熱、貧血など要因と思われるものはないが、繰り返す訴え

・健康調査で、過去に交通事故にあい入院している

ウ　倦怠感を訴え毎日来室のＣ……甲状腺機能亢進症

・のどが渇く、甲状腺が腫れている

・朝、起きづらく、怠い

・脈が速くなって動悸がする

・汗をよくかき、脱力感が大きい

　上記の3事例で明らかなように、まず器質性を疑い、すぐに心因性と判断しないことがフィジカルアセスメントでは基本となる。そのうえで、心因性をも疑うようならばヘルスアセスメントを行っていく。

③器質性以外（除外診断）の事例

　養護教諭による丁寧なフィジカルアセスメントの結果、除外診断をした生徒について、心理社会的要因からも健康相談活動を行った事例について紹介する。

　学級内での人間関係や、友だちとの関係性の中で居場所をなくした生徒は、器質性以外の頭痛や腹痛、あるいは倦怠感などの不定愁訴で保健室を頻回来室するようになることがある。表6-3に

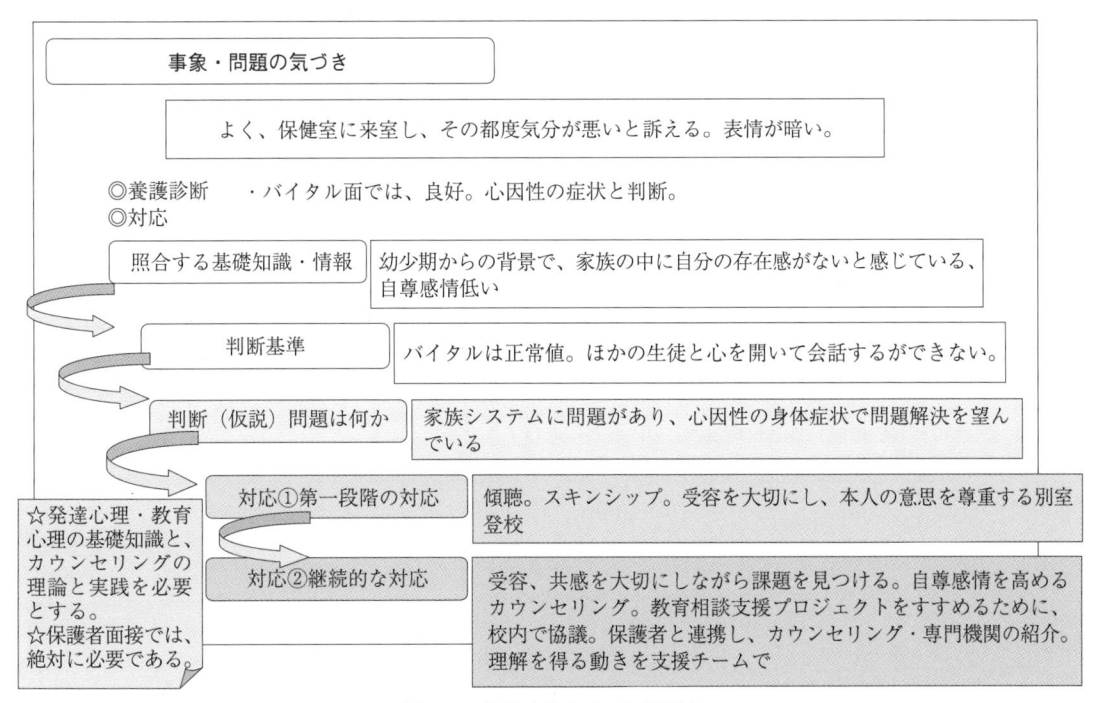

図6-7　保健室来室時の初期対応

あげる事例は、1年間で、1日だけ保健室登校をし、教室復帰した事例である。

保健室来室時の生徒の状態を、即座にアセスメントし、その適切な対応が求められる。図6-7は、その対応の流れを記したものである。

養護診断を基本に丁寧に対応していく。健康相談活動を行うためには、カウンセリングの基礎知識が必要となるのは言うまでもない。そこで、カウンセリングの技法・活用と健康相談活動との関連性を取り上げ、具体的な進め方を図6-8にあげてみた。表6-3にあげるのは、そういった流れで1日だけの保健室登校となった事例である。

表6-3 1日の保健室登校事例

No.	性別	主たる要因分析
1	女	心因性の腹痛。対人関係能力が弱く、思春期うつの恐れで専門機関に。現在は元気に登校。
2	女	心因性の腹痛、クラブでの対人関係。現在は元気に登校。
3	男	アタッチメント障害の疑い、生育歴・家庭環境に大きな問題を抱えている。発達障害を疑える、問題行動あり。
4	男	育てにくさからか、言葉による虐待で育っている。発達障害を疑える。人の気持ちが分からない、こだわりが強く、すぐキレる。
5	男	心因性の腹痛。まじめで、がんばりすぎた後やできなかった事があると、不安定になる。
6	女	心因性の腹痛、頭痛。わがままが過ぎる。我慢できなくなると涙が止まらなくなり、教室に居場所がなくなる。
7	女	人間関係能力が弱く、認知にズレがあるため、友だちから攻撃を受けていると勘違いする。教室に入りにくくなる。
8	女	虐待があり、体が痛くて心も落ち着かない（子ども家庭センターと連携）。
9	女	アタッチメント障害が疑われる。生育歴、家族環境に課題がある。コミュニケーション能力が低く、常に自分を見つめていてもらいたいため虚言癖があり、まわりから仲間はずしを受ける。
10	女	発達障害が疑われる。規範意識が弱い。善悪の判断基準の認知にずれがあり、教員の指導を受ける頻度が高い。パニックをおこし、興奮が収まらない状態から、頭痛。
11	男	心因性の頭痛。教室に嫌な生徒がおり、今日はその子の声が耳についてイライラし、教室に居られないと訴えて来室。
12	男	心因性の頭痛。授業中教員に注意されたが、一方的注意され自分の存在を否定されたと思い込み、教室で暴れだす。
13	女	倦怠感（心因性）。友だちに合わせているのが辛くなったと、保健室で泣く。自尊感情は高いが他者理解が弱く、批難する場面が目立つためトラブルが多い。
14	女	心因性の腹痛。自分の感情を押し殺し、常に周りに合わせているため、しんどくなって教室に居りにくくなった。涙が止まらない。
15	女	心因性の頭痛、吐き気。クラブ活動をまとめていくのに大変で、自分の力が足りないからまとまらないと、ずっと悩んで夜眠れなかった。
16	女	心因性の頭痛。自己愛が強いため、周りにあわすことができない。そのために、周りとぶつかり合い、誰も相手にしてくれなくなった。涙、涙…。

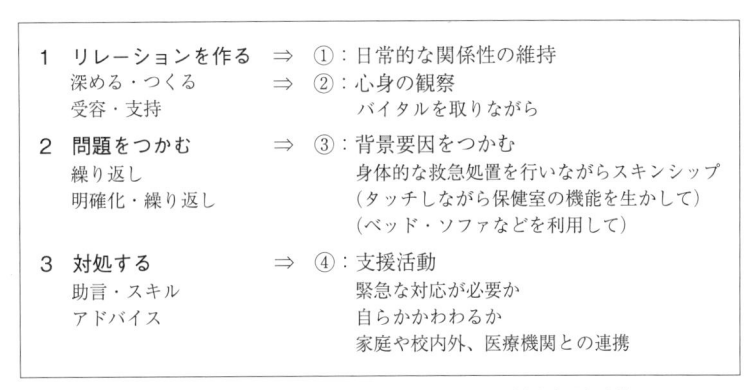

```
┌─────────────────────────────────────────────────────────┐
│ 1  リレーションを作る    ⇒ ①：日常的な関係性の維持      │
│    深める・つくる        ⇒ ②：心身の観察              │
│    受容・支持                  バイタルを取りながら     │
│ 2  問題をつかむ          ⇒ ③：背景要因をつかむ        │
│    繰り返し                    身体的な救急処置を行いながらスキンシップ │
│    明確化・繰り返し            （タッチしながら保健室の機能を生かして） │
│                                （ベッド・ソファなどを利用して）        │
│ 3  対処する              ⇒ ④：支援活動                │
│    助言・スキル                緊急な対応が必要か      │
│    アドバイス                  自らかかわわるか        │
│                                家庭や校内外、医療機関との連携 │
└─────────────────────────────────────────────────────────┘
```

図6-8　カウンセリングの技法を生かした健康相談活動

④保健室登校事例〈腹痛、頭痛の主訴を繰り返し、自傷行為をするA〉

概　要　Aは入学当時から、授業を抜けては校舎内を徘徊し、その後腹痛、頭痛、倦怠感の主訴を繰り返しながら、毎日のように問題行動を起こしては保健室に体調不良を訴えて来室してきた。問題行動を起こすので怠学傾向であるという予断と偏見はもたず、丁寧にフィジカルアセスメントして行った。養護診断では器質性は疑われなかったものの、専門医の診断が必要と判断し、学校医の健康相談を受けた。その結果、

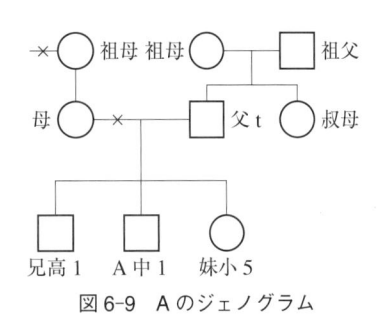

図6-9　Aのジェノグラム

器質性は疑われなかったが、その後もAは相変わらず毎日不定愁訴を訴えて保健室を訪れた。養護教諭は教育相談委員会でAについて提案、ケース会議で検討した後、取組みがスタートした。

　Aは、両親が離婚し父親と兄（高1）、妹（小5）の3人家族である。Aは幼少期から母親の虐待を受けて育っていた。父親は仕事で早朝から家を出て帰宅が遅く、虐待にはなかなか気づかなかった。祖父母とは別居であった。妹が生まれて、母親はAが泣くと殴るけるを繰り返し、食事を与えることなく放置することが度々あった。妹が歩けるようになると、近所にいる祖父母の家に妹の手を引いて行き、「お腹がすいた」と泣きながら訴えるようになった。そのことが母親に知れると、また、母親から虐待を受けた。ある日、Aの激しい泣き声が近所に聞こえたため、祖父母のもとに情報が入り虐待が発覚した。離婚は、それが原因である。離婚は小学校入学前であった。小学校に入ると、落ち着きがなくいつもイライラしている状態があり、発達相談を学校から進められて受けたが、とくに発達の偏りは認められなかった。その後も、問題行動はやむことなく、高学年になると友だちを誘い学校を抜け出してゲームセンターに行くことが度々あった。教員が強く指導すると暴れる大声で叫ぶといった状態で、教員からは反社会的問題行動の主犯者としてレッテルを貼られていた。そのため、中学校入学後も生徒指導では要注意生徒として指導していた。

　Aは、体調不良を訴えて保健室に頻回来室するようになって、よく自分の幼少期の時の話をしてくれた。虐待をしていた母親についての記憶はあまりなく、妹とお父さんが帰ってくるのを家で待っていたことはよく覚えている。ただし、まだヨチヨチ歩きの妹の手を引き、橋を渡って祖父母

の家に行ったことは鮮明に覚えていた。Aは、学校や家で叱られた後、夜、自分の部屋で手首を切るという自傷行為をするようになった。それを保健室で養護教諭に見せるといった行為を繰り返した。また、教員から強い指導を受けると、過換気を起こすようにもなった。様々な逸脱行為は、もしかしたら、大人の注目を浴びたかったからなのかもしれない。また、友人関係もうまくいかず親密になったかと思えば暴力行為などをおこし関係性が壊れるということを繰り返していた。

アセスメント　図6-10は、Aに対して行った健康相談活動のプロセスである。初期診断過程では、第1～2段階つまりフィジカルアセスメント過程を確実に行い、第3～4段階で心因性と判断する段階でアセスメントとした。つまり、繰り返すAの逸脱行動と不定愁訴で保健室に頻回来室するAの問題行動は、Aの抱える心の問題とSOSサインであると捉え、そのようなAを受け止め教育支援をしてくためには、SCと協力して全教職員にAについてのアセスメント結果を提示し、支援計画の理解を得ることが必要であると判断し取り組んだ。

Aへの支援　第5段階からは保健室でのAとの関わりを大切にしながら、養護教諭として心理・社会的視点と発達・福祉の視点から細かく分析していった。その結果SCによる学校でのカウンセリングだけでは対応しきれないと判断、SCと協議のうえ、心療内科受診を父親や祖父母に勧めた。受診結果、パーソナリティ障害の疑いとの診断を受け、当面は薬物療法とカウンセリングということになった。

Aの父親は仕事の関係でAと関わる時間が少なく、祖父母も叔父夫婦と同居している関係で、Aの家族だけでは抱えきれない状況であった。当然、この問題は学校と家庭、医療機関のみの取組みにするのではなく、地域児童民生委員・子ども支援課・保健センター・子ども家庭センター等の関係機関とも連携し、エコロジカルアプローチを試みた。

その結果、Aの問題行動は精神状態が安定してきてからは徐々に軽減し、教室復帰へ向けての動きが出始めた。初めは同級生の声掛けに応じるようになり、教科担任との関係性ができた教科から授業にも出始めた。保健室での養護教諭との関係性と、周りの友だちと教職員や地域の方々の暖かなまなざしの中で、Aは将来の夢を語り始めるようになった。現在Aは、将来の夢を実現するため大学で学んでいる。

図6-12にも示してあるように、この取組みを健康相談活動の評価へとつなげ、全教職員へ、その教育的意義と必要性の理解を深めていくのである。

⑤保健室登校の評価

健康相談活動は、2つのステージ4つの過程で進められていく[7]ものである。このプロセスの中で、Aの置かれていた状況は、家庭、学校、社会システムにおけるストレスなどが重層的に覆いかぶさっており、保健室での教育支援活動が有効であったと捉える。先にも述べたように、養護教諭の行う健康相談活動の実践は、児童・生徒の人格形成に関わる教育実践であり、生命の危機と向き合うことも多く、心身両面からの支援を求められる非常に困難な課題や問題を併せ持っている。そのため、健康相談活動のプロセスにおいて、養護教諭の説明責任を求められ、それを果たそうとするとき論理を持った科学的根拠に基づく健康相談活動（Evidence-Based Health Consultation Activity）は重要な教育支援活動となる。保健室頻回来室者の中には、「被虐待児」「アダルトチル

第6章 健康相談・健康相談活動における養護教諭のシステマティックアプローチ —— 不登校・保健室登校事例のコーディネーション —— 53

Aの事例から

初期診断過程

第1段階 心身の健康観察 → ○第1段階 → 入学後、連日続く逸脱行為

第2段階 症状の把握 → ○第2段階 → 主訴：腹痛、気分不良、自傷行為

第3段階 身体症状の判断（アレクサンダー理論等）→ ○第3段階 → 心因性と判断 ・SCでは対応しきれないと判断、精神科へ要受診

第4段階 心的要因の予測（精神分析等）→ ○第4段階 → 腹痛＝周りとのコミュニケーションがうまくとれず不安から ・気分不良→自分の立場が不安になると、フラッシュバックがおきそうになり、気分不良に ・解離性の人格障害に似た症状が出る→自傷行為。フラッシュバックが起きると、人格が変わったように、凶暴になる

初期対応過程

第5段階 救急処置 → ○第5段階 → ・過換気症候群…発作後ゆっくり話を聴く ・気分不良…毛布で「包まれ体験」等

・養護教諭との、二者関係でアタッチメント形成
・タッチングや包まれ体験などによる、内的作業モデル

第6段階 心的要因の把握 → 第6段階 → ・Aに寄り添い、Aからの話を聴く ・バウム・テスト・家族画・交流分析 ・コラージュ療法等で、心的要因の把握に努める

第2診断過程

第7段階 支援計画 → 第7段階 → 校内Aの支援チーム（担任・学年主任・養護教諭・SC・教頭・校長）でケース・カンファレンス ・支援計画の決定、意思統一を図るソーシャル・ネットワークが必要と判断

エコロジカルな視点を取り入れる

第2対応過程

第8段階 精神的安定 社会的処置 → 第8段階→〈心的要因解決のための支援〉 ・保健室登校（保健室の機能を活用等） ・保健室は"安全基地" ・応用行動療法、認知行動療法、ブリーフセラピー等 ・学級復帰への働きかけ等

第9段階 フォローアップ → ★二者関係は、長く続けないこと！ ★ソーシャル・ネットワークで取組む

第10段階 記録と評価 → 第9段階→自立への維続的な支援ソーシャル・ネットワーキング

第10段階→健康相談活動の振り返り・評価

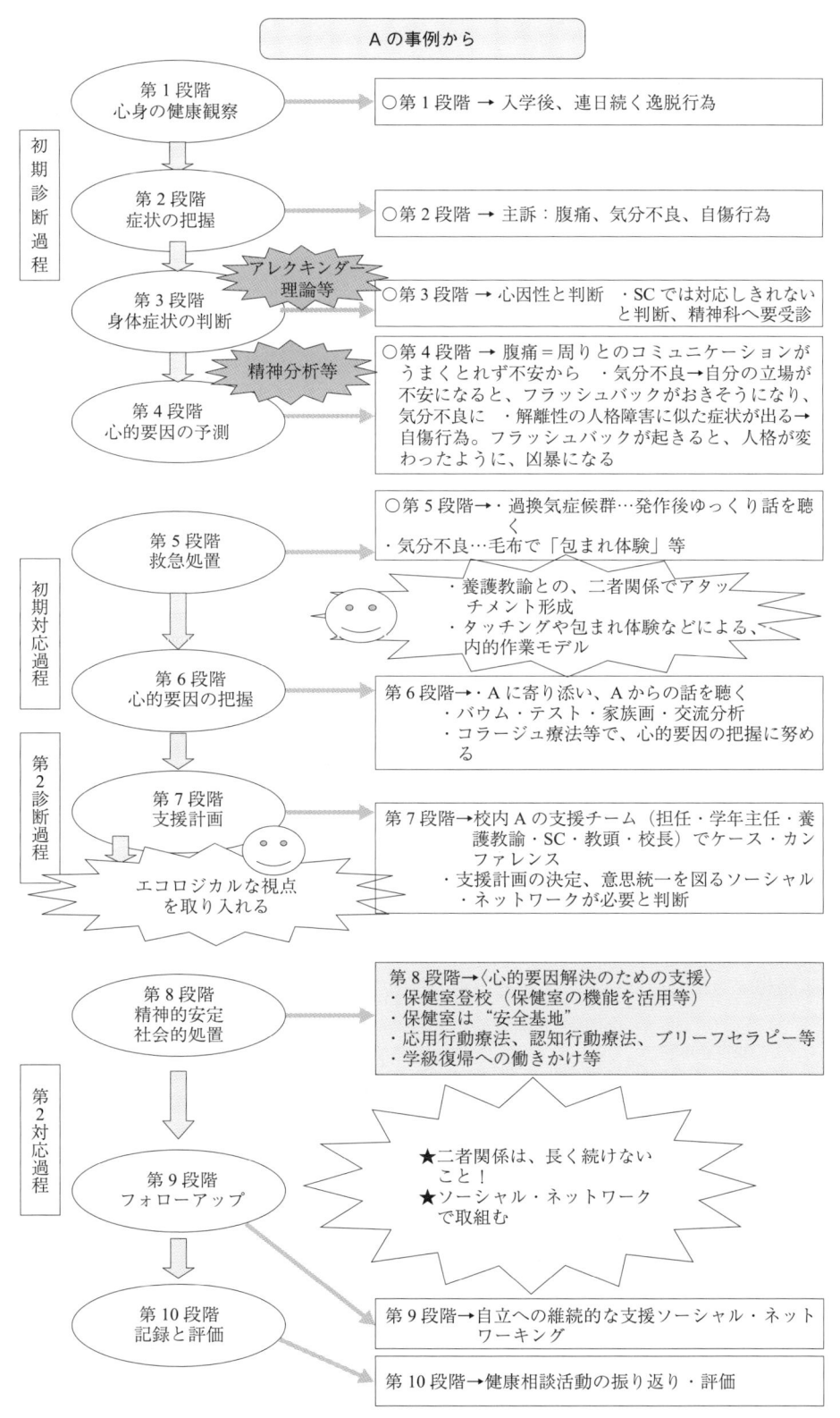

図6-10 健康相談活動のプロセス

ドレン」「自閉症スペクトラム」「神経症様疾患」等の発達障害や精神疾患等さまざまな課題を抱えている者も見られ、それらの支援にはより専門的知見が求められる。

　Aが保健室登校に至るプロセスとその支援の概要は、図6-10にあるように、日々の健康観察から始まり、来室時の身体症状の把握、心的要因の予測と把握（WISC-Ⅲ、バウムテスト、家族画、風景構成法、エゴグラム等を活用し、客観的データーとする）を経て、保健室登校支援計画を立てた。その後、保健室ではAの精神的安定を得るための支援（コラージュ、好きな絵をかく、読書、SSTカードゲーム、面談等）を行っていった。

　Aを支援していく中で、Aは幼少期からアタッチメントが形成されず、内的ワーキングモデルが欠落していることに気付いた。Bowlbyは、個体がある危機的状況に接し、あるいはまた、そうした危機を予知し、恐れや不安の情動が強く喚起されたときに、特定の他個体への近接を通して、主観的な安全の感覚（felt security）回復維持しようとする傾向をアタッチメント（attachtoment）とよんだ[8]。それは一者の情動状態の崩れを二者の関係性によって制御するシステムであるともいえる[9]。

　Aは、学校・家庭・地域において様々なストレスを抱え、結果身体症状（不定愁訴）を訴え保健室を訪れた。保健室はAにとって"安全基地"であり、養護教諭とAとの関係性の中で生まれた信頼関係は"安定したアタッチメント"であり、保健室における"触診"や毛布での"包まれ体験"は"内的作業モデル"（internal working models）である。つまり、アタッチメントの乏しい子どもには、「養護教諭（アタッチメント対象）が支援や保護の求めに応じてくれる」「自分が養護教諭（他者）から受容され援助される」経験（内的作業モデル）によって、日常的に行われる健康相談活動においての養護教諭との関わりの中で、アタッチメントの発達が少しずつ組織化されていったと思われる。

　それはまた養護教諭との二者関係にとどまらず、友だちや教職員、地域の支援者とも「複数のアタッチメント対象者」として力動的に構成されていき、Aの心身の健康と発達に繋がったのである。このことは図6-11のコンボイ・モデル[10]でも明らかであり、ソーシャルサポートによるAへの支援が、Aの精神安定や人間関係さらに適応行動の拡大へと繋がっていたのである。

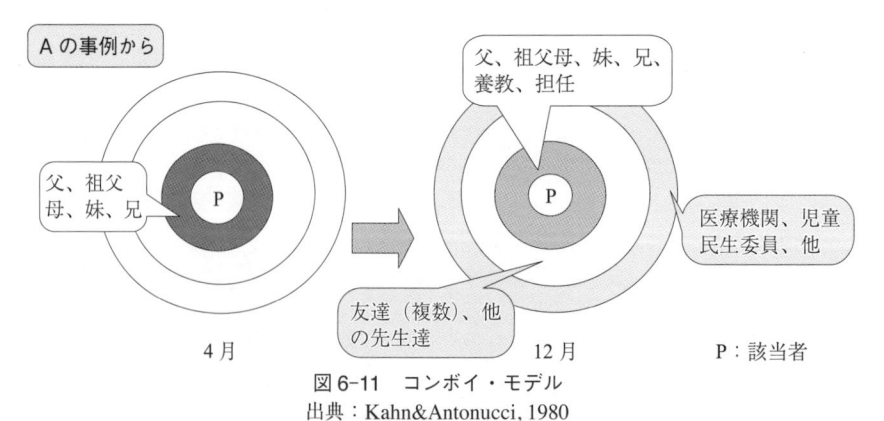

図6-11　コンボイ・モデル
出典：Kahn&Antonucci, 1980

注）コンボイ・モデル⇒個人が複数の人々に支えられ、比較的安定した人間関係を保てることを円状の図で表す。愛情・肯定・援助の機能がある。

3. おわりに

　不登校対策や保健室登校等の取組みの中で、養護教諭の指導力を問われることがよくある。理論化された保健室経営を提唱したとしても、実際に実践に生かされているかどうかは定かではない。平岩は、不定愁訴を訴える子どもの対応について「個別の対応でも集団への対応でも、受容的に接することと毅然と接することは両立し得る。それができるかできないか、できるようになってほしいことが『望むこと』であり、できないまま、不定愁訴を抱えた子どもを漫然と受け止めたり拒否したり励ましたりすることが、―望まないこと―である」と述べている[11]。このように、きちんとした理論と指導が両立してこそ養護教諭の健康相談・健康相談活動は評価されるのである。今後、日々の経験智と実践力をさらに高めていく前向きな姿勢と努力が必要である。

　出原は、「『養護』とは、未熟な子どもが日々を安全で、健康な生活を過ごせるように世話をすることにより、人間としての成長を支援することである。つまり、養護教諭が子どもに関心のまなざしを向け、子どもの生理的欲求を満たし、安心・安全の欲求を確保しながらかかわっていく過程で子どものニーズが捉えられ、そこから子どもの成長は始まっていく。養護教諭は、この『養護』という概念を常に意識し、子どもを支援していくことが重要である」と述べている[12]。

　この論理をアタッチメント理論に置き換えるならば、養護教諭はまさにアタッチメント形成の対象者であり、保健室での二者関係は内的作業モデルとなる。本章で取り上げたアタッチメント理論は、日々の実践の中から実感した1つの私的仮設研究理論である。しかし、こういったさまざまな理論背景を基に、養護教諭は日々の実践を理論化し、次の実践へとつなげていくための実践的研究を進めていく必要がある。そうして校内や校外、地域ネットワークへと広げていく、養護教諭のコーディネーターとしての役割が、より養護教諭の専門職としての資質をさらに向上させていくことになるであろう。

引用・参考文献
1)　「生涯にわたる心身の健康の保持増進のための今後の健康に関する教育及びスポーツ振興の在り方について（保健体育審議会答申）」文部科学省　1997　pp.66-97.
2)　「子どもの心身の健康を守り、安全・安心を確保するために学校全体としての取組を進めるための方策について（中央教育審議会答申）」文部科学省　2008　pp.7-10.
3)　「子どもの健康相談及び保健指導の手引」文部科学省　2011　pp.1-2.
4)　「保健室利用状況に関する調査報告書」日本学校保健会　2008　p.10, p.21, p.43.
5)　「養護教諭の専門領域に関する用語の解説集」日本養護教諭教育学会　2007　p.17.
6)　徳山美智子他『学校保健安全法「学校保健」―ヘルスプロモーションの視点と教職員の役割の明確化』東山書房　2011　p.144.
7)　市木美知子・里見嘉代子・杉浦守邦「健康相談活動のプロセスの明確化」『日本健康相談活動学会誌』日本健康相談活動学会 Vol No.1　2006　p.21.
8)　数井みゆき・遠藤利彦『アタッチメントと臨床領域』ミネルヴァ書房　2007　pp.3-5.
9)　Bowlby,J.『Attachment and loss Vol.1: Attachment』New York: Basic Books 1969（ボウルビィ J. 黒田実郎他（訳）『母

子関係の理論 I 愛着行動』岩崎学術出版社　1976　pp.43-67.
10）Kahn.R.L.,&Antonucci.T.C.『Convoys over the course: Attachment, roles,and social support. In P.B.Baltes, & O.G,Grim, Life span development and behavior, Vol.3.』New York: AcademicPress. 1980 pp.253-286.
11）平岩幹夫「学校保健における不定愁訴への実践的対応」『思春期学』日本思春期学会 VOL.27 NO.3　2009　pp.254-258.
12）出原嘉代子「学校心理士としての養護教諭」『日本学校心理士会年報』日本学校心理士会　2011　pp.27-34.

コラム②

養護教諭を目指す方々へ

　養護教諭の職務内容はその時代の社会背景と児童・生徒の健康問題に大きく影響され、曖昧さを保ちながらその時代時代で変化してこざるを得なかった。しかし、養護教諭の相談活動は形と質を変えながらも、凛として『養護』という概念は残っており、ヘルスカウンセリング、健康相談・健康相談活動へと体系化されてきているのである。これから養護教諭の目指す方々には、「広瀬ます」女史からスタートした養護教諭という専門職について、その時代的変遷を学び、『養護』を捉えていただきたいと思う。

第7章

精神保健
—— 学校におけるメンタルヘルス ——

1. はじめに

　都市化、少子高齢化、情報化、国際化等による社会環境や生活環境の急激な変化は、子どもたちの心身の健康に大きな影響を与え、様々な健康問題が深刻化していると言われてから久しい。また、それに加え、自然災害や事件・事故に伴う子どもの心のケア、虐待、発達障害のある子どもへの支援、いじめや子どもの自殺など健康に関連した問題もますます多様化している。これらの問題の多くは心の健康と関連が深いと考えられるため、学校における子どもの心の健康つくりは大変重要である。

　学校において心の健康つくりを進めていく上で、とりわけ養護教諭は重要な役割を担っている。1997年の保健体育審議会答申では、「児童生徒の心の健康問題の深刻化に伴い、児童生徒の身体的な不調の背景にいじめなどの心の健康問題がかかわっていること等のサインにいち早く気づく立場にいることからヘルスカウンセリング（現在では養護教諭の行う健康相談）が一層重要な役割を持ってきている」と述べられ、養護教諭の行う健康相談が広く周知された。その後、学校保健安全法（2009年4月1日施行）では、養護教諭を中心として関係教職員と連携した健康相談、保健指導、健康観察が法に明確に位置付けられた。学校保健の要として、養護教諭が機能していくことを求められているといえる。

　学校保健だけでなく、教育相談においても、文部科学省の『不登校の在り方について』（2003文部科学省初等中等教育局長通知）では、「養護教諭が行う情緒の安定を図る等の対応や予防のための健康相談活動の果たす役割は大きい」と述べられており、以前から、医療的看護的知識をベースにした専門性の高い養護教諭の心身への対応が学校では必要とされている。

　このような状況の中、心の発達や子どものメンタルヘルスの問題への対応においては、保健室を中心に展開している養護教諭の教育活動をより効果的に進めていくことが望まれている。本章では、従来の考え方に私見を加えて、概論的に述べてみたい。子どものサインを見落とさないよう、かかわる時の視点の持ち方や対応に役立てていただければ幸いである。

2. 心のしくみと心の発達

　心は目で見ることはできないうえに、自分の心でさえ、その状態を表現しようとしてもうまくいかないこともあり、人の心を理解するのは大変なことである。しかし、心の状態を理解しようとし

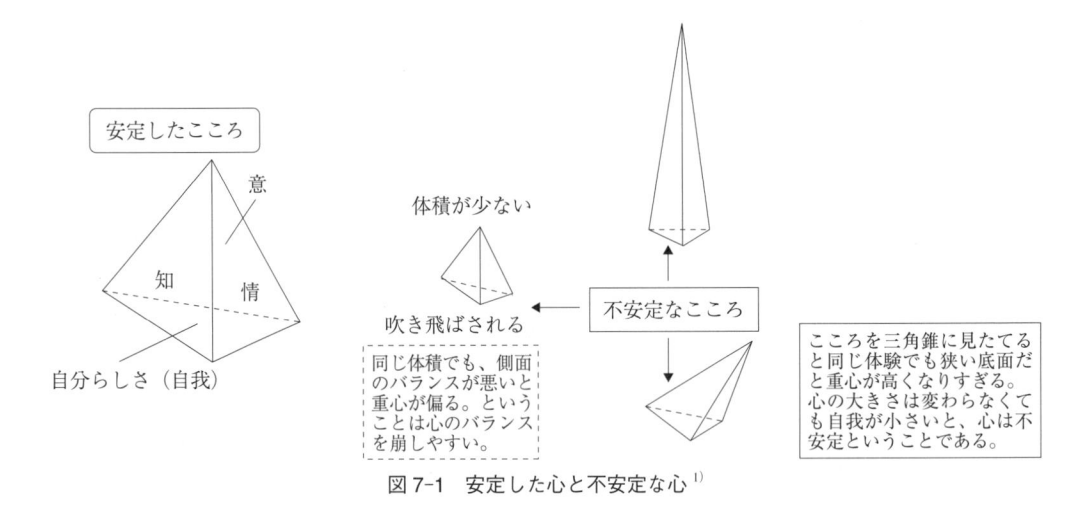

図中テキスト:
- 安定したこころ / 意 / 知 / 情 / 自分らしさ（自我）
- 体積が少ない / 吹き飛ばされる / 不安定なこころ
- 同じ体積でも、側面のバランスが悪いと重心が偏る。ということは心のバランスを崩しやすい。
- こころを三角錐に見たてると同じ体験でも狭い底面だと重心が高くなりすぎる。心の大きさは変わらなくても自我が小さいと、心は不安定ということである。

図7-1　安定した心と不安定な心 [1]

て接すれば、何か感じ取れたり、相手の心に寄り添えたりできるのが人間である。

　学校で子どもたちに接する時、その時の心の状態がうまく把握できるかによって、その後の対応までが変わることを体験している養護教諭は多いのではないだろうか。

　そこで、吉川は心を三角錐に見立てて心のしくみを説明しているので紹介する。心は「知」「情」「意」の3つの要素のほかに「自分らしさ（自我）」という要素があるとする。この4つの要素が取り囲む立体が心であると考えると、視覚的に心をとらえることができる。「自分らしさ（自我）」を底面にして、「知」「情」「意」を側面とする三角錐に見立てる [2]。

　三角錐が安定するためには①体積が十分にあること、②3側面のバランスが取れていること、③底面が広いことが挙げられる。つまり、安定した心とは、心の体積（心の量）が十分にあること、「自分らしさ」が十分に広がっていること、そして「知」「情」「意」のバランスがよいことが条件となる。

　4つの要素から心が構成されているとすれば、学校で心の状態を把握する時には、子どもの4つの側面のそれぞれの状態を丁寧に把握し、一つの側面からだけの判断は避けたいものである。そのためには、担任一人、養護教諭一人の見立てではなく、かかわる教職員が連携し一人の子どもの心の状態を把握する。そして、いろいろな角度から子どもをとらえて、三角錐（心）の大きさ、バランス、自分らしさを見極めて、不安定にさせている要素を見つけ、それに働きかけて子どもの心の健康を維持、成長に導いていくことが、学校では必要であると考える。

　また、内山は「人間の心を知る窓口は3つある」と述べている [3]。

　一つ目は「心の中に存在する意識に直接働きかけていろいろ聞いてみること」である。とても手っ取り早い方法であるが、聞かれることによって、必要以上に構えてしまってなかなか本当のことが出てこないという心配もある。

　二つ目は「外へ出てきた動作、行動、表情、しぐさ」である。外に現れた言動等から心の状態を推察することで見えてくる。

　三つ目は「身体に起こる病気（身体に起こる問題）」である。近年では、病気と心が非常に関係

あることはよく言われている。

　学校においてこれを見てみると、一つ目と二つ目は、ほとんどの教職員が子どもの心の状態を把握するために使っている窓口である。特に学級担任等は子どもの言動や表情から「何かおかしいぞ」と変化に気づき、直接質問したり、文章に書かせてみたりしてその言動等の背景を把握し対応している。

　また、朝の「健康観察」の場面で二つ目と三つ目に気づくことも多い。健康観察の時に、よく腹痛・頭痛を訴える子どももいる。学校でよくある心身相関の症状については、養護教諭以外の教職員にも、理解できるように日頃から働きかけておくことで（例えば、心因性腹痛は不安や心配から、心因性頭痛は怒り敵意から起こることなど）、担任は子どもの訴えを聞いたり、注意深く観察したりした後に、保健室の養護教諭につないで、体のケアをしつつ、心の問題に対応していくことも多い。

　学校で、身体に起こる問題（三つ目の窓口）に対応することが多いのが養護教諭である。もともと、養護教諭は保健室に来室した子どもに対して、身体の症状を丁寧に観察しながら、器質性のものか心因性のものか判断して対応しているため、身体の症状から心のサインに気づきやすいとよく言われる。また、その問題解決には、学校内の対応だけでは終わらず、専門機関や医療との連携を必要とされることもあり、養護教諭が関係者をつないでいく役割も担っている。

　このことからも、現在の複雑化しつつある子どもたちの心の健康問題に対しては、担任や養護教諭だけでなく、関係する教職員、専門機関等が連携し、役割分担し、対応することが求められていることがよく理解できる。

　次に、人間関係が心をつくるという観点から心のしくみを図7-2のように吉川は表している[1]。

　人間関係を十文字に表すと、人間関係の発達は、①縦軸の上半分の人間関係、②縦軸の下半分の

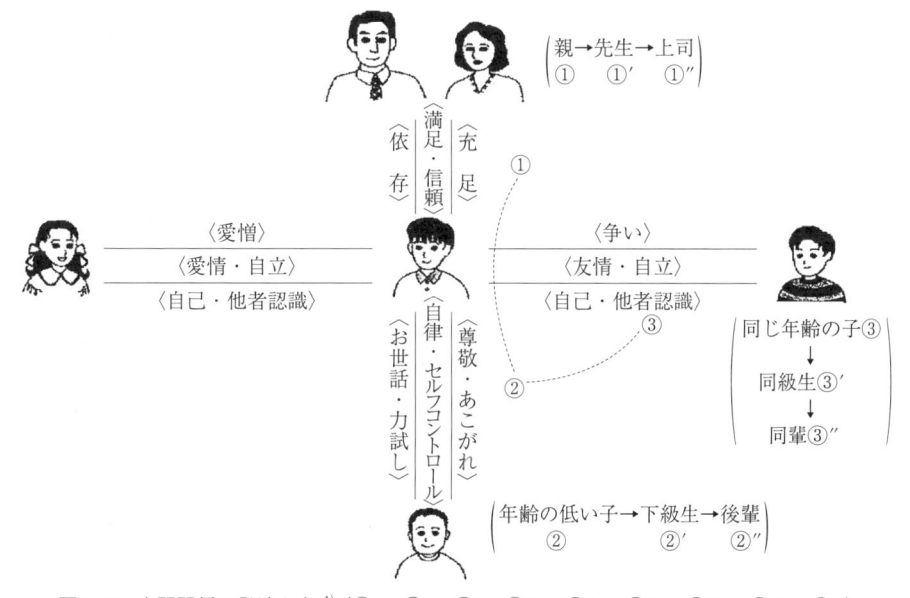

図7-2　人間関係の発達と心[4]　（①→②→③→①'→②'→③'→①"→②"→③"）

人間関係、③横軸の人間関係に分けられる。自分を真ん中におき、自分よりも上の人との関係、自分よりも下の人との関係、自分と同年代の人との関係と考えてよい。自分を子どもや他の人におきかえてみてもよい。

> ①縦軸の上半分の人間関係　→　依存が充足すれば信頼が育つ
> ②縦軸の下半分の人間関係　→　力試しもするが尊敬を集め自律が育つ
> ③横軸の人間関係　　　　　→　争いながら自己認識・他者認識を深め自立へ

　人はまず親に「依存」し、親は子の依存を「充足」する。依存と充足の間にバランスがとれれば『信頼』が生まれる。これが①である。この関係は親との関係ばかりでなく、保育園の保育士や幼稚園の教師、小学校や中学校の教師との関係にも通じる。さらには勤めた時の上司との関係もこれである。

　①で人を「信頼」することを学ぶと、自分が人を信じることができるという自信を持つとともに人に信頼されているという自信を持つ。その自信が縦軸の上半分の関係から自分を抜け出させる。抜け出した人は自分よりも小さな人との関係を結ぼうとする。これが②である。

　自立や自制ができセルフコントロールがきくようになった人は、自信満々で同年代どうしとつきあうようになる。これが③である。この人間関係では同年代どうしの熾烈な争いを経験する。しかし、その争いを経て自分自身を知ることになるばかりか、他人のこともわかるようになる。

　このように人間関係の発達とともに心が発達していることからも、学校において子どもたちの心の状態を把握するときに、子どもたちが発達段階にいることを考慮していく必要がある。どの段階にいるのか、どこでつまずいているのか、子どもたちは（大人もだが）日々の中で、吉川の表す①→②→③を何度も繰り返しながら人間関係の力を習得するとともに心を発達させている。学校教育に求められるのは、個々の子どもの心の状態を把握し対応するだけでなく、発達段階に応じた心の成長ができる環境（場）の設定とその支援をしていくことにもあると考える。

3. 子どものメンタルヘルス

　メンタルヘルスとは「精神的健康の回復・保持・増進にかかわる事柄を総称する言葉であり、精神医学とその近接領域を合わせた領域にほぼ相当している。具体的には、心理的ストレスや心の悩み、虐待や家庭内暴力、発達障害や精神疾患など、健常的な精神活動にとって障害となる問題とその治療に関するすべての事項が含まれる」とされ、さらに、「メンタルヘルスには、主に環境のストレスや家族・対人関係などの心理社会的要因に由来する問題と、子ども自身が持つ精神的素質や内科・小児科疾患などの生物学的要因と関連した医学的問題が含まれる」と述べられている[5]。

　学校現場で生じているメンタルヘルスの問題は、背景にある要因によって3種類に分類されているので図7-3に示す。

```
              A  心因性うつ状態
                 虐待・家庭内暴
                 力・PTSDなど

              B  統合失調症
                 （躁）うつ病
                 など

              C  発達障害

              D  変性疾患
                 てんかんの
                 一部など
```

心

　　心因反応　　　心身症
　　人格障害
　　など
　　　　　　　　　　　E 内科・
　　　　　　　　　　　　 小児科
　　　　　　　　　　　　 疾患など

脳　　　　　　　体

心理社会的要因 / 生物学的要因

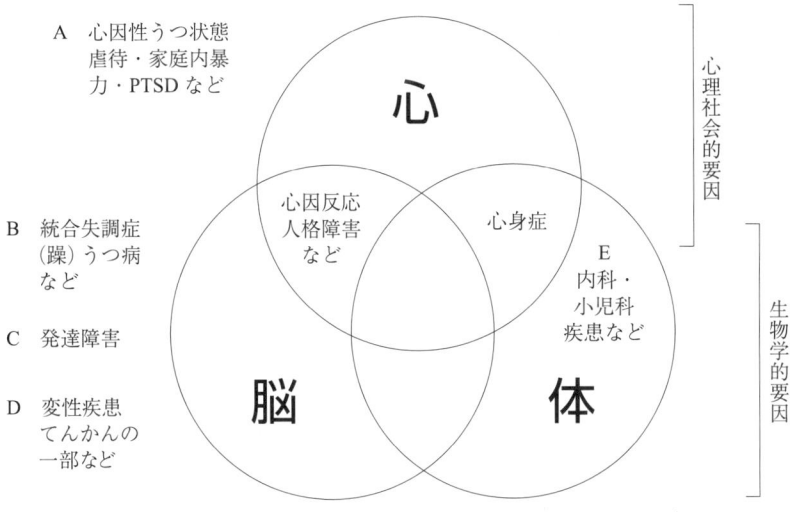

図7-3　メンタルヘルスに含まれる問題（例）とその原因[6]

（1）心理社会的要因に基づく問題

　心理社会的問題とは、虐待・災害・事故等による心的外傷後ストレス障害（PTSD）、保護者のアルコール依存、家族や友人関係の悩みなどの生活環境の問題、心理的ストレスに由来する問題、心因性疾患などを示す。

（2）生理学的要因に基づく問題

1）脳の医学的問題

①機能性精神疾患

　素因を持つ場合に心理的原因がなくても発症するような疾患。すなわち、統合失調症、うつ病、双極性障害（躁うつ病）などを示す。

②器質性精神疾患

　CTやMRIのような脳画像検査で明らかとなる病変を背景に精神障害が出現した場合を示す。

③発達障害

　児童期以前からある特徴が現れ、それが発達過程を通じてハンディキャップとして持続しやすい生まれつきの素質を指す。そのうち、学校現場で特別支援等の対象と取り上げられることが多くなったのは、広汎性発達障害（自閉症、アスペルガー障害、特定不能型の広汎性発達障害を含む）、注意欠陥多動性障害（ADHD）、学習障害（LD）であるが、それ以外にも、精神遅滞、行為障害、チック障害など多数が存在する。

2）身体疾患と関連するもの

　感冒などの感染症、自己免疫疾患、代謝性疾患をはじめとする内科・小児科疾患でも精神的不調や精神症状が現れる場合がある。

3) 境界領域にあると考えられるもの

境界領域にあるものとは、2つあるいは3つの原因（領域）ともその発症が関与していると考えられている疾患・病態を指している。

(3) 心身症及びその関連疾患

心身症とは、身体疾患のうち、その発症と経過に心理社会的要因が密接に関与し、器質的ないし機能的障害の認められる病態を呈するものを示す。

ただし、心身症には神経症（心因性の精神疾患）、うつ病など精神障害に伴う身体症状は含めない。

4. 子どものメンタルヘルスと健康相談

(1) 学校における健康相談

学校においては、子どものメンタルヘルスに関する課題やアレルギー疾患の増加など、心身の健康問題が多様化していることや、医療を必要とする子どもの増加を背景に、関係教職員が健康相談をすることが法的に規定された。

健康相談の目的は、「児童生徒の心身の健康に関する問題について、児童生徒や保護者等に対して、関係者が連携し相談等して問題の解決を図り、学校生活によりよく適応していけるように支援していくことである」[7] またその重要性を「児童生徒の発達に即して一緒に心身の健康問題を解決する過程で、自己理解を深め自分自身で解決しようとする人間的な成長につながることから、健康の保持増進だけでなく教育的意義が大きい」[8] と文部科学省では整理している。このように、現在、学校で行う「健康相談」は学校保健活動としてだけでなく教育活動としても重要視されている。

①学校保健安全法（平成20年6月18日公布、平成21年4月1日施行）

> （健康相談）
> 第八条　学校においては、児童生徒等の心身の健康に関し、健康相談を行うものとする。
> （地域との連携）
> 第十条　学校においては、救急処置、健康相談又は保健指導を行うに当たっては、必要に応じ当該学校の所在する地域の医療機関その外の関係機関との連携を図るよう努めるものとする。

②学校保健安全法（平成21年4月1日施行）施行通知

> ○学校保健法等の一部を改正する法律の公布について（通知）
> （平成20年7月9日付け　20文科ス第522号）
> （抜粋）
> (7) 保健指導について（第9条）
> 1 （略）保健指導の前提として行われる第8条の健康相談についても、児童生徒等の多様な健康課題に組織的に対応する観点から、特定の教職員に限らず、養護教諭、学校医・学校歯科医・学校薬剤師、担任教諭などの関係教職員による積極的な参画が求められているものであること。

③学校保健安全法施行規則

○学校保健法等の一部を改正する法律の施行に伴う関係政令の整備に関する政令等の施行について（通知）（平成21年4月1日付け　21文科ス第6004号）
省令改正の概要（抜粋）
(4) 学校医、学校歯科医及び学校薬剤師の職務執行の準則について
　（略）従来、学校医又は学校歯科医のみが行うものとされてきた「健康相談」は学校医又は学校歯科医に限らず、学校薬剤師を含め関係教職員が積極的に参画するものと再整理された。これは、近年、メンタルヘルスに関する課題やアレルギー疾患等の現代的健康課題が生ずるなど児童生徒等の心身の健康課題が多様化、深刻化している中、これらの問題に学校が組織的に対応する観点から、特定の教職員に限らず、養護教諭、学校医・学校歯科医・学校薬剤師、担任教諭など関係教職員各々が有する専門的知見の積極的活用に努められたいという趣旨である。

　その中でも、医学的看護的素養を持つ養護教諭の行う健康相談が担う役割は大きいと考える。学校保健安全法が施行される前から、健康相談活動（ヘルスカウンセリング）として、現在の健康相談に当たる活動を行っていた。

　しかし、保健室を中心にしてその活動は展開されるためか、他の教職員に十分な理解を得られているとはいえない状況もある。全教職員が健康相談を行うことになったことを機に、学級担任等の行う健康相談との違いやメリット等を理解することにより、各々の専門性を活かし、連携してすすめることによって、効果的な健康相談が展開できると考える。

(2) 養護教諭の行う健康相談

　健康相談活動とは「養護教諭の職務の特質や保健室の機能を生かし、生徒の様々な訴えに対して常に心的な要因や背景を念頭に置いて、心身の観察、問題の背景分析、解決のための支援、関係との連携など、心と体の両面への対応を行う活動」[9]である。保健室の中だけではなく教育活動の一環として行われているものである。

養護教諭の職務の特質
○全校の子どもを対象としており、入学時から経年的に成長・発達を見ることができる。
○活動の中心となる保健室は、誰でもいつでも利用でき安心して話ができるところである。
○子どもは、心の問題を言葉に表すことが難しく、身体症状として表れやすいので、問題を早期に発見しやすい。
○保健室頻回来室者、不登校傾向者、非行や性に関する問題など様々な問題を抱えている子どもと保健室でかかわる機会が多い。
○職務の多くは学級担任をはじめとする教職員、保護者、学校医等との連携のもとに遂行される。

保健室の機能
○健康診断、発育測定などを行う場としての機能
○個人および集団の健康課題の把握の機能
○健康情報センター的機能
○健康教育推進ための調査、資料等の活用・保管の場としての機能
○疾病や感染症の予防と管理を行う場としての機能
○児童生徒が委員会活動を行う場としての機能
○心身の健康に問題のある児童生徒等の保健指導、健康相談活動を行う場としての機能
○けがや病気などの児童生徒等の救急処置や休養の場としての機能
○組織活動のセンター的機能

健康相談活動は子どもが保健室に来室した瞬間から始まる。子どもは自分の気持ちを十分に言葉で表現することができないことが多く、身体的な症状として訴えてくることが大半である。養護教諭は身体的な訴えと症状を丁寧に受け止めることから進めていくことになる。そのプロセスはおよそ図7-4のとおりである。

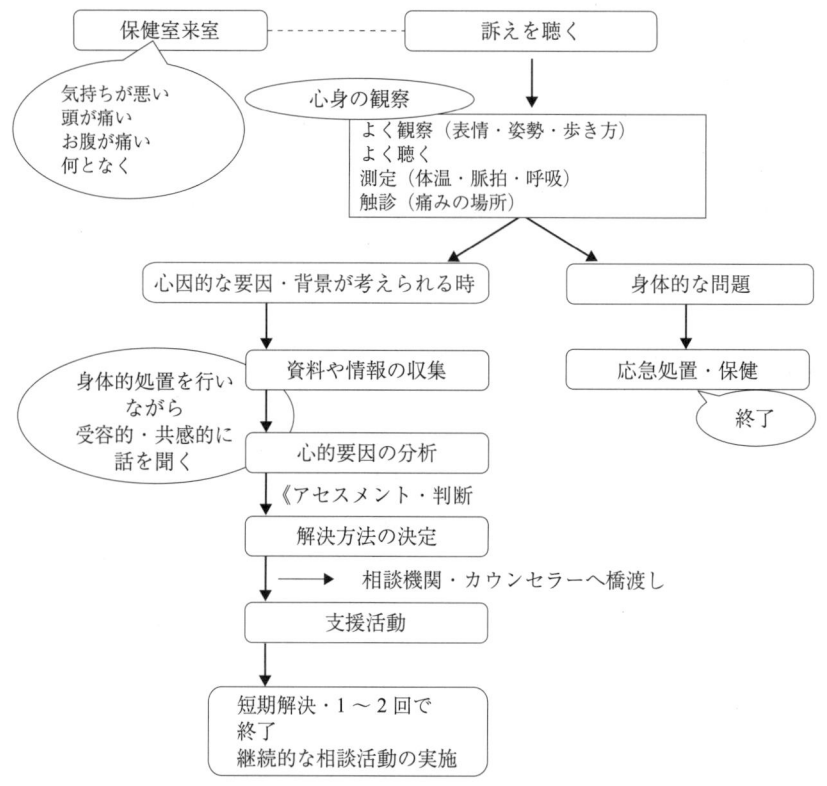

```
保健室来室 ------- 訴えを聴く
    │              ↓
気持ちが悪い      心身の観察
頭が痛い       よく観察（表情・姿勢・歩き方）
お腹が痛い      よく聴く
何となく        測定（体温・脈拍・呼吸）
               触診（痛みの場所）
    ↓                      ↓
心因的な要因・背景が考えられる時    身体的な問題
    ↓                      ↓
身体的な処置を行い  資料や情報の収集   応急処置・保健
ながら                          ↓
受容的・共感的に   心的要因の分析    終了
話を聞く      《アセスメント・判断》
              解決方法の決定
              → 相談機関・カウンセラーへ橋渡し
              支援活動
              短期解決・1～2回で終了
              継続的な相談活動の実施
```

図7-4　養護教諭の行う健康相談（健康相談活動）のプロセス

5. おわりに

今では保健室が「心の居場所としての役割」をあたりまえのように求められるようになっている。しかし、実際はずっと前から、養護教諭は、けがなどの応急処置だけでなく、さまざまな訴えに対して、保健室にある情報や専門性を活用して、身体的側面だけでなく、常に心理的側面にも目を向けて対応してきた。また、普段から日常的な関わりの中で温かい人間関係を保つことにより、何気ない会話から（安心して発した言葉から）その子どもの背景を察知することもできている。保健室が学校の中で、何となく家庭的な雰囲気があるのはそのためではないだろうか。

だからこそ、現代の子どもたちのメンタルヘルスに関する課題を解決していくうえで、養護教諭の行う健康相談は重要な意義をもっている。そして、それを中心として関係者が連携を図り、学校全体で組織的な支援体制を整えることが、学校で子どもたちが安心して活動することにつながると

考える。

　今後、私たち学校関係者が子どものメンタルヘルスの理解をさらに深めなければならないことは言うまでもない。子どもたちが多様な変化に適応しようとしているように、私たち自身も新たな変化に対応していく努力を欠かしてはならないと考える。

引用・参考文献

1) 吉川武彦（健康教育ビジュアル実践講座刊行会編集）『SANTE4 心の健康とヘルスカウンセリング　第2章1節　心のしくみ』（株）ニチブン　1996　pp.83-84.
2) 前掲書1）
3) 内山道明『県民大学叢書57 心のしくみ — 現代心理学の課題 —』（財）愛知県教育サービスセンター　1998
4) 前掲書1）
5) 心の健康つくり推進委員会『子どものメンタルヘルスの理解と対応 — 心の健康つくりの推進に向けた組織体制つくりと連携 —』日本学校保健会　2007　p.2-3.
6) 前掲書3）
7) 文部科学省「教職員のための子どもの健康相談及び保健指導の手引」2011　p.5.
8) 前掲書7）　p.2.
9) 文部科学省「保健体育審議会答申」1997

コラム③

不登校ぎみの児童と養護教諭

　現在、不登校ぎみの児童と養護教諭である筆者はほぼ毎日試行錯誤しながら関わっているが、後になって児童や保護者から「こうしてほしかった」と言われ反省する事がある。そのため、できるだけ普段から児童が安心して学校に来られるように、目に見える形でサポートする事を心掛けるようにしている。例えば、児童が教室に入りづらい時でも、「保健室はいつでも入りやすい・話しやすい」と思ってもらえるような雰囲気づくりができるように笑顔で接したり、保護者に会った時には、できるだけ声をかけて児童の頑張っている様子や普段の様子を伝えたりしている。

　養護教諭として働くことは、筆者の子どもの頃からの夢であった。しかし、実際に働いてみると、様々なことで失敗してくじけそうになる事もある。そのような時、周囲の先生方から優しく助けてもらって感謝の気持ちでいっぱいになったり、児童との何気ない会話から元気をもらったりと、再びがんばる気持ちを取り戻すことができ、成長させてもらっている。

第8章

保健室を通して心の健康を考える

1. はじめに

　日々の保健室における養護教諭の健康相談は実状に応じた養護教諭独自の相談の仕方があり、個々の養護教諭は、子どもの状態に応じた適切な対応を作りだし、その体験を蓄積している[1]。しかし、心因的要因で来室した生徒について、生徒自身が自分の気持ちのありように気づいておらず、話をしない場合、養護教諭だけの努力では語りを引き出すことが難しい場合がある[2]。思春期にさしかかると、自我に目覚め、他人の目が気になり、他人にどのように思われているかを悩むことが多くなってくる。そのため、思春期の生徒に瞬時に寄り添うためには誰もが活用できる手段が必要であると考えられる。佐田らは養護教諭が言動的な交流が難しい子どもたちにも自分の思いを表現できる手助けになるように、保健室に様々な物を用意し、それぞれの養護教諭が独自の工夫をこらしていると述べている[3]。

　「保健室を通した心の健康」に対して、筆者自身は折り紙を生徒の心に寄り添う手段として活用してきた。本章では、広島大学医歯薬保健学科と共同して実践研究を行った3年間の取り組みについて紹介する[2]。

2. 1年目：個と集団のかかわりを通しての保健指導

　養護教諭として保健室に来室する一人ひとりの生徒の訴えに対し、寄り添い、見極めながら解決に向け、個別に支援しているが、保健室に来ることができない、また、きっかけがない生徒がいるかもしれない。すべての生徒が心の健康の保持増進をし、より充実した学校生活を送るためには、保健室での個別的な対応に留まらず、集団を対象とした指導も大切であると考えた。そこで、生徒のストレッサーと対処法の実態から、ストレス対処法を扱う場合の思春期の集団指導のあり方を考察し、その実践からネガティブな解決法からポジティブな解決法になるという指導の効果を検証していくことにした。

(1) 保健指導の実践

　指導に当たっては、一人ひとりが自らの学校生活を振り返り、不安になったり、困ったり、悩んだりした経験について、グループの中で解決の方法を話し合い、たくさんの選択肢があることに気付き、解決の方法についてヒントを得させることを目標とした。

　事前に悩みや不安に思っていることを調査し、結果を知らせ、共感的な雰囲気を作ることに留意

しながら、学級の仲間もいろいろな悩みや不安を持っていることに、気づかせた。次に個人で思いつく解決方法を付箋に書き、グループでの作業、話し合いを通し、解決方法を分類、整理し、明確にしていった。課題解決方法は日本語版A-COPEの6項目を基準とした。日本語版A-COPEの6項目は【友達のサポートを求める】【自分で積極的に取り組む】【感情の表出】【楽観的な状況把握】【家族の力を求める】【気晴らしとリラックス】である。そして各自が自分の不安や悩みについての解決方法を考えさせ、日常の生活場面で役立てようとする意欲を高めることをした。

(2) 授業実践、保健指導の具体的てだて

1) 思春期の生徒に対する工夫

- 思春期の生徒の悩みや不安の調査方法は、封筒に記名し配布回収する。保健指導後の調査との記載の比較を行うため、無記名にすることはできないが、封筒に記名することで生徒の気持ちを引き出しやすくする。また、封筒に入れることで、担当者以外に見ることができないようにし、担当者との継続した関係性を考慮する。
- 生徒が記載した実態に合わせて、保健指導で使用する悩みや不安の事例を作成し、生徒が授業中に自分の悩みや不安を発表せず、友達の悩みのような感覚で解決方法を考えられるようにした（図8-1）。
- 悩みや不安の解決方法をカテゴリーごとに分類しやすいように、課題を木に見立て、解決法のまとまりを枝とした。
- 悩みや不安を解決する目的は、学校生活を楽しく、また心が成長し、多くの悩みや不安に対処できることである。これらを理解しやすいように「課題解決の木」の根に「楽しい学校生活」「心の成長」「よりよい生活」と記載した（図8-2）。

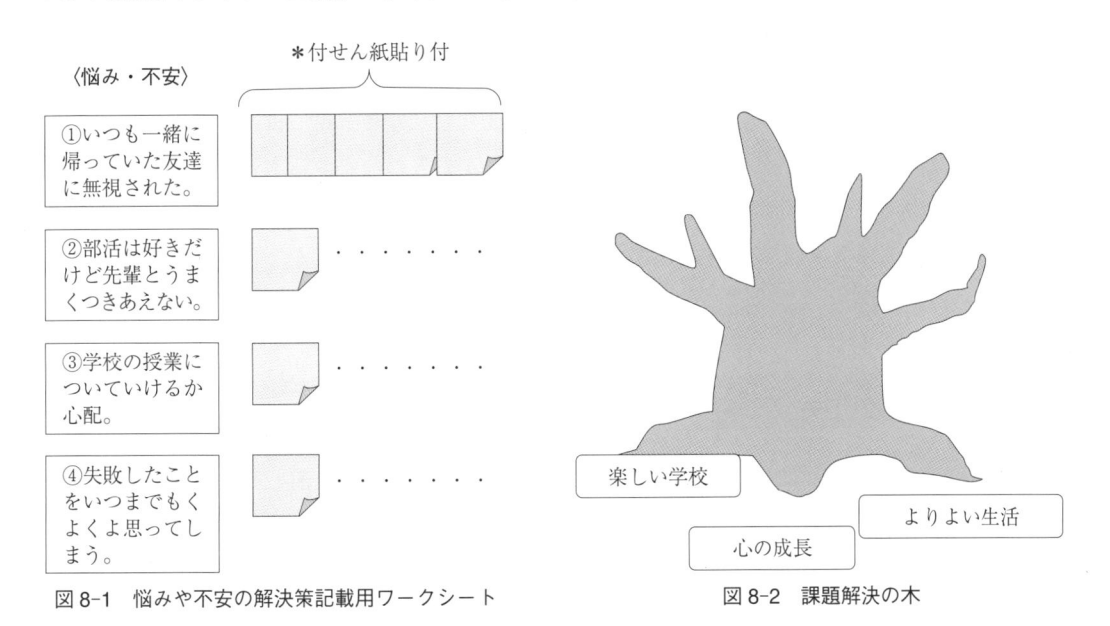

図8-1　悩みや不安の解決策記載用ワークシート

図8-2　課題解決の木

（3）結果および考察

保健指導後に、集団で考えた課題解決方法が個人の解決方法に影響を与えているかを検証した結果、対象者80名中、欠席者やアンケート不備者を除いた70名のうち65名（92.8％）に指導前と後で、解決方法数の増加やネガティブな解決方法からポジティブな解決方法になる等、解決方法の記載に効果が得られた。この保健指導により、保健室に来ない生徒も、自分の思いを抱え込みながら生活していることが確認され、集団での保健指導により、他にも解決方法があることを普段保健室に来ない生徒にも理解させることができた。しかしながら、実際に日々保健室へくる生徒へのストレス対処法を含めた「心の健康」について、どう取り組んでいくのか、「個」への働きかけを効果的にするにはどのような方法があるのかが課題としてあがってきた。

3．2年目：保健指導における折り紙導入の効果について

保健室で行う健康相談は、養護教諭の職務の特質や保健室の機能を十分に活かし、心と体の両面への対応を行う養護教諭固有の活動である。ケガ、病気での来室だけではなく、体調不良や悩み、不安がある、なんとなく、という来室が増えている。養護教諭は一人ひとりの訴えに対し寄り添い、生徒が気持ちや不安、悩みの原因について語る場合には傾聴や受容を行いながら気持ちの変化への対応を行っている。しかし、生徒自身が自分の気持ちのありように気づいていない、または気づいていても話をしない、言葉が出てこない場合には生徒の気持ちの有りようを知ることは難しい場合もある。そのような中で養護教諭は折り紙や描画などの創作活動をしながら子どもたちのつぶやきや本音を聞くことができたり、創作活動をすることで心が安定してきたことを実感してきた。一方、市来らは、養護教諭は経験に従って表現や創作活動を取り入れているものの、それがどのような支援として意義や方法があるのかは明確ではなく、意図的に介入しているのではないことが明らかとなったと述べている[4]。しかし、実際に折り紙を子どもと一緒に折ることにより、子どもの表情が明るくなったり、折りながら話をするうち、つぶやきのなかから本音を聞き出すことができたり、コミュニケーションの力がついたなど、子どもの心、行動の変化を多く実感してきた。そこで創作活動の中でも、紙1枚で作れ、比較的簡単に完成度を保つことができる「折り紙」を健康相談に用い、生徒に寄り添う手段としての効果と課題をストレス反応の軽減という視点から明らかにしていくことにした。

（1）評価のための工夫

保健室に来室した生徒に折り紙を折ることをすすめ、折り紙を折る前と後の生徒の気分変化を保健室来室カードに記載してあるフェイススケールを記入してもらうことにより分析した[5]。フェイススケールとは気分を文字だけで表すのではなく、顔の絵に「よい」「まあまあよい」「ふつう」「少し悪い」「悪い」「怒り」の6段階に表情をつけて気分を表し視覚化したものである。フェイススケールは数値に置き換え、保健室来室時の数値から、折り紙後の数値を引き、折り紙前後の気分変

化がよくなった場合正の数で表すことができるように、「気分がよい」を0とし数値が大きくなるほど気分が悪くなることを示すように数値に変換した。

(2) 結果及び考察

1）折り紙前後に気分が1段階以上改善した生徒の理由

「折り紙でひまわりを折った」など折ることの楽しさ、「友達と話をしながら折った」などコミュニケーションのきっかけ、「人にあげて喜ばれた」「折り紙を教えた」など自信に関すること、「作品ができあがった」達成感などが記載されていた。

2）折り紙前後に気分が1段階以上悪くなった生徒の理由

「折り紙が完成しなかった」「うまく折れなかった」といった達成感に関すること、「集中しすぎて疲れた」「張り切りすぎて疲れた」という根気のいる作業に対する疲労感、また「頭が痛い」という養護教諭からは精神的不調と区別しにくい体調の悪さがあった。

フェイススケールの利用は、気分を視覚化し、ストレス反応のコントロールにおける「自分の気持ちを理解する」ことを助ける方法になった。気分が改善した生徒には、来室時に気分が普通、悪いと記載した生徒が多かったが、理由は「いろいろ」「なんかあった」などはっきりしなかった。原因がはっきりしない場合には、折り紙という作業によって気分が切り替わりやすいと考えられる。また、達成感も生徒の気分の改善に関わっており非常に重要である。

折り紙前の気分に「怒り」を選択した生徒は折り紙後に「少し悪い」に改善しており、怒りが収まったことがうかがえた。同様に※「悲しい」を選択した生徒も「少し悪い」に改善しており、どちらも意識を折ることに向け、集中することにより気分転換ができたのではないか、また変化した理由から達成感、人からの感謝により、心が穏やかになることが考えられる。

気分が改善しなかった生徒の来室時の気分は「悪い」「怒り」が最も多かった。理由は人間関係に関することが多かった。原因が明確である場合には、折り紙では気分は変わりにくいかもしれない。また、綿密な作業によって疲労する、うまくできなくて悲しくなってしまう場合があったことから、折り紙には、効果もあるが悪化する場合もあることを認識しておく必要があることがわかった。

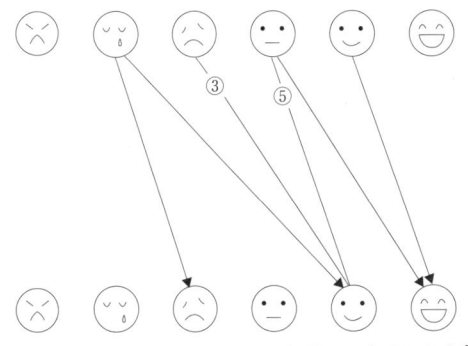

図8-3 フェイススケールによる気持ちの表現と変化[5]
（Wong-Bakerフェイススケールを改変）

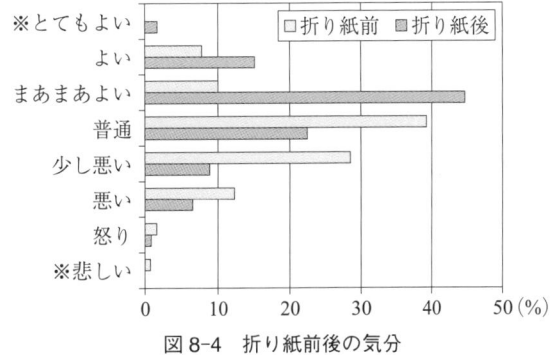

図8-4 折り紙前後の気分
※フェイススケール（6つ）に、生徒がつけ加えた感情の表現

これらのことから、折り紙作品の種類によって生徒への効果が違い、生徒の様子や状況により、提示する折り紙作品が違ってくるのではないかという課題がみつかった。

4．3年目：折り紙を用いた健康相談活動の効果に関する研究

2年目の研究結果から、支援を要する生徒と折り紙の種類の関係について明らかにすることが今後の課題と考えられた。そこで保健室での健康相談に折り紙を導入し、自然に生徒の語りや本音を引き出すこと、心に寄り添う手段としての一般化の可能性を探るため、折り紙の経験、折り紙を好むかどうかなどをふまえ、生徒の精神的健康度と生徒が選択する折り紙の関連という視点から、健康相談に適した折り紙の種類を検討することを試みることにした。

（1）実践の方法

最初に「折り紙経験アンケート」を実施した。目的は折り紙を折ることが生徒にとって、どのような経験になっているのか実態を知るためである。

次に、日本版GHQ28検査を実施した。この検査は精神健康調査（世界保健機構版）質問紙による検査法であり、28の問いに回答することで、身体症状、不安と不眠、社会的活動障害、うつ傾向が点数化され、個人の傾向がわかるものである。

その後、クラスで折り紙調査を実施した。まず「あなたの今の気分カード」で折り紙を折る前と折った後の気分の変化を比較し、分析するためにフェイススケールを選択させた。次に6種類の折り紙作品から自分が折りたい作品を選ばせた。折り図を準備し、折る時間は15分間、折り紙は赤、黄、緑、青、紫、橙の6色とした。色については美術科教員の指導を受け、原色、補色を選択した。最後に、折り紙を折った後の気分についてフェイススケールとその理由についての項目を選択させた。

表8-1　実施項目と時期

	時 期	実施項目	所要時間
①	9月中旬	経験アンケート	10分
②	9月下旬	日本版GHQ28精神健康調査	7分
③	10月初旬	フェイススケール選択	前後各1分
		折り紙調査	15分

表8-2　折り紙調査の手順

	折り紙調査の手順
①	あなたの今の気分カード記入 フェイススケールを選択させる
②	作品の提示（6種類） 折り図・折り紙の配布
③	折りたい作品を選ばせる
④	折り図を見ながら作品を折る（15分間）
⑤	あなたの今の気分カード記入 フェイススケールを選択させる
⑥	その理由について選択させる

（2）折り紙作品の種類

選択する折り紙の分類は6種類とした。①一枚折り・簡単、②一枚折り・難しい、③複合折り紙、④動く、遊びのある折り紙、⑤パーツを組み合わせる、⑥パーツを組み合わせ立体である。今回使用した折り紙作品を図8-5に示した。

折り紙作品の選択には、日本折紙協会の出版物に明記してある難易度を参考に短時間でも完成できることを考慮した。

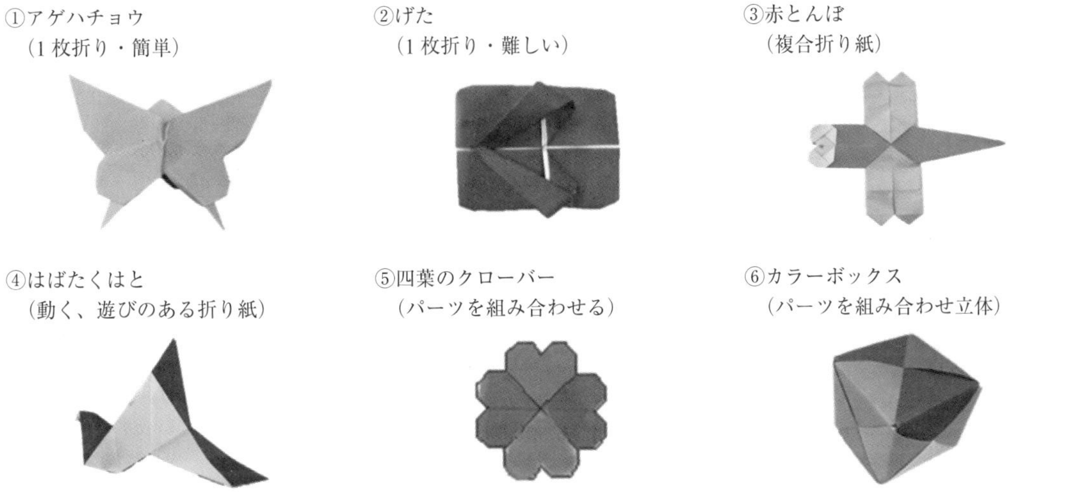

①アゲハチョウ　　　　　②げた　　　　　　　　③赤とんぼ
（1枚折り・簡単）　　　（1枚折り・難しい）　　（複合折り紙）

④はばたくはと　　　　　⑤四葉のクローバー　　　⑥カラーボックス
（動く、遊びのある折り紙）（パーツを組み合わせる）（パーツを組み合わせ立体）

図8-5　折り紙の種類 [6]〜[11]

（3）評価のための工夫

　評価は「あなたの今の気分カード」に記載してあるフェイススケール、理由の記載、日本版GHQ28精神健康調査票にて行った。フェイススケールの分析は生徒が選んだ作品別に今の気分を選択させて数値化を行い、折り紙を折る前後の数値の差を求めて行った。その際、折り紙前後で気分変化がよくなった場合は「プラス」、悪くなった場合は「マイナス」、変わらなかった場合は「同じ」とした。また、日本版GHQ28検査結果の総合得点と折り紙作品の関係についての考察を行った。GHQ精神健康調査票は英国のGoldberg, D.P.博士により開発された質問紙法による検査法で60項目の質問に答え、被検者の精神的健康の客観的情報を明確に把握し、精神的に健康であるかどうかを判定できるものである。その合計を求める。最高可能な点数は総合して28点である。判定法について4つの要素スケール（A）身体的症状、（B）不安と不眠、（C）社会的活動障害、（D）うつ傾向に分類され、各要素スケールとも、チェックの点数により、軽度、中等度以上の症状に区分され、総合得点28の内、5点以下ならば健常者、何らかの問題ありと認められるものは6点以上と示されている。

（4）結果及び考察

　生徒が選んだ作品は図8-6に示した。①アゲハチョウを選んだ生徒が20名（29％）、②げたが5名（7％）、③赤とんぼが1名（1％）、④はばたくはとは28名（40％）で最も多く、⑤四つ葉のクローバーが5名（7％）、⑥カラーボックスは11名（16％）であった。

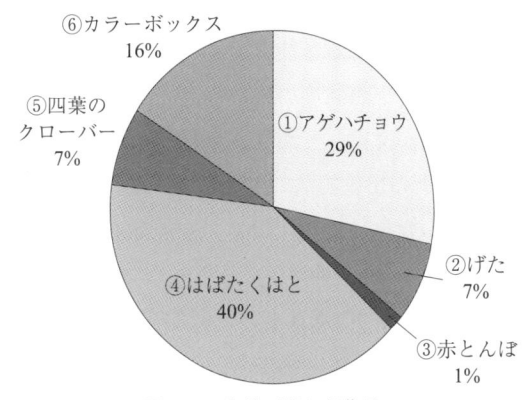

図8-6　生徒が選んだ作品

1）折り紙前後の気分の変化の理由

①折り紙後に気分がプラスに改善した生徒

折り紙前後で気分がプラスに変化した生徒について理由を検討した。変化した理由について自由記載をさせた結果、「完成し嬉しい」が23名、「楽しかった」が16名など達成感に関すること、「集中できた」が11名で集中力の向上、「スッキリした」が9名でストレス解消、「やる気が出た」が5名で自分の自信に関することが認められた。

②折り紙前後で気分がマイナスになった生徒

その理由は以下のようであった。「疲れた」が6名で根気のいる作業に対する疲労感、「イライラする」が6名でストレスに関すること、また、「完成できなかった」が5名で達成感が得られなかったことがあげられた。

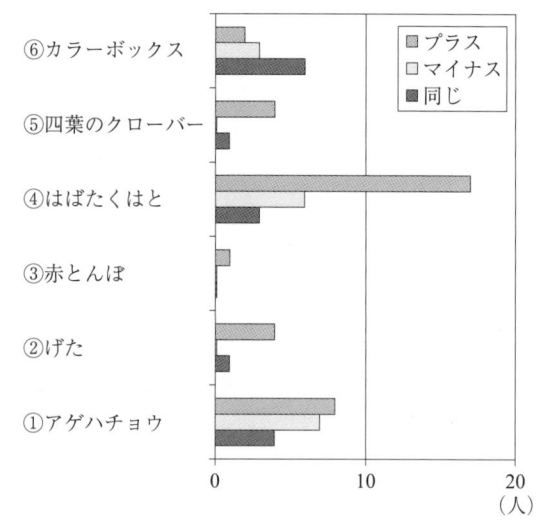

図8-7 作品別・折り紙前後の気分の変化

2）日本版GHQ28精神健康調査票の得点と作品の関連

日本版GHQ28精神健康調査の結果「アゲハチョウ」を選んだ生徒（20名）の内訳は、（A）身体的症状のチェックがあった生徒が10名、（B）不安と不眠が6名、（C）社会的活動障害は4名、（D）うつ傾向が8名で身体的症状とうつ傾向に当てはまる生徒が多い傾向が見られた（複数回答あり）。「はばたくはと」を選択した生徒（28名）については、（A）身体症状が17名、（B）不安と不眠が10名、（C）社会的活動障害は11名、（D）うつ傾向が8名で4つの症状が当てはまる生徒が多く選択していた。

3）日本版GHQ28精神健康調査票の総合得点と作品

折り紙を折る前後の気分の変化について総合得点と作品、折り紙を折る前後の気分の変化について「アゲハチョウ」については、総合得点が比較的低い生徒が選択している。気分の変化については、プラスになる生徒、マイナス、同じの生徒もほぼ同数であった。「げた」は総合得点が低い生徒が選択し、難易度の高い作品であるが、気分はプラスになっている。「赤とんぼ」は総合得点が低い生徒が選択しており、気分はプラスになっている。「はばたくはと」については、総合得点が12点以上の比較的高い生徒が多い結果となった。

気分の変化については7名中5名の気分がプラスに変化し、マイナスになった生徒は1名のみであった。「四つ葉のクローバー」は4名中3名の気分がプラスに変化しており、「カラーボックス」は総合得点が12点以上の比較的高い生徒が多く選択した。6名中気分がプラスに変化した生徒は1名のみであった。

表 8-3　GHQ28 検査総合得点と折り紙作品

①アゲハチョウ	総合得点 15 点以上が 2 名、10 点未満の生徒が多く選択している。気分が大きくプラスに変化している生徒がい しかし未完成の生徒の割合が多く気分がマイナスになっている。
②げた	総合得点が 9 点の生徒が選択している。 難易度の高い作品であるが気分はプラスになっている。
③赤とんぼ	総合得点が 8 点の生徒が選択している。 気分はプラスになっている。
④はばたくはと	総合得点が 12 点以上から 22 点の生徒が多く選択している。7 名中 5 名の生徒の気分がプラスになっており、気分がマイナスになった生徒は 1 名のみだった。
⑤四葉のクローバー	総合得点 10 点未満 3 名、22 点が 1 名選択しいている。4 名中 3 名の生徒の気分がプラスになっている。
⑥カラーボックス	総合得点 6 点が 1 名、12 点以上の比較的高い生徒が選択している。 6 名中気分がプラスになったのは 1 名で、マイナス、変化なしの生徒が 5 名であった。

4）折り紙が好きでない生徒の理由

今回の経験アンケートで折り紙が好きでないと答え、苦手意識を持つ生徒について追跡した。作品を選び、未完成であった生徒は「できなかった」「できなくてイライラした」など達成感に関する理由を一番にあげ、マイナスの気分になっていた。一方プラスに改善した生徒の理由は「できあがり、うれしい」「達成感があった」「スッキリした」などの記載の変化があることから、健康相談において、折り紙を導入する場合は、折り紙が好きでなかったり、苦手意識を持つ生徒には、まず第 1 に完成できる折り紙を勧め、達成感を得させることにより、折り紙を健康相談に有効に活用できるのではないかと考えた。

5）作品別・折り紙前後の気分の変化

6 種類の折り紙作品の中で最も気分がプラスに変化したのは「はばたくはと」（動く、遊びのある折り紙）であった。その多くの理由は「できあがりが嬉しい」で達成感を感じ、しっぽを引っ張ると羽根が動くことによる「楽しかった」であった。このことから「はばたくはと」は、一般に多く知られている折り紙と比べ、折った作品が動くという意外性が心に作用し、驚きと感動を与え生徒が興味を持ったことが考えられる。「アゲハチョウ」（1 枚折り簡単）は気分がプラスになった生徒とマイナスになった生徒の数がほぼ同数であった。簡単であるのにマイナスになった理由として「完成できなかった」「作り方がわからなかった」が挙げられたが、検査中の生徒の様子から折り図を読みとることが難しかったことも関係していると考えられる。折り紙は、視覚情報への依存度が高く、動作手順の遂行への集中を要することが示されている[12]。このことから、出来上がりの作品を提示し、手順を一つひとつ折って示す方法が効果的であり、その過程で、コミュニケーションをとりながら語りを引き出すことに有用であると推察する。また、折り図を読みとり、作品を作るためには、記号の決まりを理解し、二次元で表されたものを三次元に置き換える力[13]が必要である。このことについては、時間はかかるが、学び、経験を重ねることで、できるようになると考える。また、マイナスになった生徒に共通していたのは「完成できなかった」で、達成感を得ること

ができなかったことであった。これらのことから、達成感は、生徒の気分の改善に深く関わっており非常に重要であるといえる。生徒に提示する折り紙は、比較的簡単で見栄えがよく、完成できることを考慮し、選ぶ必要があることがわかった。さらに、意外性があり、生徒がまだ折ったことのない新しい折り紙を養護教諭が知っておくことも大切であると考える。

6）有効と考えられる折り紙の種類

日本版GHQ28精神健康調査の4つの症状（A）身体的症状、（B）不安と不眠、（C）社会的活動障害、（D）うつ傾向について、有効と考えられる折り紙の種類について検証した。その結果（A）身体的症状の生徒には、「動く、遊びのある折り紙」「1枚折り・簡単」「パーツを組み合わせ立体」で（B）不安と不眠症状には「動く、遊びのある折り紙」「パーツを組み合わせ立体」であった。（C）社会的活動障害には「動く、遊びのある折り紙」「パーツを組み合わせ立体」で（D）うつ傾向の症状のある生徒には「動く、遊びのある折り紙」「1枚折り・簡単」「パーツを組み合わせ立体」が有効であることが認められた。すなわち、「動く、遊びのある折り紙」は4つのどの症状においても選んだ生徒が最も多く共通して有効であることから、健康相談において、折り紙を導入する場合は最初に導入することで効果が得やすいのではないかと推測される。

「パーツを組み合わせ立体」も共通して有効である結果となった。立体は数学的な折り紙として、ユニットの多面体の構造を理解するきっかけとなっている。実際に保健室登校生徒が興味を持ち、意欲的に作品に取り組んでおり、気分の改善、集中力、達成感を得ることができている。しかし、短時間では完成することが難しいことから、使用できる時間の配慮が必要である保健室においては多人数でコミュニケーションを取りながら一つの作品を作り上げることもしてきており、生徒の気分や行動の変容も実感している。生徒にとって、学級では生徒同士のコミュニケーションをとることが重要であることから、折り紙を用いて集団でのコミュニケーション能力や役割を見つける能力を育成することができる可能性を検証していくことが今後の課題である。

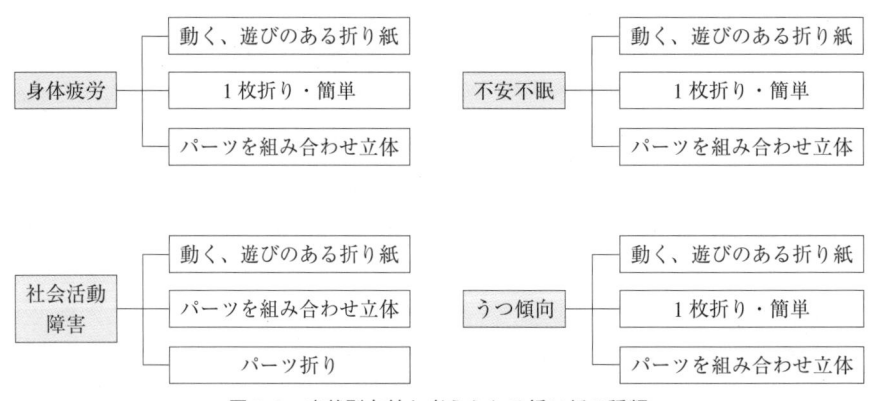

図8-8 症状別有効と考えられる折り紙の種類

5. おわりに

　心の健康について、日々の実践の中から折り紙を生徒の心に寄り添う手段として活用する可能性と課題について研究を行ってきた。活動の効果を漠然と感じていたが、検証することにより効果があることが示された。学校内で他の職員にも保健室で行っている活動を知ってもらう機会にもなり、大変有意義であった。今までの日々の実践を研究という形でまとめることができたことに感謝したいと思う。実践を文章に表すことには苦手意識があり苦戦したが、明らかになっていく過程を整理しながらまとめいくことが楽しく、やりがいを感じることができた。これからも生徒たちの心に寄り添い、健やかな成長を願いながら、養護教諭として実践研究を続けていきたい。

引用・参考文献
1) 佐田和美ほか「保健室来る子供の心の支援に関する実践研究Ⅱ」『三重大学教育学部附属教育実践総合センター紀要』2007　第27号　pp.147-152.
2) 高橋京子・川﨑裕美・森脇智子「保健指導における折り紙導入の効果と課題 ― 心の健康の保持増進のために ― 」『広島大学附属東雲中学校研究紀要』中学教育　第42集　2010　pp.111-117.
3) 前掲書1)
4) 市来百合子ほか「保健室におけるアートセラピー手法の導入に関する開発的研究（第2報）」『奈良教育大学教育実践総合センター研究紀要』19　2010　pp.19-26.
5) Wong DL, Baker CM, Pain in Children: Comparison of assessment scales, Pediatric Nursing 14. 9-17, 1988
6) 津田良夫「アゲハチョウ」『おりがみ傑作集2』日本折紙協会　1999　p.40.
7) 津田良夫「げた」『おりがみ傑作集』日本折紙協会　1998　pp.124-125.
8) 朝日勇「赤とんぼ」『おりがみ傑作集3』日本折紙協会　2000　pp.88-89.
9) 大橋皓也「はばたくはと」『おりがみ傑作集4』日本折紙協会　2005　p.38.
10) 熊坂浩「四葉のクローバー」『おりがみ傑作集』日本折紙協会　1998　p.98.
11) 薗部光伸「カラーボックス」『おりがみ傑作集』日本折紙協会　1998　pp.116-117.
12) 野田里美・佐久間春夫「「あやとり」「折り紙」の学習過程における脳波及び心理的変化」『バイオフィードバック研究』37巻第1号　2010　pp.29-36.
13) 長谷川和恵ほか「教材としての折り紙のもつ教育的価値について」『信州大学教育学部紀要』112　2004　pp.25-32.

第9章 養護教諭のヒヤリ・ハット
―― 事例から考える ――

1. はじめに

　ヒヤリ・ハットとは、「重大な災害や事故には至らないものの、直結してもおかしくない一歩手前の事例をいう。文字通り『突発的な事象やミスにヒヤリとしたり、ハッとしたりするもの』である」[1]。学校生活においても教育活動や傷病の発生の場面等で、養護教諭として「ヒヤリ」または「ハット」する災害が起こっている。特に救急処置や緊急時の対応は[2]学校体制とともに養護教諭の迅速で的確な処置対応能力が問われる。

　そこで、「ヒヤリ」「ハット」した事例からリフレクションし、養護教諭の処置対応能力について検討する。ここでのリフレクション（Reflection）とは単に「振り返り」で終わるのではなく、問題を探り評価・分析をするプロセスから明らかになったことをまとめ、現実に反映できるよう今後の対応（行動計画）することを意味している。本章では、筆者自身が経験した事例を中心に養護教諭のヒヤリ・ハットについて考察する[3]。

2. 事 例

事例1：中学1年男子生徒　発作（発生場所　教室）

　傷病名　てんかん発作
【災害発生時の概要】
　中学1年生の男子生徒が教室での授業中、椅子にすわった状態から左横に崩れるような状態で床に倒れた。声かけに反応がなくぴくついて、やや硬直した状態から、教科担任はすぐにてんかん発作だと判断し対応した。

【経過・対応・結果】
　教科担任は2人の生徒へ保健室に連絡に行くよう指示し、その間他の生徒への自習の指示と被災生徒の発作が起こっている時間を計測した。連絡を受けた養護教諭は担架を持って災害場所に駆けつけた。その時は発作は止まり正常呼吸で眠りに入った状態だった。

　すぐに保健室へ移送し、ベッドで安静にしてバイタルチェックをしながら経過観察を行った。もう一人の養護教諭が保護者へ連絡を行い、発作の時間と状況を伝え、保護者より「発作は朝の薬を飲み忘れたためで、すぐに持参するので大丈夫」ということで大事に至らなかった。

　この事例より後日、てんかん発作がおきた場合の対応について全職員で共通認識を行った。

【ヒヤリ・ハッとした背景・要因】
○てんかんの既往については保健調査で把握していたが、本人がよく薬を飲み忘れることについては把握してなかった。
○薬は重要でてんかんの重責発作など発作によっては緊急を要し、救急車で病院へ搬送する必要もある。既往歴だけでなく、薬など本人の自己管理能力についても充分把握しておく必要があった。また、転倒時の頭部打撲等についても要注意である。

【課題と今後の対応】
①生徒の既往や健康状況は保健調査で把握するが、保護者によっては詳細に記入していない場合もある。新入生に関しては前任校の養護教諭や担任と連携をとる必要がある。
②てんかんについての認識はさまざまであるため、プライバシーに配慮した上で、最低限必要な内容は教職員で情報を共有しておく必要がある。また、クラスの生徒への説明も発達段階に添って、からかいなどの対象にならないよう配慮をしながら行う。
③教科担任が冷静に発作の時間を計測したのは重要であった。併せて保健室への連絡や他の生徒への指示が迅速にされていたため、二次災害につながらなかった。
今回のように適切に対応がとれるよう職員間での共有を行う。

事例2：高校3年男子　眼球打撲（発生場所　グランド）

傷病名（1）右眼裂孔原生網膜剥離（2）右眼外傷性網膜剥離
【災害発生時の概要】
　体育の授業でサッカーの試合を行っていた。ライン側に跳んだボールを相手チームの一人がコート中央に蹴り込んだ際、そのボールが男子生徒の右顔面に直撃した。

【経過・対応・結果】
　教科担任は被災生徒にすぐ声をかけたが、本人は手を挙げ「大丈夫」と元気にプレーを続け、授業後患部を冷やす氷を取りに来室した。養護教諭の視診（目の位置・外観）および眼球運動では異常はなかった。本人は「少し痛いだけ」と氷を受け取ると教室へ戻ろうとしたが、問診の際「以前にも2回右目を打撲したことがある」と答えたので、すぐに病院で受診をする必要があることを本人に伝え、専門医院へ引率した。
　検査の結果『眼底出血があり右眼裂孔原生網膜剥離』のため、「早急に手術が必要」と医師より総合病院の紹介状が書かれた。病院での指導・助言は「眼の打撲を軽くみないこと。特に過去に打撲をしたことがある場合はその時にダメージを受け、2度目が軽い打撲であっても治療を要する事が多いので必ず受診する」ことを強く言われ、打撲の回数が多いほどリスクも高くなることの説明があった。
　翌日紹介された総合病院へ入院、『右眼外傷性網膜剥離』の手術となった。

【ヒヤリ・ハッとした背景・要因】
○本人が氷を取りに来室してなければ、病院受診はなかった。その場合、網膜剥離による失明の可能性もあった。

○治療費の支払いに関するトラブルが起きた。
【課題と今後の対応】
①本人の訴えや症状は重要であるが、他の状況・情報（ex.ボールの種類や衝撃度他）も把握しながら総体的に養護診断をする必要がある。
②首から上のケガは慎重な対応を要し、すぐに受診しない場合も経過観察は充分行う。
③打撲等日常的によくあるケガでも個々の生徒の既往歴を考慮し、慎重に対応する必要がある。
④被災生徒は災害発生当初、災害を重傷と受け止めていなかったが、打撲の救急処置は冷罨法（アイシング）が効果的（必要）ということを学習していた。改めて保健指導の必要性を感じた。
⑤学校管理下での災害の場合、「日本スポーツ振興センター」へ治療費請求の手続きを行うが、支給される前に医療機関へ治療の支払いをしなければならない。その際学校は、被害サイドへ納得して支払いをしてしもらえるよう、生徒間では問題がなくても、双方の保護者に経過と対応等を含め詳細に説明する必要がある。

事例3：高校1年男子　左肩打撲（場所　グランド）

傷病名　左鎖骨骨折
【災害発生時の概要】
　体育祭の予行演習でリレーにアンカーで出場した。ゴール付近で同じアンカーを走っていた一人と接触しそうになったので避けようとした際、バランスを崩し転倒した。とっさに頭をかばったため、左肩と腕を地面で強打し負傷した。
【経過・対応・結果】
　被災生徒は左肩から上腕にかけての激しい痛みから、「腕が折れたと」と訴えて保健室へ担架で運ばれて来た。本人から災害の様子を聞きながら本人が訴えた左肩と腕を冷やし、骨折の疑いがあるため上腕を動かさないよう三角巾で固定した。頭部打撲や他の痛みがないかなどを確認して、学校の近くの病院へタクシーで搬送することにした。しかし、待っている間、嘔気と顔面が蒼白になったが、タクシーが来たのでそのまま搬送した。タクシーの中でビニール袋へ嘔吐し、本人は通常の顔色に戻り、楽になったということだった。受診の結果は、『左鎖骨骨折』であった。
【ヒヤリ・ハッとした背景・要因】
○骨折による外傷性ショック症状の危険性。
○本人の訴えが特に上腕であったことを優先してしまい、フィジカルアセスメントが不十分で判断を誤った。
【課題と今後の対応】
①鎖骨骨折は転倒などによってよくおこる骨折だが、本人の訴えを優先し、触診・介達痛検査や視診等フィジカルアセスメントが不十分であった。骨折部位の確認は本人への過剰な負荷は避ける必要があるが、できる範囲で丁寧に行わなければならなかった。
②災害がおきた場合、ショック症状がおきないように常に気をつけておかなければならない。と同時に、バイタルチェックが重要である。

③不安や激しい疼痛によるショック症状もあるため、不安を取り除く声かけなど精神的なフォローアップも行う必要がある。
④救急車の要請はショック症状・呼吸停止・心停止・動脈出血など生命にかかわる災害や中毒など緊急性の高い場合であるが、一定の要請基準を全職員で確認する必要がある。
⑤ショック症状など傷病の中で危険・緊急性の高い症状について教職員に情報提供しておく必要がある。

事例4：中学1年男子　歯の打撲（発生場所　グランド）

傷病名（1）外傷性歯の破折・急性歯髄炎（2）外傷性歯冠破折
【災害発生時の概要】
体育の授業でマラソンをしていたところ、前を走る生徒がグラウンドのコーナーフラッグに手をかけ曲げて離したため、後ろから走って来た男子生徒の顔面にあたり、歯が欠損した。
【経過・対応・結果】
被災生徒はいきなりフラッグの棒が顔面にあたり、歯が破折した驚きとショックでややパニック状態で来室した。本人を落ち着かせるため、椅子へすわらせ口腔内を視診し、軽く歯の触診をしながら、付き添ってきた生徒たちから状況の聞き取りを行った。破折した前歯（右上第1）の所在について確認すると、本人は分らなかったが付き添ってきた生徒たちがグランドへ探しに行ってくれた。

出血があったため口腔内をガーゼで清拭し患部を冷やし、病院受診の準備をしていた。破折した歯を見つけて生徒たちが戻ってきたので、すぐに破折した歯を牛乳につけ、生徒を病院へ搬送した。

歯はほとんど歯根に近いところから歯折していたが、神経がかろうじて残っている状態だったことと破折した歯の歯根細胞膜が保存できていたため、再植できるということであった。
【ヒヤリ・ハッとした背景・要因】
○災害場所がグランドだったため、歯の破折が見つかるかどうか、万一見つかってもキズついたり、乾燥していたら再植は難しいのではないか。
○今後の歯の状態によっては悪化も考えられる。また、義歯になる可能性もある。
【課題と今後の対応】
①歯の損傷は骨折などと比べて大きなケガと思われない傾向があるが、顔の容貌に影響するなど一生の問題であることの認識が必要である。
②周囲の生徒の協力で歯の破折が見つかり、再植することができた。養護教諭だけで現場対応ができない場合は、周囲の人の協力や理解を求め、的確で迅速な指示が必要である。しかし、現在では感染予防を考えて生徒が見つけた場合には手で触らせず、他の教師と一緒に対応するべきと考えられる。
③生徒への安全指導。悪意がなくても悪ふざけは危険につながることに気づかせる。
④学校は双方の保護者に経過と対応の説明をし、被災生徒と保護者に不満や不信感が残らないよ

うに丁寧に対応する必要がある。

事例5：高校1年男子　顔面打撲（発生場所　グランド）

傷病名（1）下顎骨骨折の疑い（2）上顎骨骨折の疑い（3）左下7歯冠歯折（4）頭部外傷
【災害発生時の概要】
　クラスマッチのサッカーの試合でゴールキーパーをしていた。シュートされたボールをキャッチしてうずくまっていたところへ、相手チームの一人が走り込んで来て左顎を蹴り、負傷した。
【経過・対応・結果】
　試合終了後、クラス担任が被災生徒を連れて来室。「左下奥歯が壊れた」という自覚症状と顎に疼痛があり、口が開けられない状態であった。ケガの理由について詳細に本人が言えなかったため、クラス担任はその時の様子を知っている生徒を探し、来室させた。その生徒から「被災生徒は顎を蹴られ、しばらくうずくまっていたが、チームメイトの声かけで立ち上がり、『大丈夫』と言って試合を再開した」という説明が聞けた。再度負傷した部位と他の痛みを感じる部位を確認したが、他は見あたらなかったので、病院へ搬送した。検査を待っている間、本人と災害時のことを振り返っていたところ、本人が「左顎を蹴られた後、気がついたのは試合終了5分前頃で、自分がどうしてグランドに立っているのか分からず涙が出てきた。我慢して様子を見ているとサッカーの試合ということが認識できた」ということだった。病院で話しているうちに試合中記憶がないままプレーしていたことが分かり、脳震盪が疑われた。口腔外科で検査と処置を済ませ、学校へ連絡を入れて引き続き脳神経外科を受診した。
【ヒヤリ・ハッとした背景・要因】
○頭部打撲ではないにもかかわらず脳震盪がおきたのは、顎への強い衝撃があった（かなり激しく蹴られた）ことが推測される。脳震盪は安静が必要であった。
○今回のように本人も周りも気がつかない場合、二次災害につながる危険性もあった。
○中度以上の脳震盪の場合、脳が損傷を負っている可能性もあり、再度強い衝撃を受けると、セカンド・インパクト・シンドロームも発症し、脳に障害が残ったり、死亡する危険性がある。
○被災生徒は口が開かず普通食が食べられるまで3ヶ月、完治まで6ヶ月を要し、食生活に支障をきたした。また、栄養面での健康問題もあった。
○ケガをさせた生徒への事実確認と指導を関係職員へ依頼したが、あいまいで、被災生徒ならびに保護者への適切な対応ができてなかった。
【課題と今後の対応】
①本人が災害について経緯を充分把握していない場合もあり、状況を知っている者から確認をする必要がある。
②口腔内の怪我が複雑だったことと2箇所の病院を受診し、検査や処置に6時間以上要した上、保護者の迎えが遅く本人の体力が消耗した。
③今回の事例は悪意がなくても行き過ぎた行為によるケガであった。クラスマッチなど試合形式のスポーツではエキサイティングや無理な運動によるケガが発生する。その中で、ルールを守

ることがお互い安全にスポーツを楽しめることに気付かせたい。
④生徒が関係した災害が発生した場合、学校は必ず生徒と保護者に説明責任がある。その際、ケースによって誰が窓口になるか学校体制の中で確認しておく必要がある。

3. 考　察

今回の事例のリフレクションから、ヒヤリ・ハットの背景・原因、課題と今後の対応（行動計画）を整理することができた。それらを6のカテゴリー「学校体制」・「救急車要請と医療機関」・「養護教諭に求められる処置対応能力」・「保護者との連携」・「保健指導」・「記録の重要性」に分類した。

(1) 学校体制

学校体制は重要で、機能をしているかどうかによって対応する時間等に大きく関係してくる。学校保健安全計画・危機管理マニュアルの作成とともに職員の連携と意識統一・支援体制の整備、とりわけ緊急時の対応においては、実際の対処法について実践的な研修を継続する必要がある。

(2) 救急車要請と医療機関

救急車の要請は、常に緊急性があるかどうか、あるいは重症度はどうかの判断を必要とし、迅速な対応が求められる。

要請の基準は、意識不明・呼吸停止・心停止・動脈出血など生命にかかわる災害やその他ショック症状の持続・けいれんの持続・激痛の持続・てんかんの重積発作・広範囲の火傷・中毒など緊急性の高い場合である。その他一定の要請基準を全職員で確認する必要がある。

また、搬送する病院の選択は重要で、病院の専門性や検査・医療設備・外来受付日時・緊急時の受け入れ体制など、日頃から情報収集を行う必要がある。

その他、集団感染症や食中毒などの症状を把握した場合は、必ず学校医と連携をとり、指導を仰ぐことも重要である。

(3) 養護教諭に求められる処置対応能力

養護教諭は傷病の対応において常に緊急度・重症度の判断と迅速で適切な対応が求められ、その責任は重い。不足するスキルは継続的に実践的な研修により高める必要があることを改めて認識した。明らかになった学習スキルは次のとおりである。
① 「症状や負傷の部位に応じたフィジカルアセスメント」[4] の能力を高める。
② 「ヒストリー（事故の内容や情報・受傷のようすなど）」[5] の把握。本人以外の周辺の人からも把握することを日常的に行う。
③ 「サイン（外見上、日常と異なる徴候）」[6] を見逃さず的確に把握する。
④ 「ツンプトム（感覚的に日常的と異なる徴候）」[7] のチェックを迅速に行う。そのためには、日頃から生徒を観察し健康レベルを把握しておく。

⑤傷病だけでなく器質的疾患の把握と対応についてプライバシーに配慮しながら、保護者と連携を充分に行う。

⑥教職員・保護者・医療機関・前任校の養護教諭など関係者との連携をタイムリーに行う。

(4) 保護者との連携

学校生活において保護者との連携は不可欠である。

中でも健康面は心身ともに学校生活を送る上で保護者からの情報は、生徒の健康度を把握するとともに、事前に対応でき傷病の発生の予防的意義もある。

学校管理下での災害発生の場合、学校サイドは保護者への連絡・説明は事実を適切に伝え、保護者の不安や不信感のないよう丁寧に対応する必要がある。

また、複数の生徒が関係した災害の場合は、各生徒間や保護者間に認識のズレや誤解がないように対応し、保護者との連携を図る。

(5) 保健指導

学校での傷病は集団生活において毎日のように発症している。その事例から被災生徒だけでなく、その生徒を取り巻く集団への保健指導も併せて行える機会であり、今後の事故防止になる。もし、災害が起きた場合、各自が適切に行動や協力できるよう学びの場とする。

また、悪意がなくても悪ふざけは危険につながることや、試合などスポーツではエキサイティングや無理な運動によるケガが発生する中で、ルールを守ることがお互い安全にスポーツを楽しめることに気付かせる。

(6) 記録の重要性

毎日の健康観察簿・保健室利用カードや保健調査などの記録によって生徒の健康状態が把握できる。

記録はその時は見落としていた事実を後で気付くことができ、対応の根拠を検討することができる。また、対応を振り返ることで反省点や良かった点を考え、次の対応に生かせることができ重要である。

記録から実践への活用につながるように、ヒヤリ・ハットのリフレクションシートを作成した（図9-1）。

4. おわりに

日常の学校生活では傷病の発生により、多くの生徒が保健室を利用している。養護教諭はその対応に直面し、処置対応能力の向上に努める必要があり、実践的研修は不可欠である。また、ハインリッヒの法則は「重大事故の陰に29倍の軽度事故と、300倍のニアミスが存在する」[8]と示している。このことから、日常の事例からリフレクションし、災害を未然に防ぐことも重要であると考

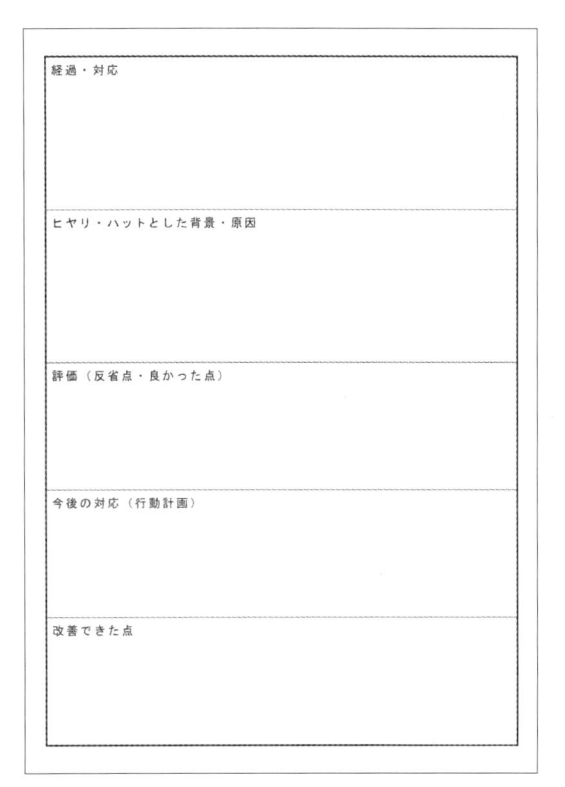

図9-1 ヒヤリ・ハットのリフレクションシート

える。

引用文献

1) フリー百科事典『ウィキペディア（Wikipedia）』(http://ja.wikipedia.org/wiki/%E3%83%92%E3%83%A4%E3%83%AA%E3%83%B...) 2012.1.5 現在
2) 伊藤琴恵・大原榮子・黒澤宣輝・垣内シサエ・永井靖人・葉山栄子「養護教諭の救急処置能力向上法に関する研究 ─ 救急処置地対応能力を向上させるためのチェックリストの検討 ─」『名古屋学芸大学短期大学部研究紀要』第8号 2011 p.74.
3) 『広島大学附属中・高等学校中等教育研究紀要』第58号 2011 pp.85-88.
4) 長谷川ちよ子「事故発生時の対応と養護教諭の危機管理」『健康教育』東山書房 2010 p.13.
5) 宇田川規夫『子どもと健康 ─ こんなときどうする？救急処置 ─』（株）労働教育センター 2006 p.49.
6) 前掲書5)
7) 前掲書5)
8) 前掲書1)

> **コラム④**
>
> **ボランティア活動から**
>
> 　2012年9月、学生が養護実習中に2011年の東日本大震災のボランティア活動に参加したことを知った。国内外から多くの物資の援助や救援活動があったことはメディアを通して知ることは多かったが、身近にいる若者が復興にむけて関心を持ち、活動をしていたことに胸が熱くなった。彼女たちの「心」や「行動」がこれから、自身の人生や出会う多くの人たちを支え勇気付けるような予感がする。近い将来、学校を取り巻く社会活動においても中心となって活躍してくれることを願い、質の高い養護実習を目指したい。

第10章 保健指導
―― 睡眠 ――

1. はじめに

　現代の子どもたちの生活リズムの乱れについては、数年来、問題視されてきており、文部科学省をはじめ、学校現場やさまざまな自治体、機関で実態調査や問題提起がなされている。

　学校では、養護教諭をはじめ、学校を挙げて生活リズムの確立・生活リズムの乱れの改善などのために保健指導や教育活動が行われている。

　学校で実施する生活リズムの実態調査やアンケートを実施すると、ある程度の割合の保護者や児童・生徒が生活リズムを意識し、工夫や改善をしていることがわかる。しかし、文部科学省が提唱する「早寝早起き朝ごはん」という3点のみにとらわれ、「早く寝かせて、早く起こして、朝食としてとにかく何か食べさせることが大切である」と考えている保護者も少なくないのではないだろうか。

　養護教諭の先生方は、保健室に来室する児童・生徒や保護者から「何時間くらい寝ればいいのですか？」という質問を受けたことがあると思うが、筆者も小・中・高のいずれの校種にかかわらず、何度もその質問を受けた。その時には必ず「何時間というのはありません」と答えることにしている。

　一般的に、理想的な睡眠時間7～8時間と言われている。これは、様々な調査で「最も死亡率が低い睡眠時間」[1]「テストの平均点が最も高い睡眠時間」[2] などとして挙げられる時間である。

　発達段階別で考えると、小学生で9～10時間、中学生では8～9時間と言われることが多いが、現代の子どもたちを取り巻く環境を考えると、

・塾や習い事へ小学校低学年から通う児童の増加[3]
・パソコンやゲームの普及、携帯電話やスマートフォンを使用する年代の低年齢化
・親、祖父母の世代の生活習慣の変化（夜型生活、朝食抜き）

など、以前に比べると子どもたちが「早寝早起き朝ごはん」の生活がしづらい環境にあると考えられる。

　このことから、児童・生徒に単純に「早寝早起きをして、朝ごはんを食べよう」というだけの保健指導ではいけないのではないか、と考えるようになった。

2. 学習指導要領から

　学習指導要領は、平成10年の改訂の際には小学5年生からだった保健の学習が3年生からになった。また、睡眠に関わる部分に限って言えば、「食事、運動、休養及び睡眠の調和のとれた生活をする必要がある」から「～の調和のとれた生活を続ける必要がある」に文言が変わった。

　これは、望ましい生活習慣の継続が重要であることを示しており、保健学習や保健指導で「継続可能な生活習慣の確立」が求められていると考えられる。

　小・中・高それぞれの学習指導要領（表10-1）の中で、共通して出てくるのが「調和のとれた」という言葉である。保健学習では単元の中でそれぞれの調和やつながりについて触れるが、単発的な保健指導をする際には、睡眠についてだけでなく、一日の生活サイクルでつながっている食事・運動・休養についても触れることが望まれる。

表10-1　学習指導要領[5]より抜粋【小：平成23年度～、中・高：平成24年度～】

	学習指導要領の「内容」についての記述	内容の取扱い・配慮事項
小学校中学年	(1) イ　毎日を健康に過ごすには、食事、運動、休養及び睡眠の調和のとれた生活を続けること、また、体の清潔を保つことなどが必要であること。 (2) ウ　体をよりよく発育・発達させるには、調和のとれた食事、適切な運動、休養及び睡眠が必要であること。	保健の内容のうち食事、運動、休養及び睡眠については、食育の観点も踏まえつつ健康的な生活習慣の形成に結び付くよう配慮するとともに、(後略)
小学校高学年	【記述なし】	
中学校	(4) イ　健康の保持増進には、年齢、生活環境等に応じた食事、運動、休養及び睡眠の調和のとれた生活を続ける必要があること。また、食事の量や質の偏り、運動不足、休養や睡眠の不足などの生活習慣の乱れは、生活習慣病などの要因となること。	内容の(4)のイについては、食育の観点も踏まえつつ健康的な生活習慣の形成に結び付くよう配慮するとともに(後略) (前略)特別活動、運動部の活動などとの関連を図り、日常生活における体育・健康に関する活動が適切かつ継続的に実践できるよう留意すること。(後略)
高等学校	(1) イ　健康の保持増進と生活習慣病の予防には、食事、運動、休養及び睡眠の調和のとれた生活を実践する必要があること。	内容の(1)のイ及び(3)のイ（※環境と食品の保健）については、食育の観点を踏まえつつ、健康的な生活習慣の形成に結び付くよう配慮するものとする。

3. 家庭環境とのかかわり

　小・中学生の母親を対象に行われた子育てに関わる調査[4]で、「お子様の日常生活で悩みや気がかりは何ですか？」といった趣旨の質問に対して、1998・2002・2007・2011年の各4回についての経年変化をみてみたい。

　減少した項目は、「食事のしつけ」「子どもの食事のとり方」「生活リズムと朝起きる時間・夜寝

る時間」で、増加したのは「学校の宿題や予習・復習」「子どもの進路」であった。つまり、小・中学生の母親の、わが子の将来に向けての日々の気がかりは、生活習慣の自立よりも、学習力の育成へと関心が移行している。

　この間、社会的には食生活への親の意識を反映した 2005 年の食育基本法の制定や前述の「早寝早起き朝ごはん運動」など「食育」を奨励する活動が起きている。

　しかし、「食育」の意義は理解しても母親の関心事は、これからの不安な経済社会をわが子が生き抜くための学力を身につけさせたいという切実な本音が、この調査結果から読み取れる。

　こういった保護者の意識が家庭での取り組みに顕著に反映されていることが考えられ、例えば、学校での期間限定の取り組み（○○週間など）の際には熱心に子どもに働きかけたり、子どもも意識したりするかもしれないが、その期間が終わると各家庭の状況・環境に合った生活リズムに戻るのではないだろうか。

4. 実践について

（1）指導のアプローチについて

　睡眠と一言で言っても、指導内容は多種多様であり、1 時間の保健指導で終わるのは難しい。保健指導の展開を考える際に不可欠なのは児童・生徒の実態であるが、その実態を基に展開が考えられるだろうか。筆者が思いつく視点を以下に挙げてみる。

　①睡眠サイクル（レム睡眠・ノンレム睡眠）
　　・90 分サイクル
　　・睡眠の量と質（熟睡することの重要性）
　②生体リズム
　　・一日の体温リズム
　　　運動、食事（朝食・夕食）、入浴、室温との関係
　　・メラトニンとセロトニン
　　　光（TV やパソコンの光、朝日）との関係
　③成長ホルモン[6]
　　×「△時〜□時に多量に分泌される（夜更かしすると分泌が悪くなる）」
　　○「寝入って最初の深い眠りに一致して多量に分泌される」
　④早寝より早起きに着目する
　　早く起きることにより、一日の生活リズムがスムーズに流れる
　⑤保護者の悩みに寄り添う
　　「なかなか寝ようとしない」「起こしても寝起きが悪い」「何時間寝ないといけないのか」など

　以上の 5 点を代表として挙げたが、これ以外にも考えうるアプローチはたくさん存在すると思われる。

今までに筆者が、生活リズムに関する保健指導をする際に課題としてきたことは「正しいとされる行動への変容を目的としながら、各家庭の事情などのためにそれを実践できない児童・生徒を切り捨ててはいないか？」という点である。

その点を解決するため、前述の5つの視点の中からいくつか用いて保健指導を行った。その指導は、画一的に「こうするべきである」と正しいとされる行動を提示する指導ではなく、児童・保護者双方の抱える課題や意識の実態に即した実行可能な行動を、授業で児童に、また授業後には保護者へも提示して家庭での実行を促すといった内容のものである。

(2) 授業の実際[7]

筆者の勤務する小学校は校区が広島市内の広範囲に広がっている。そのため、児童の多くは通学時間が長くなるので、必然的に早起きすることになる。また朝ごはんについては、年に2回、睡眠・歯みがきとともに朝食内容（赤・黄・緑）や摂取にかかる時間についてのアンケート調査を実施していることもあり、保護者の意識は非常に高く、ほとんどの児童が朝食を摂って登校している。

しかし、早寝については困難な状況にあることが保健室への来室状況や児童からの聞き取りにより見えており、来室記録用紙に記入される就寝時刻は、低学年では20時～21時、中学年では21時～22時、高学年になると22時～0時と、学年が上がるにつれて遅くなっている。

また、5・6年生の保護者を対象に実施した生活リズムアンケートの結果からも、22時以降に就寝する児童が5年生で81.2％、6年生では97.5％（23時以降は5年生で18.8％、6年生で67.5％）となっており、全国調査[5]の結果の5年生63.5％、6年生80.0％（23時以降は5年生で19.3％、6年生で33.0％）と比較すると大きな違いである。

児童が体調不良を訴えて保健室に来室した場合、その原因を探る中で、体調不良の背景に睡眠時間をはじめとする児童の生活リズムが大きく影響しているということがわかっても、今の生活リズムを「しかたない」「変えようがない」と考え、改善についての意識を持つことが少ないように感じている。

そこで、学年が上がるにつれて睡眠時間が減ってくることが予測される子どもたちが、科学的知識を学ぶことにより質の高い睡眠が得られる行動がとれるよう促す保健指導を行うことにした。

5年生と6年生を対象に、学年の実態に合わせた内容で、それぞれ行ったので、2学年分の展開を掲載する。

～5年生～

指導目標

1 睡眠の役割を知り、睡眠の質が低下することによって予測される健康被害を理解できるようにする。
2 睡眠にかかわる科学的知識を得ることにより、睡眠の質を上げるための行動がとれるようにする。

学習の展開

学習活動と内容	教師の働きかけ
グラフ（就寝・起床時間）を学年なしで提示 【発問】このグラフのどちらが5年生のデータでしょう？	
1. データから自分たちの進級後の姿を予想する	1. 『就寝時間』『起床時間』のグラフを、学年を隠して見せ、5年→6年の変化から進級後の姿を予想できるように声かけをする（グラフ①②）
2. 睡眠不足の経験を共有し、睡眠不足 【発問】睡眠時間は長ければ長いほどよい？ （頭がボーっとする） 【発問】では睡眠不足だとどうなる？ （眠い、頭が痛くなる、朝起きられない）	2. 睡眠不足の時、どうなるかを自分の体験から発表させ、意見を交流、共有する時間にする（睡眠時間が長い児童の参加意欲を下げないよう、将来の健康維持に関わることに触れる） 睡眠不足が続くと心身の健康被害が大きくなることを再認識できるよう声をかける
テーマ「ぐっすり眠ろう！」	
3. 睡眠の役割について知る 役割 → 体の点検 　　　　脳の休息（記憶の整理） 　　　　成長ホルモン（成長、傷の回復） 　　　　ストレス軽減	3. 似たような意見を整理しながら、発表を促す
4. 睡眠のサイクルについて知る 【発問】ぐっすり眠るってどういうこと？	4. 1回の睡眠のレム・ノンレム睡眠のサイクルを示し、3の睡眠の役割と照らし合わせながら深い眠りから徐々に浅くなっていくことを伝える
5. 役割を果たすためには昔からのリズム『光・体温』が大切であることを知る 昔の人は太陽が沈んだら寝て、太陽が昇ったら目が覚める → 明るさ、気温の変化と同じ	5. 行動の具体案を穴埋め式で提示し、キーワードを一緒に考えていけるよう、発言を促す
6. これから4日間実践してみる ※保護者宛のプリントを配布する	6. 継続することが大切であることを確認し、保護者にも協力してもらうよう話す

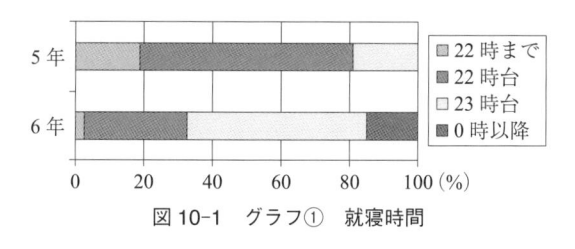

図 10-1　グラフ①　就寝時間

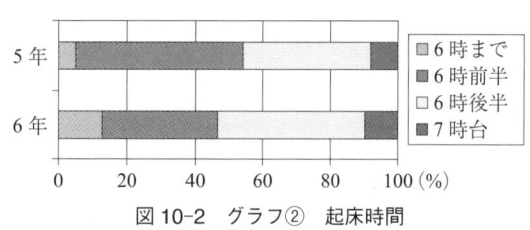

図 10-2　グラフ②　起床時間

～6年生～

指導目標
1　睡眠の意味を知り、睡眠の質を向上させるための方法を科学的に理解できるようにする。
2　自分の生活に活かせる方法を選択・実行し、心身の健康状態が改善できたことが自覚できる。

指導内容と計画……全1時間
睡眠の意味・必要性を知り、睡眠時間にとらわれず、自分の睡眠の質を向上させる策を考え、実行する意識を持たせる。

※事前……心身の健康状態を7項目・5段階でアンケートを実施
　事後……①保護者向けに、授業内容及び家庭で協力していただくことを書いたプリントを配布
　　　　　②改善するために挙げた行動の実施状況をチェックシートで確認
　　　　　③事前アンケートと同じアンケートを実施し、健康状態の変化を検証

学習の展開

学習活動と内容	教師の働きかけ
グラフ（就寝・起床時間）を学年なしで提示 【発問】このグラフのどちらが6年生のデータでしょう？	
1. データから自分たちの現状を再認識する 「睡眠不足」とは… 　十分な睡眠がとれていない状態 2. 睡眠不足だとどうなる？ 　（眠い、朝起きられない、しんどい）	1. 『就寝時間』『起床時間』のグラフを、学年を隠して見せ、5年→6年の変化を自分の変化と照らし合わせ、再認識できるように声かけをする 2. 睡眠不足の時、どうなるかを自分の体験から発表させ、意見を交流、共有する時間にする
今の生活リズムでも健康に生活するためには… 「めざせ！睡眠力アップ！！」	
3. 「睡眠力」とはどんな力かを考える 　（長く寝る、ぐっすり寝る） 4. 睡眠について知る 　役割 　→体の点検 　　脳の休息（記憶の整理） 　　成長ホルモン（成長、傷の回復） 　　ストレス軽減 5. 役割が果たせるためのキーワード『光』『体温』『昔からのリズム』 　太陽が沈んだら寝て、太陽が昇ったら目が覚める→明るさ、気温の変化と同じ 　⇒太陽のリズムに合わせてみよう 6. 実際にできることから試してみる 　【実行チェックシート】を科学的な根拠と併せて見ていく。 　最後に今と変えてみようと思うことを記入する	3. どちらがより良い睡眠かを考えられるよう、自分の経験を思い出させる 4. 似たような意見を整理しながら、発表を促す 5. 就寝前の環境を『だんだん暗く』『だんだん涼しく』なるように整えることに気付かせる ※暗くなると出る『安心ホルモン』セロトニンが明るいと出ない 6. 【実行チェックシート】を、今日から週末も含めた4日間つけることを説明

（3）授業後について

授業の中で、睡眠の質を高める行動として以下の4つのポイントを提示した。
① 「寝る前の30分はパソコンやテレビ、蛍光灯などの強い光を浴びない」
② 「休みの日は早めに寝て8時までに起きる」
③ 「夕食を食べる時間や味の濃さ、食べる量に気を付ける」
④ 「朝起きて明るい光を浴びる」

これらの行動を、授業を実施した日を含めて4日間にどれくらい実行できたかをチェックシートで自己評価させた。

4日後にチェックシートを回収する際、今後の継続を促すためのミニ保健指導を行った。

また、保護者に対しては、今回の指導の目的の一つである、保護者への支援・保護者との連携を図るため、生活リズムに関するアンケート結果の要旨、授業の内容、実践の具体案の提案、保護者へのお願いについてのプリントを配布した。また、一部の学級では、前述のチェックシートにプリントを読んだり授業を参観したりしたことについて、保護者の感想を記入してもらう欄を設けた。

チェックシートの中で、各行動について「実行した」と答えた児童の学年別割合は、以下の通りである。

表10-2　各行動を実行した割合

(%)

	5年生	6年生
寝る前の30分はパソコンやテレビ、蛍光灯などの強い光を浴びない	40.7	47.1
休みの日は早めに寝て8時までに起きる	67.9	57.4
夕食を食べる時間や味の濃さ、食べる量に気を付ける	64.2	77.5
朝起きて明るい光を浴びる	69.1	73.9

睡眠の質を高めるための行動について、「寝る前30分は強い光を浴びない」「休みの日は早く寝る」の2つに関して実行率が低かったのは、就寝時間ギリギリまで勉強せざるをえない現状や、休みの日はゆっくりしたい児童とゆっくり過ごさせたい保護者の意識が根強くあるためだと推測される。家での時間が少ない6年生のほうが、休みの日に対し「貴重な休養日＝自分の時間が自由に使える日」だと考えるからか「休みの日は早く寝る」ことの実行率は低い。

また、6年生のほうが夕食についての実行率が高いのは、アンケートの記述にもあったが、子どもが受験に向けて努力していることに対し、保護者の「親として何かしてやりたい」という意識に合った具体的な行動の提案だったのではないかと推測される。

5・6年生に共通して実行率が高かったのは「朝起きて明るい光を浴びる」だが、これは他の項目に比べ、生活リズムを変えるのではなく新しく加える行動なので、保護者が子どもを起こす時、また子どもたちが起きた時に今までに行っていた動きに追加することで実行可能だったことが根拠として考えられる。

保護者についてだが、6年生の参観授業としてこの保健指導を行ったクラスの保護者からは、「具

体的な方法を教えてもらったので、子どもと一緒にがんばりたい」「授業後、教えてもらったことを実践したら子どもがぐっすり眠れたようだ」といった感想が聞かれた反面、「もっと早く教えてもらいたかった」という声も聞かれた。

他のクラスの保護者からも、児童をサポートする良い資料となったとする意見が多く見られたが、5年生の保護者の中には「テレビを見ながらいつのまにか寝てるので結構早く、眠たい時に寝てるので良いと思う」といった誤った理解をしていると推測される意見もあった。

このように、睡眠に関して誤った認識の保護者は他にもいると考えられ、他の健康に関する知識とともに、正しい知識や理解を啓蒙していく必要があると痛感している。

5. おわりに

保健指導は「行動変容」が目的の一つである。正しい姿、あるべき姿を児童・生徒に指導していくものでもある。しかし、実践可能であると児童・生徒自身が感じられなければ、決して行動変容には結びつかない。

筆者は常に、実践可能な解決策を児童・生徒自身が見つけられるような、「あきらめないための」保健指導を目指している。

また、児童・生徒の保護者に対しても、自分の子どもを含めた子どもたちを取り巻く実態をきちんと把握し、保護者の立場で子どもたちの育ちをサポートしてもらえるような、提案や情報・知識の提供を行っていきたいと考えている。

引用・参考文献
1) 玉腰明子「睡眠時間と死亡との関係」『Sleep』27巻　2004　pp.51-54.
2) 文部科学省「平成22年度　全国学力・学習状況調査」2010
3) 文部科学省「子どもの学校外での学習活動に関する実態調査」2008　pp.13.
4) Benesse教育研究開発センター「第4回子育て生活基本調査」2011
5) Benesse教育研究開発センター「第2回子ども生活基本実態調査」2009
6) 神山潤「養護教諭のための教育実践に役立つQ&A集Ⅳ」『健康教室』増刊号　東山書房　2011　pp.10-12.
7) 後藤美由紀「平成23年度教育研究　初等教育」広島大学附属東雲小学校　2011

コラム⑤
養護教諭の役割

　養護教諭とは、「救急処置のみならず環境を整備しながら、児童・生徒の健康を保持増進させるために取り組むもの」「様々な問題を抱えた児童・生徒の味方になり健やかに過ごせるように導いていく」「保健室を意味なく訪れる児童・生徒には、耳を傾け声かけを行うことで、児童・生徒のSOSを理解しようする」ことが役目だと信じていた。しかし、今は違う。高校においてはひたすら生徒の訴えに耳を傾けるのではなく、現在の状況を受け入れながら、今後のことを考えて「今どうしなければならないか？」を生徒に考えさせている。順序立てて話をしているうちに、生徒も意外と冷静に今後のことを考え始め、「俺、頑張る。」と授業に戻ってくれる。その間、筆者自身も「これでいいのか？」「今の気持ちは大丈夫なのか？」「養護教諭の役割は何？」と常に自問自答している。「目の前にいる生徒をどういう人間に育てていきたいのか」「そのためには、今どうするべきか」。養護教諭の役割を生徒から問われているのだと思う。

第11章 意欲を行動化につなぐ歯科保健指導の開発
—— 第6学年児童への歯肉炎予防の授業より ——

1. はじめに

　歯周疾患は、う歯とならぶ口腔の二大疾患と言われている。歯周疾患は中高年に罹患者が多いとされているが、若年性歯周疾患のように、10代から発症するものもある。10代の57％が歯肉に何らかの症状を有するとの調査結果[1]もあり、歯周疾患を予防するには、学童期から予防対策をしていくことが重要であると考える。

　そこで、歯科保健指導の中で体験的な活動を取り入れれば、歯みがきへの意欲が高まるであろうという仮説を立て研究をすすめた[2]。6年生の歯肉炎予防に関する保健指導では、歯肉炎に関する科学的根拠に基づいた知識をおさえたうえで、実際に模型や自分の歯を磨く体験的活動を行う時間を設けた。その結果、指導直後には歯肉を意識した歯みがきへの意欲に高まりが見られた。しかし、その意欲は一時的なものにとどまり、時間の経過とともにその意欲も薄れ、実生活の中で継続して行動化していくという点においては課題が残った。

　そこで今回は、前回の指導の一部を変更することで、実践意欲を高め、行動化させることができる授業を開発することを目的とした。

2. 取組の実際

（1）授業づくりで大切にしたい4つのポイント

　小学校での保健指導の目標は、「健康な生活を営むために必要な事項を体得させ、積極的に健康を保持増進できる態度や習慣を身につけ、生涯を通じて健康で安全な生活を送るための基礎を培う」[3]とされている。この目標を踏まえ、今回の歯科保健指導では前回の指導を変更するにあたり、次の4点を大切にした授業づくりを行うことにした。

1）実態からスタート

　子どもたち自身が自らの生活のあり方に課題を見いだすことができるように導入を工夫することで、「健康に関する知識を学びたい」「健康な生活が送れるような方法を身につけたい」と感じることができるようにする。

2）かかわり合い・学び合い

　子ども同士がかかわり合いながら学習を深めていくような場を設定することにより、互いに知識や経験を出し合ったり、他の意見を参考にしたりしながら学びを深めることで実践への意欲につながるようにする。

3）実感（心で・体で）

　生活のあり方を改善しようとする意欲を高めるためには、子どもたちが心から納得したり、子どもたちの心に深く印象づくようにしたりすることが重要であると考える。保健指導では「心の動きを伴った認識」を「実感」としてとらえ、体験的な活動を取り入れたり、視覚的にわかりやすい教材を提示したりして「実感」を心と体で感じることができるようにしていく。

4）実践意欲の向上と行動化

　子ども自身が自分の意識や生活のあり方をよりよく改善していく意欲を向上させ、行動化していくためにふり返りやチェックシートを活用する。ふり返りでは、学習内容からの学びに加え、今後の生活で生かす具体的な目標を設定することで、実践への意欲を高めていくようにする。また、チェックシートは数日間実践しながら日々評価していくことで、翌日への新たな課題を克服していき、継続した行動化につながるようにしていく。

　分析にあたっては、先に述べた4点を大切にした授業を行った後に、1）～3）については学習時の児童の様子から、また、4）については授業後のふり返りの記述や、質問紙によるアンケート調査、チェックシートの回答や記述を考察し、授業の効果を検証する。

（2）授業の概要

　○　題材名「歯肉炎にならないぞ！」
　○　目　標
　歯肉炎の症状や原因について理解し、歯周ポケットの歯垢を除去するためのブラッシング方法を考えることを通して、歯ブラシの当て方や動かし方、強さに気をつけて歯みがきをしようとする意欲をもつ。
　○　対象児童　第6学年1組　40名
　○　指導時期　平成23年12月　6校時
　○　題材について
　小学5～6年生にかけて歯のほとんどが永久歯となり、丁寧な歯みがきにより歯垢から歯や歯肉を守ることが大切になってくる。歯肉炎は痛みがほとんど感じられないため自覚されにくいが、放置しておくと炎症が次第に歯周組織の深部にまでおよび、歯を支えている骨にまで達することで、むし歯ではない歯でも抜けてしまう危険性のある病気である。歯垢が引き起こす病気として歯肉炎があげられる。その始まりの多くは小学校高学年に見られ、学年が進むにつれて増加している。歯

肉炎の原因は歯垢であり、丁寧なブラッシングや歯間の清掃で予防・改善ができるものである。そこで、本題材では、歯肉炎の症状や原因を知り、予防するためのブラッシング方法を考えることを通して、歯ブラシの当て方や動かし方、強さを意識して歯みがきをしようとする意欲をもたせることをねらいとする。

○　児童について

歯科検診の結果から、歯肉炎の症状は学年が上がるにつれて多くなっており、6年生では10人に歯肉炎の症状が見られている。実態調査（平成23年11月10日実施、39名）によると、朝や夜の歯みがきを毎日すると答えたのは7割以上いるのに対し、給食後の歯みがきでは毎日みがくと答えたのは約2割と非常に少なく、毎食後に歯を磨くという習慣が身についていない。歯みがきをするときに気をつけていることを尋ねると、何も意識していないままという回答が6割以上であった。意識して磨くと答えた子どもはブラシの持ち方や強さに気をつけていたが、ブラシの当て方や動かし方に着目している子どもは1人もおらず、歯垢を丁寧に除去するような歯みがきができていないと考えられる。

○　指導にあたって

先に述べた4つのポイントをもとに、前回の授業を次のように改善する。

1）実態からスタート

前回は全国の歯肉炎罹患者のグラフを提示した。一般的なことという捉えに留まり、自分のこととして捉えられていなかった。そのため、今回は全国のデータではなく、より身近な本学校園の小学校と中学校の定期健康診断における歯科検診の結果を用いることにし、危機感をもつことができるようにする。また、食後には歯の表面に歯垢が付着することや、磨き方によって歯垢の落ち方に違いがあることを歯垢染めだしの写真から確認し、食後の歯みがきの重要性や磨くときの工夫が必要であることに気づけるようにする場面も付け加える。そのことで自分の現在の歯みがきをふり返り、歯垢を除去することを意識した磨き方ができていないことを感じさせ、この状況が続けば自分にも歯肉炎が起こりうる可能性があるという危機感をもつことができるようにする。

2）かかわり合い・学び合い

実際に磨く活動ではグループを活用していく。個々の磨き方をグループ内で見合うことにより、他の子どもの歯ブラシの当て方や動かし方の工夫点を発見しやすくしたり、自分の磨き方を客観的に見てもらったりすることで新たな気づきを得やすいようにする。また互いに知識や経験を出し合ったり、友だちの磨き方を参考にしたりして学びを深めていくことができるような場となるようにする。前回は視点を設けず、各グループから様々な気づきを挙げさせたが、今回は歯肉炎予防の観点から歯周ポケットに焦点をしぼり、より具体的に考えることができるようにしていく。

3) 実感（心で・体で）

　写真や絵図から歯垢が付きやすい箇所（主に歯周ポケット）を確認した後、具体物を磨き、歯ブラシの当て方や動かし方に気づけるようにする。前回はブロック（数図ブロックを組み合わせて歯と歯肉に見立てた模型）を磨かせてみたが、プラスチック素材で歯周ポケットの感覚がつかみにくい点や、模型と歯ブラシの大きさが不釣り合いだったため、歯ブラシの当て方や動かし方が着目しづらかった。そこで、今回はより自分の口腔に近い顎模型を用いることにする。また顎模型をただ単に磨くだけでは歯ブラシの動かし方や磨くときの強さに着目しづらいと考え、人工プラークを付着させることで、歯周ポケットを意識し、歯や歯肉の感覚から歯ブラシの当て方や動かし方を自分の手の動きから感じ取ることができるようにする。また実際に歯垢が落ちる様子を目で見ることにより、歯垢のない口腔の清潔感を感じることができるようにする。顎模型で感覚をつかんだ後に、実際に自分の歯を磨く練習をしていく。この際、ふりふり歯ブラシ（歯ブラシに鈴をつけて磨かせる活動）を体験し、自分の口腔での歯ブラシの当て方や動かし方を自分のものとして捉え、個々に歯並びや生え方が違うことを認識させ、磨くときの感覚をつかみ、実践への意欲をもたせるようにする。

4) 実践意欲の向上と行動化

　ふり返りを活用し、自分の生活へと目を向けるようにする。前回の授業でのふり返りでは、本時の学びと今後の生活における改善点を記入させた。授業直後はがんばろうとする意欲が高まっていたが、その意欲が継続しなかった。そのため、今回は本時の学びや今までの自分の磨き方との違いについて記入させた後、自分の生活の中で生かしたいことを絞り込み、具体的な目標を設定することや、期間を設けて実際に実践することができるチェックシートを活用する。目標を決めることで日々の歯みがきを意識しながら意欲をもって行えるようにし、チェックシートでは目標に対して日々ふり返りをすることでできたことへの達成感をさらに翌日の意欲につなげ、行動化していくようにする。できなかった場合にはその原因をふり返り、自分なりの改善策を考え、翌日以降の歯みがきへの行動化につなげるようにする。

(3) 授業の様子

　導入の部分では歯肉炎が自分にも起こるかもしれないという危機感をもつことや自分の今までの歯みがきについてふり返ることができるようにした。

表 11-1　授業導入部分の働きかけ（その 1）

T：（歯科検診の結果を提示）これはみんなが 1 年生の時からさかのぼってみた歯肉炎の人の人数を表したグラフです。どうなっていますか。 P：学年が上がるにつれて増えている。これからも増えるのかな。 T：どうなると思いますか。 P：増えるかなぁ。あんまり変わらないかも。 T：中学校の先生に聞いてみると今年度の 7 年生は（グラフを付け加える）。 P：わぁ、倍以上になっている。やばいなぁ。

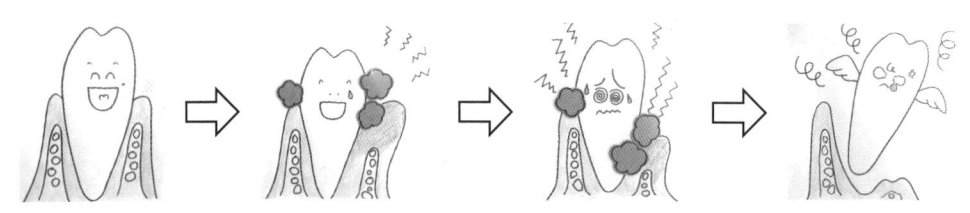

図 11-1　歯肉炎の進み方

表 11-2　授業導入部分の働きかけ（その 2）

T：（図1を示しながら歯肉炎の進み方を説明する）歯肉炎の原因は一体何でしたか。 P：歯垢が歯周ポケットのあたりに付いたままになっているから。 T：どうして歯垢が付いたままになっているのでしょうか。 P：歯みがきをしてないから。していても適当にしかしてないから。 P：自分も昼はほとんどしてない。 P：昼は全然やらないけど，朝と夜はやっている。 P：そうそう，自分も。 T：（アンケート結果を口頭で説明する）食べた後の歯の汚れを見てみましょう。（食後の歯の汚れの写真を提示する） P：わっ，真っ赤になっている。 P：結構よごれているものなんだ。 T：給食後の口の中は…。 P：自分もあんなに汚れているのか。 T：たくさんの人がドキッとしましたね。その中で「自分は3回ちゃんと磨いている」人は大丈夫だと思っているかもしれません。（1日3回磨いたAさん・Bさんの歯の汚れの写真を提示する） P：Aさんの方が歯垢がちゃんと取れていてきれい。Bさんの歯にはまだ歯垢が残っている。 T：同じ回数磨いているけど落ち方が違うのはなぜだと思いますか。 P：磨き方が違うから。 P：丁寧に磨いてなくて，適当にしかみがいてないから。

　歯みがきで歯垢をきれいに落とすためには磨き方に工夫が必要だということになり、「歯肉炎を予防するために歯垢をきれいに落とす磨き方を考えてできるようになろう」という学習課題を設定し、学習を進めていくこととした。

　展開の部分では、再度歯垢が付着しやすい箇所を確認させ（図11-1を参照）、歯周ポケットに重点をおいた磨き方について考えることにした。考える視点として次の3つを提示した。

・歯ブラシの当て方（角度）

・歯ブラシの動かし方（大きく・小さく・縦横）

・磨くときの強さ

　また、歯垢を落とすことだけに終始しないように、模型とはいえども自分の体の一部だと思って磨くことや、磨く際の顎模型の向きについても補足をした。

　各グループに人工プラークが付着した顎模型と歯ブラシを配布し、歯垢を除去するための磨き方を具体的に考えさせた後、全体で交流をした。交流では、教卓に置いた大型の歯列模型と歯ブラシを使用して実際に磨かせるようにした。細やかな歯ブラシの動きや角度は拡大して全体で共有できるようにした。

第 11 章　意欲を行動化につなぐ歯科保健指導の開発 ── 第 6 学年児童への歯肉炎予防の授業より ──　　99

図 11-2　顎模型を使って磨き方を考える活動

表 11-3　授業展開部分の働きかけ（その 1）

P：歯周ポケットのところに斜めにおいた歯ブラシをのこぎりを使うみたいに（小さく）動かします。強さはやさしく磨きます。

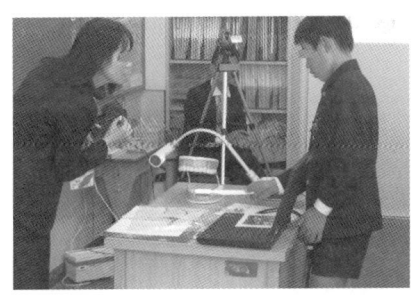

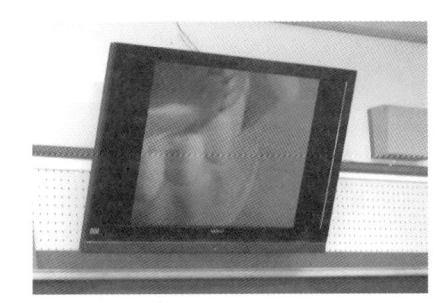

大型の歯列模型を使ってみがき方を説明

大型の歯列模型を使ってみがき方を説明
T：歯ブラシの当て方は斜めにするって言ったけど、ほかのグループはどうですか。
P：同じ（数班が挙手をする）。だって斜めにした方がポケットに入りやすいから。
T：なるほど。少しくぼんだ形になっているから斜めに歯ブラシを当てれば歯垢がきれいにおちるのですね。角度はどのくらいがいいですか？
P：30 度。60 度。50 度。
T：（実際に角度が分かるように模型にブラシを当ててみる）
P：あっ、やっぱり 45 度。見た感じでそれくらいが取れやすそう。
T：では、1 組の当て方は 45 度にしましょう。他の意見はないですか。
P：歯の裏側も斜め 45 度にして当てて、動かし方は掻き出すようにします。強さはふつうくらいがいいと思います。
T：歯の裏側の磨き方も考えてくれました。歯ブラシのどこを使いましたか？
P：歯ブラシの上側でやった。
T：上の部分を使ったところもあるし、横にしたところもありましたね。歯周ポケットの歯垢を丁寧に落とすために、歯ブラシのいろいろなところを使いながら磨くといいですね。強さはどうですか。
P：ふつうからやさしく。ゴシゴシしたら歯肉が痛くなるから。
T：歯肉を傷つけないような強さにしましょう。

　それぞれの班の考えを交流し、全体で共有をして深めていった。

表11-4　授業展開部分の働きかけ（その2）

> T：今日の学習課題はできるようになるところまで頑張るのでしたね。今は模型で色々な気づきを見つけてくれました。今度は実際に自分の歯でできるようになってほしいと思います。ただ磨くのではいつもと変わらないので、今日は歯ブラシに鈴をつけて磨いてほしいと思います。どうして鈴をつけると思いますか。鈴を鳴らさないようにしてほしいのですが。
> P：やさしく磨くためかも。
> T：小さく動かして優しく磨くことで鈴を鳴らさないで磨くことができます。歯ブラシを当てる角度は鏡を見ながらやってください。

表11-5　鈴つき歯ブラシでの体験場面でのつぶやき

> P：かなり鳴るよ。
> P：思った以上に難しいような気がする。
> P：あっ、鳴らさずにできた。

歯ブラシに鈴をつけ、鈴を鳴らさないように動かすことで、小刻みに軽く優しく動かす感覚をつかませるようにした。子どもたちは鏡を見ながら、自分の前歯の歯周ポケットを意識してみがくことができていた。実際にみがいている時にこのようなつぶやきが聞こえてきた（表11-5）。

その後、今日の学びや今までの自分の歯みがきをふり返り、今後の歯みがきに生かそうと思うことを具体的に記入していった。そしてさらにその中から「今後の私の目標」として頑張って取り組むことを絞りこみ、今後の歯みがきへの意欲へとつなげていった。

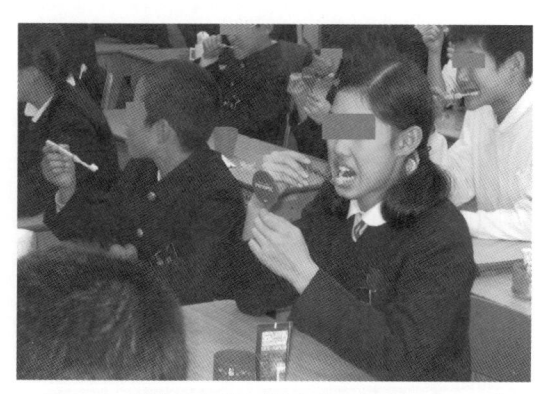

図11-3　鏡を見ながら「鈴を鳴らさないように…」

3. 結果と考察

先に述べた、授業づくりで大切にしたい4つのポイントから分析を行う。

1）実態からスタート

歯肉炎の罹患者が増えてきていることをとらえさせるために本学校園の罹患者のグラフを提示したところ、「もしかしたらぼくもまずいかも」「わたしもなったらどうしよう」などの発言や不安そうにしている子どもの様子から歯肉炎への危機感を感じることができていたと考える。また、食後には歯の表面に歯垢が多く付着していること、磨き方によって歯垢の落ち方に違いがあることを染め出しの写真から見とり、「給食のあとはほとんどしていない」「いつも適当にしかしていない」と自らの歯みがきの不十分さをふり返っていた。「歯垢をちゃんと落とすように磨かないといけない」という歯肉炎を予防するための歯みがきの必要性を感じる発言があり、他の子どもたちもうなずきながら同意している姿が見られた。歯肉炎を予防するための歯の磨き方を考えるという学習課題の解決へ向けて意欲が高まったと考えられる。

2）かかわり合い・学び合い

　4または5人のグループで磨き方について考える場を設けた。歯ブラシの当て方や動かし方を客観的に見ながら「もっとこうしたらいいんじゃない？」「こうしてみて」など、意見や気づきを交流することができていた。また、友だちの歯ブラシの当て方を参考にしながら磨く子どもも見られ、かかわり合いながら学びを深めている姿が見られた。また「こうすればよく取れる」「これなら簡単。毎回できそうだ」などの実際の歯みがきを想定した気づきをもつことができており、実践への意欲につながったと考えられる。

3）実感（心で・体で）

　歯肉炎患者の口腔の写真を提示したところ、視覚に訴えることで「痛そう」「なりたくない」と子どもたちがつぶやいていた。また、歯みがきが大切だと理解しているものの、磨き方によっては歯みがき後も歯垢がついていることを知り、自分の歯みがきの不十分さをふり返り、歯垢を丁寧に除去する歯みがきの重要性を実感していた。また、顎模型の人工プラークを落としながら「小さく動かすと結構きれいに落ちた」「角度をつけたほうがきれいに落ちる」など、実際に磨くことで、歯ブラシを持つ手の感覚をつかみ、「やったぁ、全部きれいに落とせた」と、きれいになることへの喜びも感じることができていた。また、難しさもほとんどないため、これなら自分にもできると感じている子どもが多かった。

4）実践意欲の向上と行動化

　授業後のふり返りでは、記述の中に自分の今までの歯みがきをふり返り改善点の記入、具体的な「歯周ポケット」「45度」「小さく」「優しく」という表記があれば、実践への意欲が高まったと考えられる。ふり返りの内容は以下のとおりである。

　表11-6のように今後の改善点や磨く際の具体的なポイントが記述してあるふり返りがほぼ全員に見られた。また、「歯肉炎予防のために歯みがきは大切だと思いますか」という質問に対し、「とても大切」「まあまあ大切」と全員が答えており、歯みがきの重要性を感じていることが分かった。

表11-6　ふり返り記述（例）

・歯周ポケットに歯垢が溜まりやすいということが分かりました。今まではどこも垂直に当てていたので、これからは歯ブラシを少し傾けて、やさしく小刻みに歯みがきをしていこうと思いました。
・歯ブラシの角度は今までもできていたので続けていこうと思いました。強さが強すぎたと思いました。これからは強さをもう少しやさしめにすることを意識し、1日3回必ず磨いて、歯肉炎を防ごうと思いました。

　ふり返り記述や図11-4に示した歯みがきの重要性の回答と合わせて、実践への意欲は高まったと考えられる。そして、表11-7のように全員が実践目標を立てることもできており、前回の歯みがきへの意欲よりも、さらにより具体的な実践意欲をもつことができていると考えられる。

　次に、実際の生活への行動化という点については、チェックシートの結果と、事後アンケートの結果から分析する。

図 11-4　歯肉を意識した歯みがきの重要性

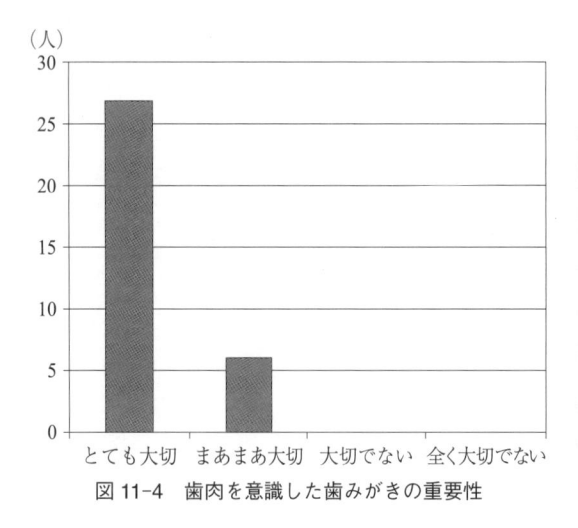

表 11-7　個人の目標（例）

- ななめ 45 度に気をつける。
- 力を入れすぎないようにやさしくみがく。
- 小さく小刻みに。
- 歯周ポケットのところの角度に気をつける。

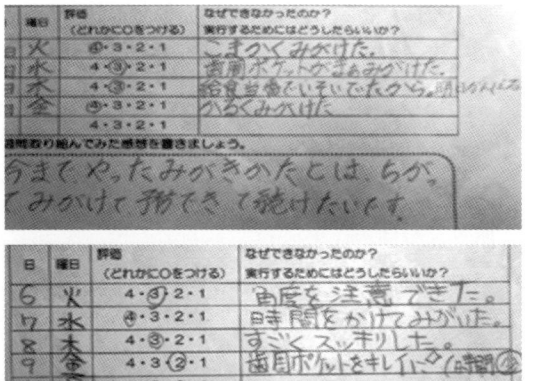

図 11-5　チェックシート

　チェックシートについては、朝や夜の歯みがきと比較し、特に実施率の低い給食後の歯みがきに焦点をあてた。授業後から 4 日間の期間を設け、自分なりに絞り込んだ目標を意識した歯みがきを実施した。事前調査で「いつもする」「ほとんどする」と回答した子どものほとんどが「しっかり意識してできた」「意識してできた」と回答しており、生活の中で意欲をもって歯みがきをし、目標を達成できたという気持ちが翌日の意欲につながったのではないかと考えられる（図 11-5）。

　しかしながら、「あまり意識してできなかった」と回答していた子どもたち（9 人）の多くはチェックシート内において原因や実行にうつすための手立ての欄への記述がほとんどなかった。また、事前調査でも「ほとんどしない」と回答していた。歯みがきが定着していない子どもたちにとってチェックシートへの記入だけでは行動にうつすための手立てとしては不十分だった。

　継続した行動化につながっているか実態を把握するため、チェック期間が終了してから 5 日を経過して再度調査を行った。事前調査の結果と比較した結果は表 11-8 のとおりであった。

　事前事後とではほとんど差が見られなかった。また、事前に「ほとんどしない」と答えていた群に焦点を当て個別に見てみると、指導後もやはり「ほとんどしない」という回答にとどまっていた。歯みがきの重要性を理解したり、自分の歯みがきをふり返り、具体的な目標を設定したりしたにもかかわらず、行動変容へは結びつかないことが明らかになった。

表 11-8　給食後の歯みがきの行動化（人）

	いつもする	ほとんどする	ほとんどしない	全くしない
事前	8	19	13	0
事後	7	20	13	0

このような結果を踏まえ、行動化につながらないのは、授業づくりの充実のほかにも何らかの要因があるのではないだろうかと考えた。そこでその要因について調査するため、再度アンケートを実施した。アンケートでは「歯みがきが大切だとわかっていながらも、どうして給食後の歯みがきができていないのか」という質問をした。理由については「はやく休憩したい」「委員会の仕事がある」「その他」を選択するようにし、複数回答も認めた。また「その他」については具体的な理由を記述させた。

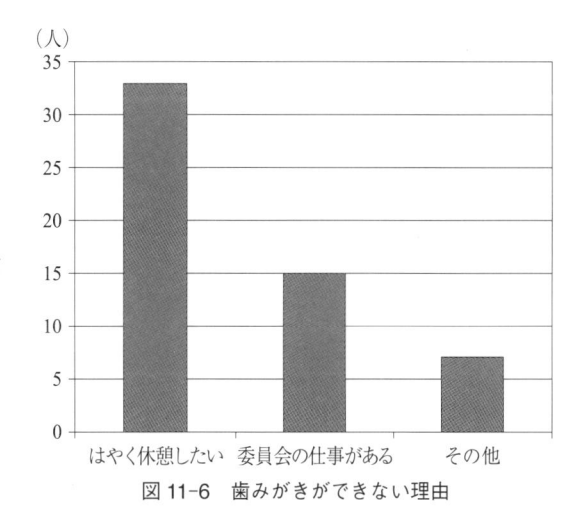

図 11-6 歯みがきができない理由

「はやく休憩したい」が約 9 割を占め、続いて「委員会の仕事があるから」と回答していた。その他の回答の中には「ほかの友だちはしていない」「めんどくさい」などの理由が挙げられていた。自分の健康を守るための歯みがきが大切だと分かってはいるものの、学校の生活時間の中でなかなか行動化できていない実態が明らかになった。

4. 成果と課題

今回の実践を通して、実態からスタートし、かかわり合い・学び合いながら実感をともなうような歯科保健指導を実施すれば、歯みがきへの実践意欲が高まることは明らかになった。具体的な目標を設定し日々ふり返りをすることで行動化へつなげようとしたところ、すでに歯みがきが定着している子どもたちにとってはより意欲的に歯みがきをすることにつながった。

しかし、もともと定着していなかった子どもたちの行動変容は見られなかった。これは、歯みがき後に原因や実行にうつすための手立てを記入させる際に、十分ふり返らせる時間を確保していなかったこと、歯みがきの際の肯定的な評価や励ましの声かけが不十分だったことが要因として考えられる。今後も引き続き歯科保健指導の授業づくりの充実に努めるとともに、日々子どもたちが歯みがきをしている時に細やかな声かけも合わせて行っていくことで行動化へとつなげていくことができると考える。加えて、自分の健康を守るための歯みがきよりも「はやく休憩したい」と思わせている理由の背景には何があるのか、このように感じているのは今回保健指導を実施した6年生だけに見られるものであるのかなどについてはもう少し掘り下げて分析し、休憩時間と区別した「歯みがきタイム」を新設するなどの学校生活時間帯を改善していくことも必要と考える。

引用・参考文献
1) 口腔保健協会「解説 平成17年歯科疾患実態調査」歯科疾患実態調査報告解析検討委員会編 2007 p.99.
2) 広島大学附属三原幼稚園・小学校・中学校『広島大学附属三原学校園 研究紀要』第1集 2011 pp.115-121.
3) 文部省「小学校 歯の保健指導の手引き（改訂版）」1992 p.4.

> **コラム⑥**
>
> ### 外傷歯への対応
>
> 　歯の外傷の好発年齢は一生のうちに2回あり、2歳±12か月と8歳±12か月でほぼ60%を占めている。双方とも子どもの運動が活発化する時期であり、後者はちょうど小学校1～3年生に相当する。外傷部位は上顎前歯がほとんどであり、その受傷様式は歯牙破折が約半数、残りが脱臼、亜脱臼などである。歯牙破折を来した歯は露髄（破折が歯牙内部の歯髄組織に達していること）の有無により治療法は大きく異なるが、現場で行えることは歯科医院を受診させる以外にない。受診の際に破折した歯の破片を持参すると場合によっては修復できることもある。完全脱臼した場合には現場での初動体制が予後を大きく左右する。第1に脱臼歯を見つけること、第2に45分以内に受診すること、第3に脱臼歯を乾燥させないことである。脱臼歯の再植は45分を過ぎると成功率が大きく低下する。脱臼歯は絶対に乾燥させてはならない。歯牙保存用薬液の用意がない場合には、冷たい牛乳中に保存し、歯科医院へ持参することが望ましい。

第12章 ヘルスプロモーション活動
―― 食育を通して中学生のライフスキルを高める ――

1. はじめに

　食を含めた生活習慣は、疾病予防の視点からだけでなく、子どもたちの成長・発達や健康的な生き方に深く関係している。現代病でもある生活習慣病の予防を考えると、中学生では特に食の自立を意識し、自分のライフスタイルや身体の状況に見合ったバランスの良い食生活について理解して生活できる能力と習慣を養うことが重要である。文部科学省の食に関する指導の手引きでは6項目について述べられている[1]。特に2項目めの「望ましい栄養や食事の取り方を理解し、自ら管理していく能力を身につける」という目標は重要であると考える。

　中学生期は、人生において成長する変化率が乳児期についで大きく、自分の将来について考え、成人としての準備を始める自立期である。身体的発達としては、ホルモンの変化に伴い、心身のバランスを崩しやすく生活習慣が崩れやすい時期でもある。特に運動部に所属している生徒は、部活動を引退した後、運動量やライフスタイルの急変により、これまでの生活リズムが変わる。この変化が激しい混乱期に、成長・運動、生活の変化に対応した食事のバランスを考慮する必要性は高い。

　そこで、生活が大きく変化することが予測される運動部に所属する生徒に着目し、摂取エネルギーと運動によるエネルギー消費量のバランスの実態と生徒の認識を明らかにし、中学生が自分のライフスタイルを見直し、ライフスキルが向上することを目指して、個別指導の充実を図るとともに、集団への保健指導も実施した。

2. 実践内容

(1) 実態把握「運動と食事の調査」

1) 調査方法

　2010年3月～4月に中学2年生の運動部在籍者（本人・保護者の同意を得られた者25名）に第1回調査を行い、同じ調査を運動部引退後の2010年10月～11月に第2回調査を行った。

2）調査内容

①身体状況の把握調査対象者全員の身長、体重、体脂肪率等の事前測定

②日常生活状況調査

通学方法、運動、運動や身体活動に対する認識、食事に対する認識、身体活動量と食事摂取量のバランスに関する認識を問い、それらの質問項目に沿って不足部分を面接による聞き取り調査を行った。調査期間は、1週間とした。

①調査対象

9年生の運動部に所属する男子15名、女子10名、計25名の生徒

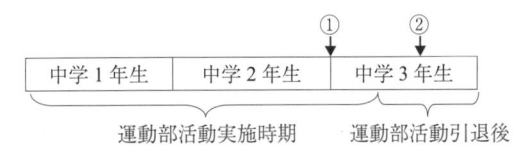

写真12-1　食事内容と運動量を記録

②調査の流れ

| 中学1年生 | 中学2年生 | 中学3年生 |

運動部活動実施時期 / 運動部活動引退後

高運動期の調査：対象の生徒が運動部活動を行っていた2010年3～4月

低運動期の調査：対象の生徒が運動部を引退した後の2010年10～11月

③記録方法

その日に行った運動の種類と時間、食事の内容と量、実際の生活行動内容（通学、学習、入浴、睡眠等）、運動習慣測定器e-style®（スズケン）によって表示された1日の総消費量と運動量の記録を各自が行った。

3）調査結果の考察

①運動の実態

運動部引退前（以下引退前）、運動部引退後（以下引退後）、それぞれ食事内容・量の記録と1日の運動量・エネルギー消費量が1週間のうち4日以上記録してある生徒、男子13人、女子9人、計22人を分析対象とした。

部活動引退前の1週間の部活動回数、1日の活動時間は、男子で週平均5.4回参加、平均97.3分であった。女子は週平均5回参加、1日平均81.7分である。部活動以外での運動習慣がある生徒は、男子では1人、女子では3人であった。

部活動引退後に運動している生徒は、男子15人中13人、女子10人中6人であった。運動の内容は、男子ではサッカー、ランニング、バスケットボールで、女子ではランニング、バスケットボール、テニス、筋トレであった。運動の内容と

表12-1　一週間の合計運動時間の平均値
（分／週）

	高運動期	低運動期
男子	555.0	205.0
女子	467.2	166.1

しては、引退前のクラブと同じスポーツを家庭や地域のクラブで実施している。これは、高校へ進学後の部活動再開を意識して体力の維持と技術の低下を予防することを目的としている。引退後の1週間の運動時間は、男子で平均350.0分減少、女子では平均301.1分減少した。生徒は、引退後も運動をしているが、引退前の運動習慣とは有意な差があった。

②身体の実態

写真12-2　個別指導

男子の引退前の平均身長は164.6cm、平均体重は55.3kg、平均BMIは20.3、平均体脂肪率は15.7％であった。引退後の平均身長は167.1cm（＋2.5cm）、平均体重は57.4kg（＋2.1kg）、平均BMIは20.5（＋0.2）、平均体脂肪率は13.6％（－2.1％）であった。

女子の引退前の平均身長は156.1cm、平均体重は52.1kg、平均BMIは21.3、平均体脂肪率は28.7％だった。引退後の平均身長は156.2cm（＋0.1cm）、平均体重は51.8kg（－0.3kg）、平均BMIは21.2（－0.1）、平均体脂肪率は26.3％（－2.4％）であった。

引退前と引退後の身体の状態を比較すると、引退後に男子は身長、体重が有意に高く、体脂肪が有意に低くなった。女子は身長・体重等の体位の変化はほとんど無かった。文部科学省の平成22年度学校保健統計調査と比較しても平均的な中学生と判断される。男子は、思春期成長加速のピークに入っており身長体重の増加が著しいが、女子はすでにピークを過ぎていると思われる。

それに比べて、体脂肪は男女共に有意に低くなった。調査前の予想では、部活を引退すると運動量が減ることによって体重や体脂肪率が上がるのではないかと考えたが、本調査においては男女の体脂肪率が減少していた。

BMIについては大きな変化がないことから、日常生活に影響を与えるほどでの生活スタイルの変化は少なかった。しかし、これは日頃から運動や食事のカロリーに気遣っている生徒であり、基本的生活習慣の確立ができているからだと考えられる。

③エネルギー摂取量とエネルギー消費量の実態

生徒の食事摂取状況としては、引退前、引退後を通して、ほとんどの者が1日3食を摂っていた。間食は週に3〜4日食べる生徒が多く引退前後で変化はなかった。

引退前と引退後における1日のエネルギー摂取量とエネルギー消費量にいて、平均と標準偏差を求めてみると、運動部引退後には、エネルギー摂取量・エネルギー消費量のすべてが男女ともに有意に低下した。引退後には部活動中止による運動量減少によるエネルギー消費量の減少だけでなく、エネルギー摂取も減少していた。これは生徒が意識して食事を減らしている可能性を示唆している。女子の場合は思春期やせ願望につながる恐れがあるので注意を要する。

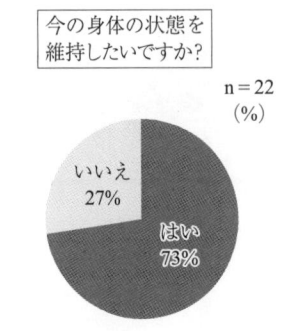

図12-1　健康づくりに関する意欲

表12-2　今の体を維持したくない理由

男子 (n=2)	B	もう少し腹筋をつけたい。いらない脂肪をすべて落としたい。
	O	もっと痩せたい。筋肉をつけたい。
女子 (n=4)	b	食べる量が今のままならぶくぶく太ると思う、太りたくない。
	d	もう少し痩せたほうがいいかなと思う。太い。
	f	体重を軽くしたい。軽くなれば陸上が速くなると思う。もう少し身長を伸ばしたい。生活習慣病のためにも今より軽くなりたい。
	g	もう少しお腹や足の筋肉を増やしたい。

4）エネルギー摂取量に関する生徒の認識

①エネルギー摂取量の認識

実態調査の中で、「あなたが1日に摂取しているカロリーはどれくらいか知っていますか？」という問いに対して、あまり知らないと答える者がほとんである。生徒は自分が摂取しているカロリーについてあまり認識していない。これは、日常的な食事が保護者によって管理されているためと考えられる。広島市食育推進会議が2009年に行った食の調査[3]では、20-30歳代の青年層で食事に対する興味関心が低いことが指摘された。この年代は、保護者の管理から離れ、自己管理を行っている世代である。今回調査を行った生徒も、青年期になると広島市での調査と同様になると考えられる。保護者の管理が行われている子ども時代に自分の食について認識を高めることが、これからの20～30歳代の青年期の食への興味関心を高めることにつながるといえる。

また、「中学生にとって必要な摂取カロリーはどれくらいか知っていますか？」という問いに対し、男女とも中学生の標準的な必要なエネルギー量を満たしていないにもかかわらず、生徒の認識は「多い」であった。中学生は、引退時期が成長期と重複しているため、引退後運動量が低下しても、摂取すべき標準カロリーは大きく低下しない。多くの生徒が引退前後でエネルギー摂取量は変

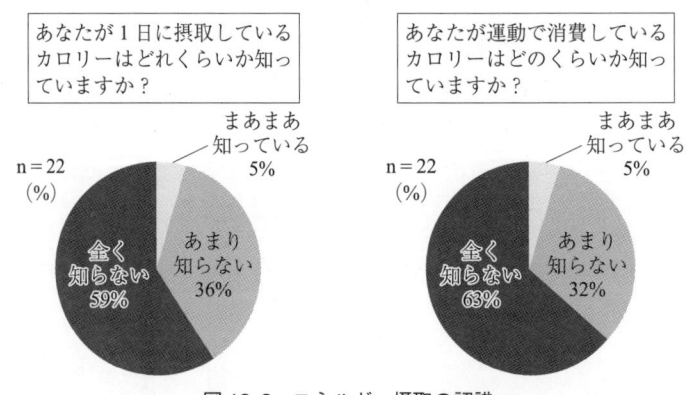

図12-2　エネルギー摂取の認識

わらないと回答した。しかし、実際には減少している生徒が多い。摂取カロリーの認識が実際の摂取カロリーよりも多く認識されている場合には、痩せに移行する可能性がある。成人期の肥満予防とは異なり、成長と運動量の低下を見合わせながら対応していく必要がある。思春期以前に、実際の摂取カロリーの認識と実際ができるだけ近くなるように学習を行う必要性は高く、また学習効果は高いと考えた。

　クラブ活動引退後の生徒は、運動をしたいと思っているが、これまでのように定期的に満足できるほどの運動ができなくなり、「意外と脂質がオーバーしていることにびっくりした」「運動と食事で、自分がどういう傾向にあるのか分かるのはとても凄い」「どうしたらよいかなどが分かるのはとても凄い」という"食事を通して気がついたり理解できることに対する驚き"を感じ、「記録をつけることで1日の食生活を振り返ることができた」ことから"食と自分の生活スタイルを意識する"ことを体験し、「自分に大切なことは何かということが良く分かった」「自分の食生活の傾向が分かった」「今まで自分はバランスよく食事できていると思っていたが、乳製品が不足していると分かった」「食べるものによってカロリーがすごく変わるということを実感した」「たんぱく質が足りないと言われてみると、確かに豆類や乳製品は日常的に不足している」「結構食べていると思っていたが、まだ足りないようなので、アドバイスどおりにパンなどの炭水化物も食べる」など"数値や自己分析、専門家からのアドバイスに学ぶ"という学びがあった。

　また保護者は、生徒と同様に、「この食生活でいいのかと思うことがあったが、きちんと見てもらい安心できる」「バランスの良い食事をと心がけているつもりだがこれからも続けていこう」「野菜が少ないのが分かった」「果物の摂取量が少ないことに改めて気づいた」という"食への確認と安心が得られた"という感想や、「先生から毎日の栄養への気配りを認められたのは嬉しかった」という"努力を認められる"喜び、「子ども自身が食を自覚することができていて良かった」と"我が子の変化への気づき"等があった。

②調査結果から見えた生徒の実態と課題

　運動部活動を引退することによって、運動量が減少することは当然であるが、生徒はまったく運動をやめているわけではなかった。しかし、引退後は自分の摂取カロリーを「多い」と認識していた。また、体力の低下や睡眠の状態など運動量が減ったことに対する身体の変化に気づいていた。健康日本21の目標は、適正体重を維持する者の割合の増加であるが、中学生の場合には痩せにも注意を払う必要がある。運動量が急に減少した場合には、睡眠の状態など心身の状態も含めて、食事量の変化を注意深く見守る必要が示唆された。特に女子は成長加速のピークの終了によって身長の伸びが緩やかになる時期と引退時期とが重なっているため、太ることをいやがり意図的に食事量を減らすことも危惧される。肥満も痩せも含めて、適正体重を維持するという目標を達成するためには、自分の適正な食事量を理解する必要がある。生徒にとって自分の食事と摂取カロリー、および運動量との関係に関する理解は乏しい。

(3) ライフスキルを高めるために

生徒のライフスキルを高める支援として、個別指導を継続するとともに、「食事と運動の関係」を理解し、自らの生活スタイルを見直してより良く生きるためのスキルアップを目的とした保健指導を実施した。

①個別指導

各自が記録した食事内容や運動量、生活の記録をスポーツ栄養学の知識のある管理栄養士から、一人ひとりに応じたスーパーバイズを受け、生徒および保護者に専門家からの考察結果を返した。そのアドバイスをもとに、生徒自身は自分の今後に対する生活改善の目標を持つように個別指導を行い、自分のライフスタイルへの見通しを持たせた。また、これらの結果を保護者にも知らせ、今後の家庭での連携・協力依頼をして啓発に努めた。

②集団指導の実施（平成 23 年度）

ア．題材名

「自分にとって望ましい食生活について考えよう」

イ．実施対象者

平成 23 年度：中学 2 年生

ウ．実施時期

2011 年 10 月

エ．題材について

中学 2 年生であるこの時期は心身ともに成長が著しい時期であり、この時期における食生活は今後の成長や将来にわたる健康に大きな影響を与える。自分自身の食生活に関心を持ち、課題を自覚することで「食の自立」を促すことができると考える。

オ．ねらい

成長期である自分の食に関心を持ち、栄養バランスと運動の関係について考え、自分に合った食生活を確立する意欲や態度を養わせる。

カ．生徒の実態

生徒の昼食時のお弁当を見ると、ほとんどの生徒が家庭で作ってもらったお弁当を持参している。内容はバランスのとれた物も多いが、栄養に偏りがあったり量が極端に少なかったり多いものもある。また、自分の好物

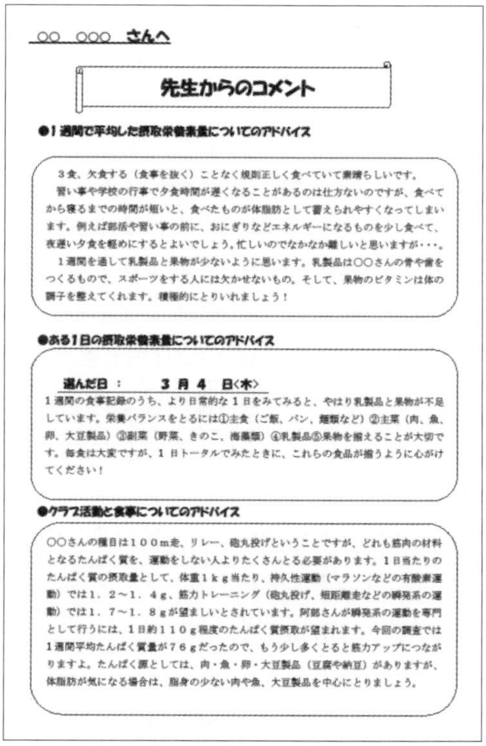

〇〇　〇〇〇　さんへ

先生からのコメント

●1週間で平均した摂取栄養素量についてのアドバイス

3食、欠食する（食事を抜く）ことなく規則正しく食べていて素晴らしいです。
習い事や学校の行事で夕食時間が遅くなることがあるのは仕方ないのですが、食べてから寝るまでの時間が短いと、食べたものが体脂肪として蓄えられやすくなってしまいます。例えば部活や習い事の前に、おにぎりなどエネルギーになるものを少し食べて、夜遅い夕食を軽めにするとよいでしょう。忙しいのでなかなか難しいと思いますが・・・。
1週間を通して乳製品と果物が少ないように思います。乳製品は〇〇さんの骨や歯をつくるもので、スポーツをする人には欠かせないもの。そして、果物のビタミンは体の調子を整えてくれます。積極的にとりいれましょう！

●ある1日の摂取栄養素量についてのアドバイス

選んだ日：　3月4日〈木〉
1週間の食事記録のうち、より日常的な1日をみてみると、やはり乳製品と果物が不足しています。栄養バランスをとるには①主食（ご飯、パン、麺類など）②主菜（肉、魚、卵、大豆製品）③副菜（野菜、きのこ、海藻類）④乳製品⑤果物を揃えることが大切です。毎食は大変ですが、1日トータルでみたときに、これらの食品が揃うように心がけてください！

●クラブ活動と食事についてのアドバイス

〇〇さんの種目は１００ｍ走、リレー、砲丸投げということですが、どれも筋肉の材料となるたんぱく質を、運動をしない人よりたくさんとる必要があります。１日当たりのたんぱく質の摂取量として、体重１ｋｇ当たり、持久性運動（マラソンなどの有酸素運動）では１．２～１．４ｇ、筋力トレーニング（砲丸投げ、短距離走などの瞬発系の運動）では１．７～１．８ｇが望ましいとされています。阿部さんが瞬発系の運動を専門として行うには、１日約１１０ｇ程度のたんぱく質摂取が望まれます。今回の調査では１週間平均たんぱく質量が７６ｇだったので、もう少し多くとると筋力アップにつながりますよ。たんぱく源としては、肉・魚・卵・大豆製品（豆腐や納豆）がありますが、体脂肪が気になる場合は、脂身の少ない肉や魚、大豆製品を中心にとりましょう。

図 12-3　生徒へのアドバイスシート

第 12 章 ヘルスプロモーション活動 ── 食育を通して中学生のライフスキルを高める ── *111*

を中心に用意してもらっているという生徒もいる。少数だが、市販のパンを毎日のように食べている生徒もいる。

キ．指導にあたって

　自分たちの先輩である、昨年度中学 3 年生の食と運動の実態調査の結果から見えた食事の栄養バランスの問題点に気づかせ、中学生期に不足しがちな栄養素や、そのことから生じる身体への影響について考えさせることによってバランスの良い食生活の大切さに気づかせることを重視した。そして、今の自分の実態と比較して考えることで自己課題を発見し、今後に自分の生活改善に向けて目標を設定させることでライフスキルの意欲・技能の向上をさせたいと考えた。

ク．生徒の振り返り

　○今後の生活目標について

> ・朝、昼、夜、しっかり食べているけど、食欲が無いときに炭水化物をとらない時があるから、少しでも食べる。しっかり運動して、しっかり寝る！
> ・朝ごはんを食べないことが多いので、朝早く起きて朝ごはんを食べる余裕をつくる。そして、三食の中に果物や野菜を入れる。

　○指導後の感想

> ・今日は、普段の自分の食生活について考えました。自分はしっかり食べているつもりだったけど、1 つ 1 つしっかり振り返ってみると、「ただしっかり食べている」だけではダメで、バランスの良い、自分に合った食生活が大切なんだなと思いました。今日考えた内容を生かして、また、自分の普段の食生活について考えて、健康になりたいと思います。（今まで以上に）
> ・今日は、自分では気づいていない生活の改善点が見えたので、生活目標を守り、3 食きっちり食べたいです。自分で昼食をつくるときには、足りていない栄養などを考えてつくっていきたい。

ケ．保健指導を終えて

　今回の保健指導から、栄養と身体の発達だけではなく、生活（運動や学習）と食の関係の深さを認識し、今の自分の食生活と照らし合わせて自己課題に気づくことができていた。指導後の生徒の立てた目標を見ると、ほとんどの生徒が「バランス良く食べる」「三食しっかり食べる」「間食をしない」「運動を生活に取り入れる」ということを意識して目標を立てていた。　また、振り返りや指導後の感想を見ると、多くの生徒が自分の食生活は良いと思っていたが、実際は不足している栄養素に気づいたり、間食を摂りすぎていたり、運動不足なのではないかということを改善しようとしている。成果としては、自分の食生活やライフスタイルに関心

写真 12-3　栄養バランスチェックシートの活用

写真12-4　今後の目標設定を考える生徒

や改善点に気づき、生活改善をしようという生徒の意欲は高まっている。

　しかし、指導後に高まった意識が継続し、ライフスキルが向上するまでには至っていない。指導後の継続した取り組みや、家庭と連携してケアしていかなければ、生活習慣を継続して習慣化するのは難しい。生徒自身が指導を受けるという受動的な学習だけでなく、ヘルスプロモーション活動の主体者となり得るような支援を行うことが求められている。

③保護者連携

ア．健康教室の開催

　大学との共同プロジェクトとして、2003年度から「健康教室」を毎年実施している。この健康教室は、子どもたちが幼稚園や学校で学んでいる内容を保護者に知らせることにより、保護者の子育てへの不安感を軽減し、子育ての見通しをもってもらうことを目的としている。大学から専門的なアドバイスを受けることにより家庭教育に自信をもってもらい、また異校種異学年の保護者同士の交流を持つことにより、自分の子育てをふり返るきっかけとし、子育ての先輩から学んだり広い視野で子育てができるように支援している。

イ．テーマ

　「食育」― 食を通して子どもの成長を育む ―

ウ．実施日時

　2012年1月AM9：30～PM11：10

エ．実施内容

　①講　話

　・食育の大切さと子どもの成長への影響について（担当：大学教員）

　・スポーツ栄養学を通して子どもの成長を考える（担当：管理栄養士）

　　※簡単に作れるお勧めレシピの紹介と試食

　②グループディスカッション（子育てについての交流）

　～家庭での食育について考える～

　③簡単おやつの紹介と試食…中学生に不足しがちな栄養（カルシウム・ビタミン）を補うレシ

ピの紹介と試食
- りんごコンポートチーズ和え
- ひとくちピザ

④保護者の感想より（一部抜粋）
- 保護者同士の交流は楽しいので今後も続けて欲しい。
- 子どもの頃の食生活（栄養バランス）の大切さを子どもたちにもしっかり認識させたいと思ったので、家庭でも話題にしたい。
- 子どもの貧血が気になる。バランスの良い食事やレシピを勉強したい。
- おやつの量や食べる時間を考えたいと思った。
- 子どもと一緒に参加できる料理講座があったら良い。
- 将来の息子の食事のあり方を考えさせられた。普段から食事の記録をつけてみようと思う。
- 食育は大人になるための準備であることを日常生活の中で機会を見て行いたい。
- 今日の話は中学生のデータが用いられていたが、子どもの将来に向けての良い話しであった。
- 思ったよりも中学生にとって、クラブ活動（運動）が生活の一部になっていることを知った。心身のバランスに気をつけていけるよう、親として頑張りたいと思う。

オ．まとめ
- 健康教室後の「保護者アンケート」では、参加保護者全員が大学の先生の講話や試食会、異学年の保護者同士の交流は意義があったと答えていた。
- 子どもの食生活の実態や活動の様子を知ることで、家庭の中で子育てについて振り返ったり考えるきっかけを作ることができた。
- 今後は保護者への関心をさらに高めるために、啓発活動を積極的に行うとともに、会の運営等も工夫していく必要がある。

写真 12-5　保護者に紹介したおやつ　　　　写真 12-6　異学年の保護者交流

3. まとめ

　2010年度に実施した「中学生の食と運動に関する調査」を実施するにあたって、生徒の食に対する意識や運動のための身体づくりについての意識は非常に高かった。また、同様に保護者の我が子に対する健康への意識も高く、協力的である。しかし、これは最初から意識の高い生徒および保護者をピックアップしたからということでもある。この度の調査結果から、生徒の実態を過大評価してはいけない。反対に、調査対象外であった運動が苦手な生徒や、運動をする機会が少ない生徒への啓発活動の方が必要であると考えた。そこで、平成23年度は集団に対する啓発活動を実施していく必要性から、運動部の活動の中心となった第8学年を対象に保健指導を行った。保健指導は個人指導の機会が多いが、健康意識の向上や知識理解を深めるためには集団指導も非常に有効である。

　また、保護者との連携は重要である。数年前より継続して開催している保護者の子育て支援を目的とした「健康教室」等を通して保護者啓発に努めている。今後も家庭や地域、他教科と連携を持ち、生徒・保護者の食に対する意識の向上だけではなく、ヘルスプロモーションを意識した学習・生活支援を図らなくてはならない。

引用・参考文献
1)　文部科学省「平成22年度　食に関する指導の手引き」
2)　文部科学省「平成22年度　学校保健統計調査（速報）調査結果の概要」
3)　広島市「平成21年度　第3回広島市食育推進会議結果」
4)　運動所要量・運動指針の策定検討会「健康づくりのための運動指針 ― 生活習慣病予防のために ―」2006
5)　厚生労働省「日本人の食事摂取基準（2010年版）」pp.43-61.
6)　「学校における食育指導 ― 子どもの食事摂取量と身体活動量の実態把握と指導課題についての研究 ―」『広島大学学部・附属学校共同研究紀要』第39号　2010

第13章

保健教育におけるライフスキル教育の取組み

1. はじめに

　生徒の健康に関する課題に対しては、保健指導として、主にはロングホームルームの時間を使い、歯科保健、薬物乱用防止、心の健康、食育、エイズ予防などのテーマを取り上げ、学校歯科医・学校薬剤師や外部の講師を招聘することや、養護教諭が実施することなどで取り組んできた。しかし、それらの指導は単発的であり、様々な課題を抱える生徒の本質的な解決になっていないことを感じている。

　思春期の子どもたちのさまざまな危険行動の背景にはセルフエスティームなどのライフスキルが育まれていないという問題が共通しており、ライフスキルの形成なくしては、本質的な解決に至らないと考えられている。また、ライフスキル形成は、危険行動の防止に有効なだけでなく、学校教育の基本目標である「生きる力」の形成にも寄与している。図 13-1 は「生きる力」とライフスキルを対比して示している。

　高校生にとって、ライフスキル教育を行うことが必要であると考え、実践に取り組んだ。

生きる力	ライフスキル
変化の激しいこれからの社会を生きていくために必要な資源や能力	日常で生じる様々な問題や要求に対して、建設的かつ効果的に対処するために必要な心理社会的能力
・自分で課題を見つけ、自ら学び、自ら考え、主体的に判断し、行動し、より良く問題を解決する資質や能力 ・自らを律しつつ、他人とともに協調し、他人を思いやる心や感動する心など豊かな人間性	・目標設定スキル ・意思決定スキル ・ストレス対処スキル ・対人関係スキル ・セルフセスティーム形成スキル

図 13-1 「生きる力」とライフスキル[1]

2. 保健教育における位置付け

保健指導は、学校保健計画に基づいて学校行事や保健学習の内容などと連動して、適切な時期を図りながら計画を立てているが、各分掌や学年と調整して進めなければならない。学年単位のLHR活動は、限られた時間の中で生徒の実態を把握し、生徒にとって必要な力は何かを考えるようにしている。表13-1は保健指導の年間計画の概要である。

表13-1 保健指導内容（関係部分のみ）

月	LHR活動	生徒会活動 （生徒保健委員会）	SHR活動
4	身体測定の事後指導	年間活動計画立案	健康診断の意義・目的
5		保健だより発行	けが・熱中症防止と救急処置 歯と口腔の健康
6	健康教育（3学年）	文化祭ほけん展 保健だより発行	ストレスと上手に付き合おう
7			熱中症の予防
9	薬物乱用防止教育（全学年）	体育祭での活動	体育祭での注意事項
10	食育（1学年） 健康教育（2学年）	保健だより発行	眼の健康チェック 心のチェック
11		保健だより発行	生活リズムの確立（睡眠）
12	健康教育（1学年）	保健だより発行	かぜ・インフルエンザ予防
2		保健だより発行	自己理解とコミュニケーションの取り方

これらの保健指導や保健学習で学んでいることが、生徒の生きる力の基盤となるものと繋がった学習となればより効果がある。ライフスキル教育の実践がその基盤になるという思いを強く持ち、「総合的な学習の時間」における健康に関する学習として取り入れた。

実施するに当たっては、校内の教員の理解を得るために学年会で研修を行い、次の資料を元にライフスキル教育について理解を図った。

3. セルフエスティームを育むライフスキル教育

川畑徹朗は、ライフスキルの訳語は「心の能力」であり、WHO精神保健局ライフスキルプロジェクトは、ライフスキルに関して、「ライフスキルとは日常生活で生じる様々な問題や要求に対して、建設的かつ効果的に対処するために必要な心理社会的能力である」と定義している。つまり、ライフスキルとは、人が世の中を要領よく生きていくための小手先のスキルではなく、個々の人間が自分らしく、より良く生きていく上での基盤となる能力であると述べている[2]。それらは次の通りである。

① 自分自身を大切にすることができる能力	〈セルフエスティーム（健全な自尊心）の形成〉
② 物事を様々な角度から慎重に考え、判断することができる能力	〈意思決定スキル〉
③ 目標を決めてそれを実現することができる能力	〈目標設定スキル〉
④ 日常的に起こるストレスに適切に対応できる能力	〈ストレス対処スキル〉
⑤ 家族や仲間とよく話をし、良い人間関係を保つことができる能力	〈コミュニケーションスキル〉

　ライフスキルの本質は、誰でも学習し、経験し、練習することによって「獲得可能な能力」であり、「幅広い問題に適用可能な一般的・基礎的能力」である。そして、ライフスキル形成に基礎を置く健康教育プログラムの有効性が明らかになるにつれて、喫煙、飲酒、薬物乱用、思春期妊娠やエイズ感染の危険性が高い性行動といった、青少年の現在及び将来の身体的健康に直接つながる行動だけではなく、いじめ、暴力、不登校、学業不振など、青少年の知的、精神的、社会的発達を阻害するとともに、情緒的、社会的健康問題の発生につながる反社会的、非社会的行動の防止にもライフスキル教育は適用されつつある。別な言い方をすれば、思春期の様々な危険行動の背後には、共通してセルフエスティーム形成などのライフスキルの問題が存在しており、これらのライフスキルの形成なくしては本質的な解決には至らないと考えられている。

　この理論的基礎について校内で学習し、共通認識を得て実践を行っていった。ここで紹介するのはX校での実践である。

4．「総合的な学習の時間」（第1学年）での実践

　ライフスキル教育を平成19年度に始めて、現在まで6年間「総合的な学習の時間」で行っている。初年度は、2年生の1クラスで4時間の内容を展開し、2年目からは、年間6時間の計画で1学年8クラスの各クラス担任が実施している。「総合的な学習の時間」の目標に沿って、年間の流れの中に組み込んでいる。

　実施計画の作成にあたっては、JKYBライフスキル教育研究会のライフスキル教育プログラム構成案に従っている。このプログラムは「個性の感覚の形成」「有能性の感覚の形成」「絆の感覚の形成」の3つの要素からなっている。プログラムの中から6時間分の内容を選定して組み立て、次のように講座の目標と評価規準を設定した。実施計画については、プログラムで示されている指導の展開によりJKYBライフスキル教育研究会が作成した活動シートや生徒用資料を用いている。

【講座の目標】

　生徒に、人との関わりに関心を持たせるとともに、円滑な人間関係を形成する基本的な知識や具体的な技術を身に付けさせる。そのために、授業では、ライフスキル教育の要素である個性の感覚や絆の感覚の形成プログラムを展開し、セルフエスティーム（健全な自尊心）の形成やコミュニケーション能力の向上を図る。

【講座の評価規準】

	ア 関心・意欲・態度	イ 思考・判断	ウ 技能・表現	エ 知識・理解
講座の評価規準	人との関わりに関心を持ち、円滑な人間関係を形成しようとして、意欲的に学習しようとしている。	人間関係を形成するための方法を学習し、問題の解決方法を考え、学習したことを日常生活に当てはめて、適切な行動を選択することができる。	自分を表現することや、相手の話を上手に聞くことができる。自己主張的コミュニケーションスキルを使うことができる。	人間関係を形成する基本的な知識について理解し、日常生活の課題解決に役立つ知識を身につけている。
学習活動における具体の評価規準	①活動の中で自分から人と関わりを持ち、同じ項目の人を見つけようとしている。 ②友だちとの活動の中でお互いを理解し、思いを伝えようようとしている。 ③演習や資料をもとに自分の考えをまとめようとしている。 ④地域に貢献する活動を実践しようとしている。	①自分について振り返り、自己イメージを持つことができる。 ②自己主張的コミュニケーションスキルの応答の仕方を選択できる。 ③人間関係を形成するために、学習したことを日常生活に当てはめることができる。 ④ボランティア活動についての計画を立てることができる。	①コラージュによって自分を表現することができる。 ②受容的な聞き方と積極的な聞き方を使うことができる。 ③自己主張的コミュニケーションスキルを用いたロールプレイングができる。 ④ボランティア活動時に必要なマナーのロールプレイングができる。	①自分と他の人との相違点を知り、それぞれが独自の存在であることに気付くことができる。 ②良い聞き方について具体的な言い方について理解している。 ③自己主張的コミュニケーションスキルの特性について知っている。 ④ボランティア活動の意義について理解している。

【実施計画】

1時間目	・お互いをもっとよく知ろう　・自分について知る
2時間目	・自分を表現する
3時間目	・上手に話を聞こう
4時間目	・自分の気持ちを上手く伝える
5・6時間目	・ボランティア活動 ─ 地域で

時間	ねらい・学習活動	評価規準	評価方法
事前	・セルフエスティームの測定（ホープらの尺度）		
1	○ねらい 　自分と他の人との共通点や相違点を知り、自分は他の人とは異なった特徴を持っている独自の存在であることに気付き、自己を尊重することにより、セルフエスティームの要素の1つである個性の感覚の形成を図る。 【学習活動】 ・「私はこんな人」で、自分の特徴を知る。 ・人はお互いに異なる特徴と共通の特徴を持っていること確認する。 ・自己イメージについて考える。	ア─① エ─① イ─①	ワークシート 観察
2	○ねらい 　自己イメージを表現し、自分を深く見つめるとともに、友だちのすばらしさや考え方、興味など理解する。 　他の人もかけがえのない存在であることを認識し、お互いに尊重しあう態度を育成する。 ・コラージュ作品で自己を表現する。 ・お互いの作品を見て、感想を述べ意見交換する。 ・自分の考えをまとめる。	ウ─① ア─② ア─③	ワークシート 発言 振り返りシート

時間	ねらい・学習活動	評価規準	評価方法
3	○ねらい 　自分の気持ちや考えを上手に伝え、また、相手の気持ちや考えを理解する能力である良いコミュニケーションスキルを持つことが重要であることを理解する。セルフエスティームの要素の1つである絆の感覚の形成を図る。 【学習活動】 ・コミュニケーションが重要である理由を考える。 ・良い聞き方について学ぶ。 ・受容的な聞き方と積極的な聞き方の練習をする。	ア-② エ-② ウ-②	ワークシート 発言
4	○ねらい 　対人関係において争い事があったときの対処法で、自己主張的コミュニケーションスキルの獲得の重要性に気付き、スキルを身に付けることができる。 【学習活動】 ・自分の気持ちを上手く伝えるための台本を書く。 ・ロールプレイングを実施する。 ・自分の生活の中にスキルを生かせるようにする。	イ-②エ-③ ウ-③ イ-③ア-③	ワークシート 発言 振り返りシート
5・6	○ねらい 　地域のボランティア活動をクラス単位で計画・立案・実行することによって、これまで学習してきた様々なスキルを実際場面で活用する機会を提供するとともに、友人関係をさらに強化していくことと、地域に貢献する活動を通して地域の一員としての自覚を養う。 【学習活動】 ・ボランティア活動の意義について話し合う。 ・自分や同級生の興味や能力を発見し合う。 ・地域に貢献する活動を通して地域の一員としての自覚を養う。	ア-③エ-④ イ-④ ア-④	ワークシート 観察 振り返りシート
事後	・セルフエスティームの測定（ホープの尺度）		

5. 指導の実際

　第1時、第2時では、活動シートを用いて、ゲーム感覚で演習を行ったり、「わたしのコラージュ」で自分の顔を制作したりする。第3時、第4時では、聞き方や自己主張的コミュニケーションスキルについて練習する。導入で生徒がリラックスし、自分たちの考えを伝えやすいような雰囲気を作るために、また、コミュニケーションに意識を向けさせるために、アイスブレイクとして「誕生日順ならび」や「電話ゲーム」を行う。第5時、第6時のボランティア活動については実践の準備として計画立案までしかできないが、意義を理解し将来の活動へのきっかけとなると考える。

　ここでは、指導の展開について、第1時・第2時を記載する。

（1）自分や他人をよく知ろう（第1時）

　第1時は、自分や他人を知るための時間である。まずは自分を知るために、活動シート1「私はこんな人」（図13-2）の自分に当てはまる項目に○を付ける。そのシートを持って自分と同じ項目に○をつけた人を探しサインをしてもらい、自分と他人の同じところや違うところを知る。次に、

指導の展開（第1時）

	活動のステップ	活動のポイント（指導上の留意点）	評価規準	準備物
導入	ステップ1 ・本時の学習内容を確認する	・セルフエスティームの測定（ホープの尺度）を実施する ・本時のねらいが、ゲームを通してお互いの特徴を知り合うことにあること、自己イメージを具体化することでもっと自分について知ることを説明する		・セルフエスティームの測定（ホープの尺度）
展開	ステップ2 ・活動シート「私はこんな人」の当てはまる項目に、各自で○を記入する ステップ3 ・自分と同じ項目に○をつけた人を探し、名前を書いてもらう	・最後の項目には、自分を最もよく表すと思う特徴を書き入れる ・部屋の中を自由に歩き回って、同じ項目に○をつけた人を探す		・活動シート1「私はこんな人」
	指示：一人の人からは1つの項目についてのみ名前を書いてもらう。1つの項目に複数の人から書いてもらっても良い。			
	ステップ4 ・いくつかの項目について、それぞれを選んだ人数を確認する ・「椅子取りゲーム」のやり方を確認する	・活動シート「私はこんな人」と椅子を持って円状になり、教師が円の中央に立つ ・人数を挙手で確認する		・椅子
	説明：活動シートの項目の中から1つ選んで"私の好きな人は…"の後に続く文章を言う。自分が○をつけた項目以外でも良い。その項目に○をつけていた人は別の席に移動する。座れなかった人は、一度使われた項目は用いず"私の好きな人は…"の文章を言う。			
	ステップ5 ・「椅子取りゲーム」をする ステップ6 ・感想を述べる ステップ7 ・「自己イメージ」について確認する ステップ8 ・「わたし」に記入する	・10回以上行ったところで、最後に教師がクラス全員に当てはまる特徴を使った文章を読み上げて、全員が移動し終了する ・ゲームをやって、感じたことや思ったことを自由に発表する ・人は皆、お互いに異なる特徴と共通の特徴を持っていることを確認する ・自己イメージの意味・形成・行動への影響・良い自己イメージを持つためのポイントを説明する	ア－① エ－① イ－①	・生徒用資料1「自己イメージって」 ・活動シート2「わたし」
	指示：「コラージュ」に表現する内容を確認するために、「わたし」の項目に従って記入する。自分ついて、いろいろな場面をイメージしながら見つめてみると、普段気付かなかった自分に出会えるかもしれない。すべて5つの項目が記入されていなくてもかまわないが、各領域とも必ず1つずつ記入する。			
まとめ	ステップ9 ・次時の学習「コラージュ作り」のねらいと準備物を確認する	・「わたし」の記述内容に関係していると思う雑誌の絵や写真または言葉を切り取り、コラージュを完成させることを伝える（雑誌・はさみ・のりの準備）		

私はこんな人

3年　組　名前

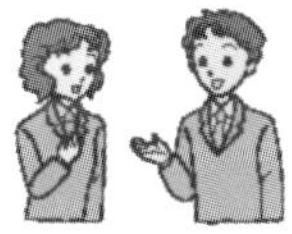

自分に当てはまる文の横にある"□"に○印をつけましょう。そして、自分と同じ項目に○をつけた人のサインをもらいましょう。

……もしもあなたがこんな人なら…　　相手のサイン

1）毎日7時には起きる □
2）他の県に行ったことがある □
3）異性のきょうだいがいる □
4）ペットを飼っている □
5）よくテレビを見る □
6）よく漫画を読む □
7）よくテレビゲームをする □
8）スノーボードをしたことがある □
9）ラーメンよりスパゲッティが好きである □
10）サッカーより野球が好きである □
11）秋より春が好きである □
12）歌うことが好きである □
13）楽器を演奏できる □
14）魚をつったことがある □
15）お菓子をつくったことがある □
16）春（3月～5月）の間に誕生日がある □
17） □

＊17）には、自分をもっとよく表すと思うことを書いてみよう。

図 13-2　私はこんな人

わ　た　し

次の文章のつづきを書きましょう。（それぞれ少なくとも1つ書きましょう。）

1　わたしが、自分のことで好きなところは・・・・・です。
○ わたしが、自分のことで好きなところは＿＿＿＿＿です。
○ わたしが、自分のことで好きなところは＿＿＿＿＿です。
○ わたしが、自分のことで好きなところは＿＿＿＿＿です。
○ わたしが、自分のことで好きなところは＿＿＿＿＿です。
○ わたしが、自分のことで好きなところは＿＿＿＿＿です。

2　わたしが、やっていて楽しいことは・・・・・です。
☆ わたしが、やっていて楽しいことは＿＿＿＿＿です。
☆ わたしが、やっていて楽しいことは＿＿＿＿＿です。
☆ わたしが、やっていて楽しいことは＿＿＿＿＿です。
☆ わたしが、やっていて楽しいことは＿＿＿＿＿です。
☆ わたしが、やっていて楽しいことは＿＿＿＿＿です。

3　わたしが、自分のことで努力すればなおせること・・・・・です。
△ わたしが、自分のことで努力すればなおせること＿＿＿＿＿です。
△ わたしが、自分のことで努力すればなおせること＿＿＿＿＿です。
△ わたしが、自分のことで努力すればなおせること＿＿＿＿＿です。
△ わたしが、自分のことで努力すればなおせること＿＿＿＿＿です。
△ わたしが、自分のことで努力すればなおせること＿＿＿＿＿です。

4　わたしが＿＿＿＿＿になるためには・・・・をやりとげることが必要です。
（なりたい人）
♪ わたしがなりたい人になるためには＿＿＿＿＿ことが必要です。
♪ わたしがなりたい人になるためには＿＿＿＿＿ことが必要です。
♪ わたしがなりたい人になるためには＿＿＿＿＿ことが必要です。
♪ わたしがなりたい人になるためには＿＿＿＿＿ことが必要です。
♪ わたしがなりたい人になるためには＿＿＿＿＿ことが必要です。

図 13-3　わたし

そのシートの項目を使って椅子取りゲームをする。自分の当てはまる項目が読まれたら席を移動する。遠慮をして静かに移動する人や、本気で椅子を取り合う人やさまざまな表情が見られる。

このような活動の中で、クラスの友だちと触れ合い言葉を交わし、お互いに異なる特徴と共通の特徴を持っていることを、体を使って確認することができる。その後、プリント「自己イメージって？」（図 13-4）を配布して、「自分が自分をどのように見ているか」（自己イメージ）を確認し、良い自己イメージを持てるようにはどうすればよいかについて考える。

(2) 自分を表現しよう（第 2 時）

第 2 時では、自分を表現しようということで「わたしのコラージュ」をつくる。コラージュ作品を作るシートに、ペアになって相手の顔の

自己イメージって？

自己イメージとはどういう意味でしょう？
また、それはどのようにして作られるのでしょう？

自己イメージとは何でしょうか。それは、簡単に言うと「自分が自分をどう見ているか」ということです。自己イメージは、過去の経験（成功や失敗）や、周囲の人から言われたことによって作られていきます。

もし、あなたがこれまでに出会った先生が、みんなあなたのことを「数学が得意」と言ったら、あなたは「自分は数学が得意だ」と思うでしょう。もし、あなたのことを「運動が上手だね」と誰かが言ってくれて、実際に良い成績を残したら、あなたはきっと「自分は運動が得意」だと思うでしょう。

自己イメージは、多くの場合は本当の自分を表しています。しかし、人がいつも自分のことを正しくとらえているとは限りません。ありのままの自分を正しく見つめることはとても大切なことです。

自己イメージはどのように行動に影響するのでしょう？

自分を正しくとらえることは、なぜ必要なのでしょうか。それには2つの理由があります。

1　自己イメージは、人がどれだけ頑張れるか、どれほど上手にできるかということに影響します。

たとえば、数学が得意だと思えば、たとえ難しい問題があったとしても一生懸命努力して分かろうとし、その結果良い成績を取ることができるでしょう。逆に苦手だと思っていると、途中で努力するのを止めてしまい、結果として悪い成績を取ってしまうのでしょう。つまり、人は自分のイメージにそった行動をとる傾向があるのです。

2　自分を好きだと感じるかどうかに影響します。

自分を好きだと感じている人は、自分を好きになれない人に比べて、自信があり、満足し、成功し、学校での成績が良く、他の人からも好かれます。また、自分にとって危険な行動をとる可能性も少ないのです。

もっと良い自己イメージを持つためにはどうすれば良いのでしょう？

ほとんどの人は、1つの自己イメージしか持っていませんが、実際には場面によって違ういくつかの自己イメージがあるはずです。

もっと良い自己イメージを持つためのポイント
○1回や2回の失敗の経験で、自分はそういう人間だと決め付けない。
○自分をありのままに正確に見つめ、長所や短所を明らかにする。
○自分の弱点や短所を向上させるために努力する。

自分自身について変えたいと思うことや、達成したいと思うことを決めて実現することによって、もっと良いイメージを持つことができます。

改善したい自己イメージ	改善するために工夫できること

図 13-4　自己イメージって？

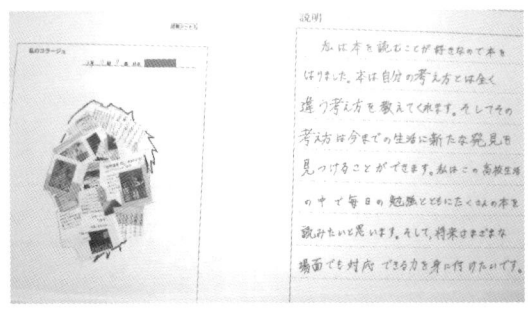

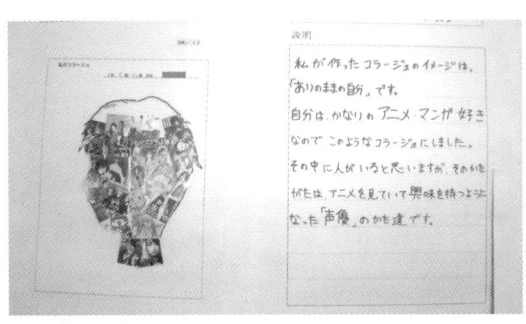

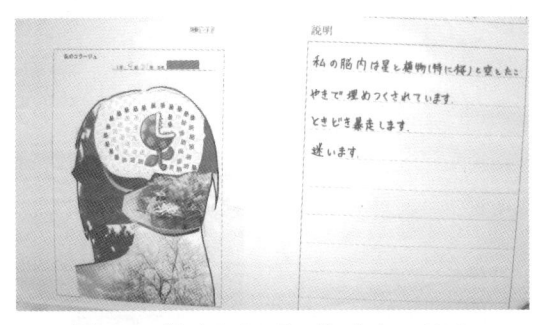

図13-5 「わたしのコラージュ」とコメント

シルエットをお互いが描く。自分が準備してきた雑誌から絵や写真を切り抜いて、活動シート2の「わたし」(図13-3)でイメージした自分を表現できるよう自分の顔を作っていく。雑誌をめくりながらこれはと思うものを自分が好きなように切り取り、あれこれと紙の上で動かして置く位置を考えて糊付けをする。

　自分の好きなものを集めてササッと切る生徒、なかなか選ぶことができない生徒、ひとり黙々と作業する生徒、友だちと話をしながらする生徒など、いろいろな姿が見られる。授業の中だけでは十分な時間が取れないので、満足できるまでにはいかないが、自分づくりに取組み、個性豊かなコラージュが出来上がる。ゆっくりと考えて、自分の納得いくようなものを作りたいと、家に持ち帰って仕上げた生徒もいた。

　この作業の中で、自分では気付かなかった自分や、意外な自分に出会うことがある。自分を深く見つめるとともに、お互いの作品を見ることで、友だちの良い点や考え方、趣味などを知ることもできる。

　この作品を文化祭のときに、作品にコメントをつけ展示発表し、多くの方に見て頂く機会となった。

　ライフスキル教育の主な学習形態は、小集団学習を中心とする参加型学習であり、そのメリットは、表13-2のように示されている。

　川畑は、「ライフスキル教育の効果を上げるためには、教師は自分の価値観を子どもたちに伝えようとするのではなく、あくまで子どもたち一人一人の価値観を尊重し、彼らが自分の価値観にのっとりながら、自分にとっても周囲の人々や社会にとっても、より建設的で有益な行動を選択できるよう援助するという姿勢で臨むべきである」と述べている[3]。そして、ライフスキル教育では、学習活動としてブレインストーミングとロープレイングが最もよく用いられる。第3時・4時では、これらを用いて、上手に話を聞くことや自分の気持ちを上手く伝える練習を行う。

指導の展開（第2時）

	活動のステップ	活動のポイント（指導上の留意点）	評価規準	準備物
導入	ステップ1 ・本時の学習内容を確認する	・活動シート「わたし」の記述内容を振り返り、自分の興味や考えを表現するコラージュを作ることを確認する		・活動シート2「わたし」
展開	ステップ2 ・ペアになり、お互いの横顔のシルエットを描く ステップ3 ・雑誌の絵や写真などを切り抜く ・コラージュを作る ステップ4 ・小グループに分かれ、各自のコラージュを紹介し合う	・紙面全体を使ってできるだけ大きくお互いのシルエットを描く ・活動シート「わたし」の各領域から少なくとも1つを選び、活動シート「わたしのコラージュ」に表現する ・張る位置や大きさ、色合いなどもイメージしながら、切り抜く ・貼り付ける際、その絵、写真、言葉などを選んだ理由や、位置、大きさを決めた理由なども考えながら表現する ・生徒を4～5人の小グループに分けて、自分のコラージュをお互いに紹介し合う	ウ-① ア-②	・活動シート3「私のコラージュ」
まとめ	ステップ5 ・全員の作品を展示して見る ステップ6 ・感想を記述する	・発表や作品を見ることを通してお互いを理解し、個性を尊重する ・コラージュ作りを通して、「新たな自分」を発見することができたか。また、活動では、自分を深く見つめるとともに、友だちのすばらしい点や考え方、趣味などたくさんのことを理解し合えたか振り返る ・「振り返りシート」にコラージュを作って感じたことや考えたことを記入する	ア-③	・「振り返りシート」

表13-2 参加型学習のメリット[4]

●子どもたちは、自分たちの経験や知識をもとに、自らの力で解決の方法を見つけ、実際に課題を解決する経験を積むことによって、自己有能感が高まる。
●子どもたちは、共同作業の中でお互いの長所や能力を認め合うことによって、自己尊重感が高まる。
●子どもたちは、相互作用が起こる過程において自他の意見を調整する機会を持ち、対人関係能力が育つ。

（3）授業の成果

　成果としては、生徒にとって、自分自身のことをいろいろな面から見つめたり、友達のことを考えたりすることができる機会となり、前述した5つのライフスキルのうち、自分自身を大切にすることができる能力〈セルフセスティーム（健全な自尊心）形成スキル〉の形成につがる。
　また、参加型学習により、通常の受け身型の授業とは違う雰囲気で、自己を表現しようと意欲的に取り組むことができる。コラージュ制作では、自由に楽しみながら取り組んでいる様子があり、作品の細かいところに注目して、褒めたときには、よい表情をしていた。

さらに、教職員が、心の能力を育てるためにライフスキル教育が必要であると意識をすることができるようになる。つまり、セルフエスティームの形成が重要であり、生きる力の基盤としてライフスキル教育が大事であることを知ることができる。

(4) 授業の課題

課題としては、授業内容に関心が高く、集中している生徒は、ほぼ計画している内容で進められるが、クラス全体のグループワークでは、時間がかかってしまい、予定通り進まなかったり、話し合う時間が短くなったりした。限られた時間の中で、生徒の課題を踏まえたプログラムを選択し、より効果的な内容の検討が必要である。

現在、小・中学校では、全国いろいろな地域や学校で実践され、広島県においては福山市が4～5年前から取組みを進め成果を上げている。小・中学校の実践を生かすために、高校で継続した取組みができるよう連携し、小・中学校で育まれてきたことを踏まえ、発達段階に応じた取組みをすることが大切である。

6. まとめ

生徒の実態把握と実施の効果を測定する方法として、セルフエスティームの測定にホープらの尺度を用いた。質問は、表13-3のとおり「身体」と「家族」についての項目がある。第1時の最初（4月）に事前調査し、第6時終了後（翌年の2月）に事後調査を行い、全体の平均値の変化を見る。

前後の変化から全体の状況を把握することと、生徒から直接感じる様子と合わせて、一人一人の変化を見ることが大切である。

ライフスキル教育プログラムに取り組んで、わずかな変化ではあるが、生徒は自分のことに目を向け、人との関わり方について考えることができたのではないだろうか。今後さらに、生徒の心身の健康課題から、この学習の目標にあげているような「セルフエスティームの形成」や「コミュニ

表13-3 ホープらの尺度[5]

セルフエスティームの測定 （ホープらの尺度）
※自分が当てはまると思うところに〇をして下さい。

【身体】

	項目	よくそう思う	ときにはそう思う	ほとんどそうは思わない
1	私は、とても不器用です。			
2	私は、自分の顔や姿が好きです。			
3	私は、他の友だちと同じくらいの身長だったと思います。			
4	私の顔は、かわいい（かっこいい）です。			
5	私は、今よりも太りたい（あるいはやせたい）です。			
6	私の笑顔は、すてきです。			
7	私は、自分の顔や姿がいやです。			
8	私は、自分の好きなスポーツやゲームが上手です。			
9	私は、もっと他の子のように、かっこよくなりたいです。			
10	私は、よい体つきをしています。			

【家族】

	項目	よくそう思う	ときにはそう思う	ほとんどそうは思わない
1	私は、家族の中の大切な一人です。			
2	私は、家族といっしょにいるとき、とても楽しいです。			
3	私は、家を出て行きたいです。			
4	私のせいで、親は不幸です。			
5	私は、よい娘（または息子）です。			
6	私は、親が私のことをほこりにするような、よい点を持っています。			
7	私の家族は、とてもすばらしい家族です。			
8	私の家族は、私にとてもがっかりしています。			
9	私が今の自分とはもっと違っていたら、私の親は幸せだろうと思います。			
10	私は、家族といっしょのときに自分がとる行動が好きではありません。			

ケーション能力の向上」を図ることが、ますます重要になると考えられる。
　この報告は、JKYBライフスキル教育研究会での学習が基盤となり、多くの実践を繰り返されてきた先生方の講義や演習を受けたものである。これからも、日々変化する子どもたちの状況に対応できるように、学習を重ねていくことが大切であると考える。

引用文献

1) JKYB研究会編『ライフスキルを育む喫煙防止教育 NICE Ⅱ』東山書房　2005　p.15.
2) JKYB研究会（代表 川畑徹朗）編著『心の能力を育てる JKYB ライフスキル教育プログラム中学生用レベル 1』東山書房　2005　p.12.
3) JKYBライフスキル教育研究会（代表 川畑徹朗）編『第20回（2011年）JKYB健康教育ワークショップ報告書』JKYBライフスキル教育研究会　2011　p.16.
4) JKYB研究会編『ライフスキルを育む喫煙防止教育 NICE Ⅱ』東山書房　2005　p.20.
5) Snyder CR (2005). Measuring hope in children. In Moor KA & Lippman LH (eds) What do children need to flourish?: Conceptualizing and measuring indicators of positive development. New York, Springer

参考文献

JKYB研究会（代表 川畑徹朗）編著『心の能力を育てる JKYB ライフスキル教育プログラム中学生用レベル 1』東山書房　2005

JKYB研究会（代表 川畑徹朗）編著『「実践につながる心の能力」を育てる JKYB ライフスキル教育プログラム中学生用レベル 2』東山書房　2006

JKYB研究会（代表 川畑徹朗）編著『「未来を開く心の能力」を育てる JKYB ライフスキル教育プログラム中学生用レベル 3』東山書房　2007

JKYBライフスキル教育研究会（代表 川畑徹朗）編『第20回（2011年）JKYB健康教育ワークショップ報告書』JKYBライフスキル教育研究会　2011

JKYB研究会（川畑徹朗・西岡伸紀）編著『ライフスキルを育む喫煙防止教育 NICE Ⅱ』東山書房　2005

文部科学省『健康な生活を送るために』（平成19年度版）

第Ⅲ部　保健体育教師の立場からみた学校保健

第14章 保健指導を行う上での学級担任・教科担任が必要としている「保健室」「養護教諭」の役割

1. はじめに

　近年、学校保健に求められている役割や期待は大きい。さまざまな社会・生活環境の変化から子どもたちの周りは劇的に変わってきている。そのような中でも、子どもたちは自己や他者の健康の保持増進を自ら図ることができるような能力を持たなければならない。また、学校もそのような子どもたちを育成していかなければならないし、子どもたちの健康の保持増進を図ることや、集団教育としての学校教育活動に必要な健康や安全への配慮を行うことも求められている。川田は、学校保健教育について「学童・生徒が現在直面している健康問題へ取り組む能力と同時に、将来社会人になった時の対処能力を身につけることを目標としている」とも述べている[1]。今現在の健康問題を克服することだけが目標ではなく、将来的にも自分自身の健康問題に対処できる能力を育成することも求められているのだ。

　そして、そのために、保健体育教師も学級担任も養護教諭も、子どもたちに実りの多い授業をしたいと願っている。子どもたちが目を輝かせながら、「そうなんだ！」「なるほどね！」と声を出す姿。真剣に自分の健康や生活スタイルについて改めて考え直す姿。生活場面で実際にやってみたことをいきいきと話してくれる姿。そのような姿を保健指導の中で見ていきたいと願っている。

　さて、学校保健への期待が高まる中、平成21年4月1日に「学校保健法」は「学校保健安全法」として一部改正された。趣旨としては、「学校保健及び学校安全の充実を図るとともに、学校給食を活用した食に関する指導の充実及び学校給食の衛生管理の適切な実施を図るため、国が学校の環境衛生及び学校の役割について定める等所要の措置を構ずる」とされている[2]。今回の改正は、特に、学校保健については、学校環境衛生基準の策定（第6条）、健康相談の実施（第8条）、養護教諭等による保健指導、地域の医療機関等の関係機関との連携、などが新たに規定された。ここに「養護教諭等による保健指導」とあるように、保健指導に求められている養護教諭の役割は大きい。さらには、「養護教諭等」とあることから、養護教諭だけでなく、保健体育教師や学級担任も加わって子どもたちに保健指導を行っていくことが求められていることがわかる。養護教諭任せではなく、保健体育教師や学級担任任せでもなく、両者が互いに連携しながら子どもたちに保健指導を行っていくことが期待されているのである。

　では、子どもたちによりよい保健指導を推進していくために、教師と養護教諭はどのような連携を図っていけばよいのだろうか。また、学級担任・保健体育教師が必要としている「保健室」の役割とは何なのだろうか。

2. 保健指導を行う上での学級担任・教科担任が必要としている「保健室」「養護教諭」の役割

(1) 保健指導の3つの過程

　今日、学校現場では年間指導計画をもとに子どもたちの健康の保持増進を目的とした保健指導が行われている。扱う内容は子どもたちの発達段階を考慮しながら、計画的に、系統的に展開されている。内容は歯科指導、食育指導、病気に関する指導、性教育、薬物乱用防止教育、飲酒・喫煙防止教育、アレルギー疾患対策など、多岐にわたる。

　保健指導で大切なことは、子どもたちが現在直面している、または将来に直面する健康の問題について一人ひとりにとらえさせ、原因は何なのか、今後どのように生活していけばよいのか解決方法を考えたり、その方法を実践したりしながら学んでいくことである。現在もしくは将来の「自分」を知るだけでは意味がない。それを解決してどのように生きていけばよいのかを考えることこそが、やがて自らの力で人生を歩んでいく子どもたちにとって重要なのである。さらには発育・発達の著しいこの時期に「健康に生きていくためにすべきこと」を見つけて実践していくことで、「将来の自分」をつくり出し、健康に生活していくライフスタイルを身につけていくことが可能となる。

　整理してみると、保健指導を行う上で3つの過程が生じる。
　①今の、もしくは将来の自分を知る（問題点を見いだし、課題意識を持つ）。
　②解決方法を考える。
　③実践する。

　まずは、子どもたちがそれぞれ自分自身を見つめ直し、問題点を明確にすることから始まる。それが今現在の問題点でも、将来的に起こりうる問題点でもよい。健康に関する自分自身の問題点を見つけ、課題意識を持つことから保健指導は始まる。もしも、子どもたちが自分自身の生活スタイルや健康への意識に対して何ら問題点を見いださなければ、課題意識を持つことができず、学習意欲が高まらない。「自分はこれができていない。このままだと将来、病気になってしまうかも。では、どうしていったらいいのだろう」「健康って大切だ。では、どうすることが健康につながるのだろう」という思いを抱かせることが大切だ。

　課題意識を持たせたならば、実際にどうしていけばよいのかを考えることが必要になってくる。つまり、解決方法を考えることである。自分自身の生活を改善していこうとする姿こそが保健指導で望ましい姿である。

　そして、考えた解決方法を実践していくことまで求めていかなければならない。授業の中で実践する時間も設定したり、家庭での実践を振り返ることができるような手立ても必要であると考える。

(2) 情報のリソースとしての「保健室」

　では、ここからは保健指導で大切にしたいこと、必要だと考えていること、それに関する養護教諭の役割、保健室の役割について述べていきたい。

まずは、「科学的に裏づけされた知識」である。では、「科学的に裏づけされた知識」とは、いったい何だろうか。

例えば、「歯磨き」で考えてみよう。子どもたちは幼いころから「歯磨きの大切さ」を知っている。周りの大人たちに何度も「歯磨きをしないと虫歯になるわよ！」「ずっと使う大切なものだからね」などのように言われ続けて生活しているからである。でも、ついつい寝てしまったり、給食の後に歯磨きをせず外へ飛び出してしまったりする。結局のところ、子どもたちは本当に「歯磨きの大切さ」を感じていないからである。そこで、「科学的に裏づけされた知識」として子どもたちに歯磨きをしなかったら歯にどんなことが起こるのか、歯肉炎や歯槽膿漏などのような歯周病の写真を見せる。子どもたちは「うわぁ…」「こんなになってしまうの？」などのような反応をするだろう。さらに、歯周病にかかっている人数を、統計をもとに作成したグラフで提示する。その中には、子どもたちと同じ年代も入れておく。10～14歳の子どもの2人に1人は出血や歯石の沈着などの歯周病、5～9歳の子どもでも、4割弱に歯周病が見られることを知れば、子どもたちは驚くに違いない。「えっ？　僕たちもなるかもしれないってこと？」「2人に1人って…」子どもたちはざわめくだろう。でも、防ぐ方法があることを伝える。子どもたちは、ぱあっと表情が明るくなる。鋭い子どもは「歯磨きでしょう」と、言うかもしれない。しかし、ここでもう一押し。「ただ磨けばいいわけではないんだ」と、伝える。すると、子どもたちは「どんな磨き方をすればいいのか知りたい！」と、磨き方に対する意欲も高まってくるだろう。

「科学的に裏づけされた知識」とは、厚生労働省やさまざまな研究諸機関が研究・調査しているデータを知識として子どもたちに提示することである。子どもたちが何となく大切だと感じていること、何となくしなくてはいけないと思っていることの根拠や事実を提示することの意義は大きい。「何となく」が「事実」に代わり「確信」となる。「確信」となったとき、本人にとっての必要感は高まるし、意欲も当然出てくる。それは、一種の危機意識とも似ているかもしれない。しかし、よりよい生き方をしたい、より健康に過ごし長生きをしたいと感じる一つのきっかけとなるのではないのだろうか。

自分の健康状態について客観的にとらえることは大切なことである。そのためにも、「科学的に裏づけされた知識」は必要になってくる。

そこで、「保健室」に求める1つ目の役割として挙げたいことが、「情報のリソースとしての『保健室』」である。歯に関する資料、体の成長に関する資料、病気に関する資料、薬物に関する資料など、健康に関するさまざまな分野の情報をストックしてある情報局であってほしい。しかも、子どもたちによりリアルに伝わるよう、より現実味を増して感じられるよう、子どもたちと同じ世代の割合はどうか、将来的に変容していくと割合はどうなっていくのか、などの情報もあるとよい。その学校独自のデータも、子どもたちには信憑性が増す。自分の学校には何人いるのだろう？とか、自分の学年はどのくらいの割合なのかな？などのようなデータは、子どもたちの興味を高めると同時に、現実味を帯びてリアルに感じる。さらには、最新の情報であることが望ましい。古い資料を提示しても、子どもたちの現実とはかけ離れてしまうだろう。タイムリーに研究されていることやわかってきていることなどの情報も保健室にストックされていれば、子どもたちへの保健指導

の幅が広がるだろう。

　学級担任や教科担任が保健室にやってきて、「こんな保健指導が子どもたちに必要だと思うんだけど…」あるいは「今の子どもたちに必要な保健指導って何かな」と、話にきたとする。その時に、養護教諭が「だったら、こんな情報がありますよ」「最近はこんなデータが出てるんですよ」「今のタイムリーなネタは〇〇ですよ」「この子たちには、今、こんな保健指導が必要だね」などと、教師にも情報を発信してもらうと、どんなに助かるだろう。そして、子どもたちにとって自分自身の健康についてを振り返ることができる、価値ある情報となりうるだろう。

(3) 専門性を生かした養護教諭の「知識」

　さて、子どもたちが自分自身の生活を見直して課題を見いだしたならば、次へのステップに移る。では、先ほどの歯科指導を例に考えてみよう。

　歯周病を防ぐためには歯磨きが必要だと知った子どもたち。しかし、教師はただ磨けばよいわけではないことを伝える。もしくは、ただ磨いた場合の写真（歯周病になっている）と、意識した磨き方をした場合の写真（歯周病にはなっていない）を提示して、「どちらも磨いているのに、歯の様子が違うね。どういうことだろう？」と、問うてもよい。すると、子どもたちは「磨き方が違うのではないかな？」「きっと、磨き方にコツがあるんだよ」という考えにたどり着き、「だったら、どんな磨き方をすればいいのか知りたい！」「正しい磨き方を知りたい！」と、磨き方に着目する流れになるだろう。ようするに、子どもたちは自分の健康を維持していくための課題解決を求めるようになるのである。

　課題解決で必要になってくることが、歯周病を防ぐための「正しい歯磨きの仕方」である。歯ブラシの持ち方、磨くときの角度、歯ブラシの動かし方、目安の時間、いつ歯磨きをするのかなど、歯を磨くと一言で言ってもさまざまなポイントがある。それを意識しながら継続して磨くことが、歯の健康につながるのである。

　ここで言う「正しい歯の磨き方」のように、子どもたちの課題意識の解決のために養護教諭がその専門性を生かして正しい「知識」を与えることは、どれだけ有効なことだろう。子どもの経験は人それぞれだ。歯科医院で歯の磨き方を指導された経験がある子どももいれば、そのような経験がない子どももいるかもしれない。保護者の健康意識が高い家庭環境で生活している子どももいれば、そのような家庭環境で生活できない子どももいるかもしれない。学校教育は、さまざまな状況の子どもたちが一斉に集い、平等に教育を受けられる場所だ。学校教育の中で自分自身の健康について見つめ直し、その課題に対して解決方法を知り、実践していくための素地を身に着けていくことは、将来的に自立して生きていかなければならない子どもたちにとって必要なことである。

　「健康に関する専門的な知識」と一言で言っても、幅が広い。例に挙げているのは歯科指導だが、他にも食育指導、病気に関する指導、性教育、薬物乱用防止教育、飲酒・喫煙防止教育、アレルギー疾患対策など、どれも子どもたちの健康を維持していくために必要な項目である。それぞれの項目について養護教諭が専門的な知識を兼ね備えていれば、子どもたちに充実した健康教育を受けさせてやることができることは間違いない。

自分の健康に対する課題を解決するためには、まずは「知ること」が大切だ。「知る」からこそ試してみたいと感じ、実践していく意欲が湧く。「健康でいなさい」と、言われても、何をどうすれば健康に過ごせるのかがわからなければ、やりようがない。しかし、「こうすれば健康でいられる」「こういうことに気をつければ健康に過ごせる」ということがわかれば、チャレンジしてみようという意欲が高まるだろう。そのためにも、養護教諭の専門性を生かした正しい知識が、子どもたちの健康維持に大きな役割を果たすことになるだろう。

(4) 養護教諭と学級担任・教科担任との密な連携

さて、解決方法を考えたならば、いよいよ「実践」である。解決方法を考えたにもかかわらず、実践をしていなければ生活に変化はないし意味がない。必ず考えたことを実践していくことが必要になってくる。

先ほどの歯科指導で考えてみると、実際に学習した歯ブラシの持ち方、磨くときの角度、歯ブラシの動かし方、目安の時間、いつ歯磨きをするのかなどのポイントを意識して、学校で、あるいは家庭で実践していくことである。ここで大切になってくることは、いかに継続していくかである。自分で見つけた、やってみようと決めた解決方法を続けていかなければ、健康改善・健康維持にはならない。

家庭でも学校でも継続する力を育成するためには、養護教諭と学級担任・教科担任との密な連携が必要になってくると筆者は思う。子どもを見守る目は多ければ多いほどよい。子どもにとって自分を応援してくれる存在は多数必要だ。学級担任や教科担任からの声かけも嬉しいだろうが、養護教諭から認められることも自分の健康管理への自信につながるだろう。子どもたちへの事後の声かけ、言いかえると、指導後の経過観察や子どもの行動面の変化に関する評価は、学級担任や教科担任に加えて養護教諭も行うとよい。子どもたちが自分で決めたことを継続していくためには、子どもたちにフィードバックする評価方法も重要な意味をなしてくる。そのために、形成評価を用いることも有効である。大津は、「評価の効果を上げるには、その観点でもある目標を外から見て分かる行為動詞を用いた行動目標で表示するとともに、学習の途上で、その目標に照らして学習の到達度を判定する形成評価を行うことが大切」と述べている[3]。目標を具体的な行動目標で設定し、さらにそれを形成評価しながら子どもに働きかけることで、子どもたちは自分たちの決めたことを継続して行おうとする意欲が高まると考えられる。この働きかける存在が学級担任・教科担任と合わせて養護教諭も加わると、なおいっそう効果が増すだろう。定期的に声をかけたり、がんばりを担任と一緒になって喜んだりする。担任は教室であった出来事やその子どもの様子の変化を養護教諭に話す。養護教諭もまた、保健室でのやりとりで見えてきたその子どものがんばりや変化を担任に話す。「私たちはあなたのことを見ていますよ」「私たちはあなたのことを応援していますよ」応援してくれる人、見守ってくれる人の存在は、子どもたちにとって大きなものだ。

また、保護者へのメッセージを養護教諭と担任から発信してもよいだろう。学年通信などの一部分に、あるいは、保健だよりとして、学習した内容や学校の現状、あるいは世の中の現状を養護教諭の専門的知識を生かしながら養護教諭自身が紹介する。直接話をする場があってもよいかもしれ

ない。子どもたちへの保健指導の延長線として、専門医を招いて座談会を開くのも、保護者の健康に対する関心を高めることにつながる。知るからこそ実践してみようとする気持ちを、保護者にも味わわせるのだ。

　このように、子どもの継続していく姿を見守るうえで学級担任・教科担任と養護教諭とが密な連携を図ることももちろん大切だが、密な連携という点ではこの場面だけではない。保健指導を子どもたちに行ううえで、つまり授業を作るうえでも密な連携があればあるほど、よりよい保健指導は実現できるだろう。学級担任・教科担任と養護教諭とが共同で同じ子どもたちのことをイメージしながら、目の前の子どもたちに足りないものは何か、大人になったときに健康的に生きていくために必要なものは何かを考えながら共同で作る授業こそ、子どもたちにとって実り多い授業となるに違いない。

3. おわりに

　本章では、保健指導を行う上での学級担任・教科担任が必要としている「保健室」「養護教諭」の役割として、三つの役割「情報のリソースとしての『保健室』」「専門性を生かした養護教諭の『知識』」「養護教諭と学級担任・教科担任との密な連携」を挙げた。

　保健指導を行う上で、「最新の情報」「専門的な知識」「密な連携」を挙げたが、これは保健指導に限ったことではない。子どもを見つめて育てていく教育活動のどの場面でも必要なことだろう。

　子どもたちの様子は毎日変わる。子どもたちの身の上に起こることも毎日違っている。調子のよい日や悪い日、悩みがない日やある日、心から笑える日や笑えない日、元気いっぱいの日や元気が出ない日、ストレスもなく気分がすっきりしている日やストレスを抱えている日。いつ何が起こるか子ども自身も周りの私たちにもわからない。しかし、そんな子どもたちの様子を学級担任や教科担任、養護教諭でしっかり見守り、何か様子に変化が見られたら互いに連携を図りながら子どもたちのためにできることを考えていくことが必要だろう。そして、その子どもが明るく楽しく前向きに学校生活を送りながら、心も体も大きく大きく成長していけるよう、互いの専門的知識や最新情報を共有しながら働きかけていくことが必要である。

　養護教諭には養護教諭にしかできないことがある。子どもの心をゆっくりゆっくり開放し、悩みや思いに耳を傾けてくれる養護教諭の存在は、子どもたちにとって大きなものだ。思いを打ち明けられる対象が多ければ多いほど、子どもは幸せだ。親、学級担任、養護教諭…どの存在も子どもたちにとってのよき理解者、かけがえのない味方となれるように、私たちは互いに連携しながら努力していかなければならない。

引用文献
1) 特定非営利活動法人日本健康教育士養成機構『新しい健康教育　理論と事例から学ぶ健康増進への道』保健同人社　2011　p.14.
2) 　文部科学省ホームページ「学校保健法等の一部を改正する法律の概要」

http://www.mext.go.jp/component/b_menu/other/_icsFiles/afieldfile/2009/04/01/1236264_001.pdf
3）特定非営利活動法人日本健康教育士養成機構『新しい健康教育　理論と事例から学ぶ健康増進への道』保健同人社　2011　p.18.

> **コラム⑦**
>
> 保健室とわたし
>
> 　保健室は、子どもたちにとって本来、けがや体調がよくないときに訪れるところである。しかし、近年その役割は多岐にわたるようになってきた。様々な理由で保健室を訪れる子どもたちの姿をよく見かける。
>
> 　筆者が保健室を最も多く利用したのは、中学生の頃だった。特別にけがが多かったり、体調を崩したりすることがあったわけではないが、保健室でたくさん話を聞いてもらった。当時は、多くの中学生がそうであるように、たくさんの悩みやストレスを抱えていた。学習や成績のことであったり、友達関係や親との距離感の問題であったりした。友達に話しても分かってくれそうにもない。親にはなんだか言いにくい。担任の先生のことは信頼していたが、問題が大きくなりそうで、相談することはなかった。そんなときには、やはり「保健室の先生」である。気軽でよかった。話に対して、明確な答えを出してくださるわけではない。気の利いた慰めを言ってくださるわけでもない。ただうなずきながら聞いてくださるだけだったが、それでよかった。保健室で自分勝手に思いをぶちまけると、気分がすっきりした。何も解決したわけでもないのに、何とかなるような気がしたし、次への一歩が踏み出せるような気がした。失礼だが、当時の先生のお名前は思い出せない。話を聞いてくださる優しい笑顔だけがかすかに脳裏に残るだけだ。
>
> 　最近では、養護教諭の仕事も増え、日々の仕事に追われている先生も少なくないことだろう。休み時間の度に保健室にやってきてしゃべり続ける児童や生徒がいては、本来の仕事に支障が出るかもしれない。しかし、保健室にやってくる子どもたちには、それなりの理由があるはずである。養護教諭の独特の立場を生かして、時には、のんびりと子どもたちの話を聞いてみるのもよいのではないだろうか。そのためにも、学校自体がもっとゆとりのある場でなければならないと感じる今日この頃である。

第15章

保健体育教師の立場からみた学校保健指導

1. はじめに

筆者が保健指導で大切にしていることは、以下の二つである。

①子どもたちの実態から見いだした課題を生かす。

そのために、日ごろから子どもたちの様子を授業中はもちろんのこと、休み時間にも観察する。また、定期的にアンケートなどで子ども自身が振り返ることを通して、その実態把握に努めている。

②実感を伴って実生活に生かそうとする意欲を高める。

そのために、授業の中で、実生活に似せた場面を設定し、役割演技やスキルトレーニングを取り入れる。また、道徳や学級活動の時間との関連を図り、横断的に指導する。

これらのことを念頭に置きながら指導することを心掛けている。以下に、筆者の実践の一つを紹介する。

2. 授業の実際

〇学　年　第5学年
〇単元名　心の健康
〇単元について

本単元は、心は年齢とともに発達すること、心と体は密接な関係にあり、互いに影響しあうこと、心の発達にともなって生じる不安や悩みに対して適切な対処の仕方があることを理解し、実践しようとすることをねらいとしている。

5年生になると体と心が大きく変化し始める思春期をむかえる。男女差、個人差はあるものの自分自身の行動や性格などを意識し、人間関係や異性などにも関心を持つようになる。また、そのような心の変化にともなって、今までとは違った不安や悩みもうまれてくる。そこで、心を豊かに成長させていくにはどうすればよいか、心と体の密接な関係を知り、不安や悩みに対してどのように対処していけばよいかを考えさせることは大切なことであると考える。そのために、児童の実際の悩みや課題について考えるとともに、その解決に向けて自分がこれからどのように考え行動するかについて児童が取り組むことができる単元である。

この時期の児童は、高学年として「たてわり活動」や「登校班」など、みんなをまとめようと低学年に声をかけたり率先して行動したりと責任を果たそうと取り組んでいる姿がよく見られてく

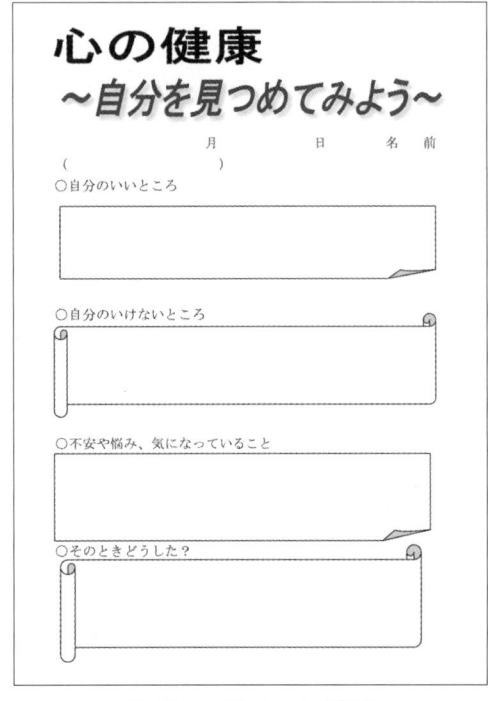

図15-1　アンケート用紙1

る。また、学級の係活動ではクラスのみんなのためになることを考え、友達と協力して積極的に活動するなど、社会性の成長を感じさせる。しかし、仲の良い友達が固定してしまう傾向にある。新しい友達を積極的に作ったり、さらに新しい遊びにチャレンジしたりといろいろな経験をしようとする機会が少なくなってしまうこともある。

ある児童は、友達との人間関係に悩み、夜から朝にかけて腹痛訴えていた。その児童は「おなかの痛い理由がわからない」といっていたが、友達との関係を修復させると自然と腹痛も消えていった。また、嫌いな授業の前になると体の調子が悪くなり保健室に行く児童がいる。保健室で少し話を聞いてもらうと教室に戻ることはできる。

さらに、事前に行ったアンケート（図15-1）では「友達のこと」「勉強のこと」について悩んでいる児童が多かった。その悩みへの対処方法としては、「そのままにしている」と答えた児童が多いという実態であった。やはり、不安や悩みを持っても、自分なりの方法で積極的に解消することができていないようである。

指導に当たっては、まず、児童の実態やアンケートから自分たちが持っている悩みや課題について共有するとこで、誰しも悩みがありそれを共に解決していこうとする意欲を高める。また、授業の中では役割演技やスキルトレーニングを行うことで、学んだこと理解したことを実践しようとする意欲を高めることができるようにする。さらに、体ほぐしの運動を取り入れ、実際に友達との心と体のふれあいを体験することによって、自分や友達の考えに共感し、新たな気付きがうまれ本単元のねらいがより深まると考える。

さらに、理解したことをもとに学級会の話し合い活動や道徳の時間と関連をはかり、不安や悩みを自分に合った解決の方法で解決できるようにする。

○単元目標

心の発達、心と体のかかわり、不安や悩みへの対処の仕方に関心を持ち、自己の課題を解決するために自分に合った対処法に取り組もうとしている。（関・意・態）

心の発達、心と体のかかわり、不安や悩みへの対処の仕方について、課題を設定し、自分に合った解決の方法を考えたり、判断したりすることができる。（思考・判断）

心の発達、心と体のかかわり、不安や悩みへの対処の仕方について理解し、自分の生活に役立つ知識を身につけている。（知識・理解）

○評価の観点

関・意・態	心の発達、心と体のかかわり、不安や悩みへの対処の仕方について、自分の生活を振り返って課題を設定し、自分に合った解決方法を見つけようとしている。
思考・判断	心の発達と生活経験との関係や、心と体のかかわりについて考えるとともに、不安や悩みへの対処の仕方について自分にあった解決方法を考えたり、判断したりする。
知識・理解	心の発達はさまざまな生活経験を通して発達すること、心と体は密接に関わりあっていること、不安や悩みは自分にあった対処の仕方が大切であることを理解している。

○単元指導計画と評価計画（全4時間）

次	時間	学習活動 予想される児童の反応	指導と支援	評価の観点	評価規準 （評価方法）
一	1	○社会性、思考力などの感情がどのように発達してきたか考える。 ・1年生のときはこんなに簡単な問題をしていたのか。 ・授業や運動会、友だちとの遊びで自分は成長してきた。	○社会性や思考力・感情が発達するためには何が必要か考えるようにする。 ・1年生の国語の教科書と今の教科書を比べるなど具体的に成長を実感できるようにする。	知識・理解	心はいろいろな生活経験を通して、年齢とともに発達することを理解することができる。 （行動観察・ワークシート：資料15-2）
	2	○思春期の心の変化の特徴を知り、自分のよいところを見つめ、人との付き合い方について考える。 ・思春期は心が大きく変化するようだ。 ・友だちが自分の気持ちを聞いてくれるとうれしい。	○自分を理解してもらうためには、自分も相手を理解することが必要であることを考えるようにする。 ・役割演技を活用して、体験的に相手を理解しながら自分の気持ちを伝えることができるようにする。	関心・意欲・態度	感情をコントロールして、相手を理解しながら自分の気持ちを伝えようとしている。 （ワークシート）
	3	○心と体のかかわりについて体験し、心と体は深く関わっていることを知る。 ・心と体は神経やホルモンでつながっていることが分かった。 ・これからも友だちと仲良く遊んで、体と心をつくっていきたい。	○緊張場面の体験を通して心と体の関係を体験的に理解できるようにする。 ・教科書の図や掲示資料を使って心と体の関わりを理解できるようにする。	知識・理解	脳と体が神経やホルモンでつながっていることから、心と体はお互いに影響しあっていることを理解することができる。 （ワークシート：資料15-3）
	4	○小学生全体の悩みを知り、不安や悩みを抱えたときどうすればよいか考え、その方法を役割演技で試す。 ・友だちとよくけんかをしてしまうがどうすればよいのか。 ・まずは自分の気持ちをしっかり聞いてもらい、自分も友だちの気持ちを聞いていきたい。	○誰しも悩みを持っている。どのように解決するかが大切であることを考えるようにする。 ・いろいろな方法を交流し、役割演技することを通して自分なりの方法を見つけるようにする。	思考・判断	不安や悩みを解決するために、自分にあった方法を考えることができる。 （ワークシート・行動観察）

心の健康
心の発達

名前（　　　　　　　　　　）

☆ 心はどのようなことを通して発達してきたのだろう（予想）

感情	
社会性	
思考力	

☆ まとめ

☆ 心を豊かに発達させるために、これからどのようなことをしようと思いますか

図 15-2　アンケート用紙 2

心の健康
心と体のつながり

名　　　　　　　前
（　　　　　　　　）

☆ 心と体のつながりについて、これまでの経験を思い出してみよう。

場面	心の状態	体の変化
学習発表会		
	うれしい・楽しい	
	なやんでいる	
		遊んで適度な運動をする
		体の調子が悪い

☆ 振り返りを書こう

図 15-3　アンケート用紙 3

授業を振り返って、特に、①児童の実態把握を授業に生かす、②役割演技の効果について述べる。

①児童の実態把握を授業に生かす

事前のアンケート調査から児童の悩みの種類、その解決策などを棒グラフや表にして授業で提示した。そこからわかることについて交流する中で、児童はみんなが悩みをもっていて、様々な解決方法を自分なりに考えていることに気づいていった。日ごろあまりそういったことは話題にものぼらないので、そうだったのかと驚くとともに、安心をした様子でもあった。安心したことで、みんなで解決していこうという雰囲気にもなり、児童が共通の課題をもって学習に取り組むことができた。児童の振り返りには、次の内容が多かった。

☆悩んでいるのは自分だけだと思っていたけど、みんなも悩みをもっていることがわかってほっとした。
☆自分が気になっていることと、友だちが気になっていることが、同じものもあったけど、ほとんどが違っていた。わたしが悩むことと、友だちが悩んでいることが違うなと思った。

このことからも児童の実態を生かした単元の課題を見いだすことは有効であった。

②役割演技の効果

本単元の2時間目と4時間目に取り入れた。最初子どもたちは恥ずかしがっていたが、繰り返すうち、さらに深く役割演技を進めていくうちに真剣に考え、自分だったらどうするだろうと考え

を深めていた。こういったことから、役割演技の最初の設定だけにとどまらず、さらに話をつづけ予想外の展開でどのように対処するかまでを演技させることで、ねらいに深く迫ることができるようである。また、その役割演技に教師が入り、ありそうな言葉を投げかけたり、切り返したりするような発問をすることが重要である。児童の振り返りにも次のような内容があり、その効果が高かったことがわかる。

> ☆役割演技で、ぼくはだいじょうぶと思っていたけど、話が進んですぐに答えないといけない時、とっても困った。
> ☆役割演技では、事前に考えてないことになった時、それまでの勉強で教えてもらったことが役に立った。
> ☆友達役（先生）にドキッとすることを言われて何も言えなかった。もし、本当にそうなったらどうしようと思った。

3. まとめ

　以上の実践から、児童の実態把握を生かした授業展開、役割演技を取り入れた実践意欲の育成についてその効果があったことが分かった。しかし、課題もある。実践意欲の基である、知識をどこまで教えるかである。役割演技の中でも、より深く考えていくなかで児童が何もできず立ちすくんでしまった場面があった。そういった場面を経験するからこそ、さらに学ぼうとする意欲にもつながるのだが、知識の内容については系統的にとらえ、指導することが大切であると考える、さらに、中学校の保健指導の内容とのつながりについても見通しをもっておくことが必要である。

第16章 保健分野の授業を活性化する
―― ICT（電子黒板）を活用した授業実践を通して ――

1. はじめに

　保健体育科における保健分野の授業は、生涯を通じて自らの健康を適切に管理し改善していく資質や能力を育成することをめざして行われる。小・中・高校の保健のカリキュラムは、大きく分けると「心身の発育・発達」「傷害の防止（安全）」「健康な生活と疾病の予防」「健康と環境」「保健・医療の制度と公衆衛生活動」等のテーマに分類され、学習内容は切り口・程度を変えながらも繰り返し学習できるよう構成されている。つまり、授業時間がきちんと確保され、適切な指導が行われれば、学年進行に伴って内容理解が深まり、高校を卒業するころには健康な生活を営むための知識や実践力が養われているという構成になっている。しかし、現実にはどうだろうか。

　2007年の『学校保健研究』で、野津らは保健学習の効果について、全国調査による実態と課題を報告している[1]。全国調査の結果において、児童・生徒は保健の学習について「内容がわかった」は50〜60％、「好きだ」は小5で53％であるものの、中・高校生では30〜40％、「考えたり工夫したりできた」は30％前後であった。また、中1の生徒において保健は8割程度が「大切だ」と回答している。この結果は、理科や社会のそれより高率を示すが、「その学習が好きだ」については、国語、社会、数学、理科、英語のいずれと比べても明らかに低率であった。本調査では保健学習において、中央教育審議会答申（2008年1月）で示された学力の3要素のうち、思考力・判断力・表現力と学習意欲の要素が高められていないことを憂慮する結果であることを示している。と同時に、よりよい保健学習指導の工夫や授業改善が重要な課題であることを指摘しているといえる。

　このような結果をもたらす問題の所在は、保健体育科の教師にあるといわれている。例えば、保健は健康教育の中心的な役割を担っている自覚が低いこと、教材研究が不十分で健康・安全に関する知識を習得させることで精一杯の授業になっていること、適切な時期にまとまった指導を計画的に実施できていないこと（通称「雨降り保健」）などである。筆者もそのような保健体育教師の一人である。

　ところで、2011年4月に文部科学省が公表した「教育の情報化ビジョン」では、教育の情報化において、教科指導における情報通信技術の活用を通して教育の質の向上をめざすことが謳われている。学力の3要素に対応した授業像の例が示され、生徒たちが保健の内容に興味・関心を高め、理解を深めることにつながるよう、保健学習においてICTを活用した授業を推進し、保健学習の転換が期待されている。

第16章 保健分野の授業を活性化する —— ICT（電子黒板）を活用した授業実践を通して —— *141*

　S中学校では2011年にはすべての普通教室に電子黒板が設置され、電子黒板を活用したより効果的な授業を創造しようと各教科、領域で取り組みを開始している。保健体育科でも、保健授業の活性化に向けて電子黒板を活用した授業を行いつつ、前述した課題を解決しようと取り組んでいる。本章では、ICT（電子黒板）を活用した保健授業の活性化に向けた取り組みについて報告する。

2．ICT（電子黒板）を活用した保健授業の取り組み

（1）これまで実践してきた保健授業とその課題点

　教員になりたての頃は教科書を読んで解説したり、関係する内容の経験談を交えながら生徒に飽きさせないようしたり、大切なことを板書してノートに書かせたりする教科書中心の授業を行っていた。これではいけないと保健の授業づくりの本を読んで「授業書」方式を学び、自分なりに工夫したワークシートを作成して、それに沿って授業を進めるというスタイルに変えていった。考えさせるような問題を用意し、予想を立てさせ、みんなで討論するような授業では、基本的・基礎的な知識事項を十分定着させるのに時間が足りなくなった。効率よく大切なことをプリントに書かせようとすると、生徒はあまり考えようとせず、プリントに記入することだけに一生懸命取り組むような授業になった。個人生活における健康や安全に関する内容をより科学的に理解を深めるために、図やグラフなどを載せた資料プリントを用意して説明しても、視線はプリントにあり、伝わっているのか、考えているのか生徒の反応がわかりにくく手応えを感じなかった。このように、これまでのワークシートに沿った授業展開には、みんなが授業に集中して問いを考えたり、個人生活における健康や安全に関する内容をより科学的に理解を深めたり、その知識を自分の生活に引き寄せて、生活を変える実践力を培ったりすることに成果を上げることができていないと感じた。

（2）ICT（電子黒板）を活用した保健授業づくりの視点と工夫

　電子黒板のよさは、多くの資料を提示できる、図や写真、グラフなど大きく映し出せる、重要な部分を拡大、強調できる、みんなが同時に同じところを見るため集中したムードができる、提示した資料に書き込みができる、また、生徒が書き込みながら自分の考えを説明しやすくなるなどがある。これまでの保健授業の課題を解決すべく、電子黒板の特徴を活かした保健の授業づくりを行うこととした。現在の授業で行っている工夫点は次の5点である。
　①拡大提示した教科書の本文や挿絵、図・グラフ等に、書きこみながら説明する。
　②教科書や指導書の資料に加えて、補助的、補完的な資料を得るためにインターネットで検索した資料、写真をデータ化する。
　③文字はできるだけ少なくし、イメージで内容が理解できるスライドにする。
　④板書すべき事項はスライドで提示し、黒板に書く時間を短縮する。
　⑤授業の後半で知識を活用したり、仲間と話し合ったりして、思考、判断、表現する場面を設定する。
　ICT（電子黒板）を活用することで、生徒が考えたり工夫したり、内容をより深く理解できたり、

保健学習が好きだ、おもしろいと思えるようにしていきたいと考えた。

(3) 授業実践例（3年生の生活習慣病の予防の授業）

1) 実践のポイント

資料や図を電子黒板で提示することで、視覚的な生活習慣病とはどのような病気なのか、どのようなメカニズムで起こるのかを効率よく理解できるようにする。そして、生活習慣病についての知識をもとに、予防法についてグループで考えさせる。

2) 授業のねらい

食生活の乱れ、運動不足、睡眠時間の減少など不適切な生活習慣は、肥満を引き起こしたり、生活習慣病を引き起こす要因となったりし、生涯にわたる心身の健康に様々な影響があることを理解できるようにする。

3) 活用した教材

①学研　新中学保健体育（教科書）
②教科書授業解説編・授業発展編
③厚生労働省ホームページ生活習慣病対策
④生活習慣病レシピ　http://lifestyle.otoshiana.com/check.html
⑤日本対がん協会ホームページ　http://www.jcancer.jp/

4) 学習の展開

学習活動	指導のポイント
1. 学習課題の提示 ○現在の死因の6割が生活習慣病であることを知る。 ○病気とその原因の関係性を理解する。 ・インフルエンザ、花粉症、熱中症、結核、水俣病、生活習慣病 ○生活習慣病はその他の病気とは違い、様々な悪い生活習慣の要因が長期間続くことによって起こることを理解する。 ○生活習慣病チェック表にある質問を答えて自分の生活習慣の課題を知る。	○日本の死因の年度推移や様々な病気とその原因についての資料を提示することで、自分とは無関係でないこと、中学生の時期から生活習慣病について学ぶことの意味が大きいことを伝え、積極的に学習に取り組む意欲を高めたい。 ○どのようなことが生活習慣病に関わる生活習慣なのか、自分の生活習慣の現状、課題点を知ることができるようにする。
生活習慣病はどのような病気か、どうすれば予防できるかを理解する	
2. 生活習慣病の起こり方 ○狭心症や心筋梗塞、脳出血や脳梗塞の症状や起こり方を知る。 ○なぜ、血管がせまくなったり、つまったり、破れたりするのかを考える。 ○糖尿病の症状や起こり方を知る。 ○なぜ、血液中のブドウ糖の量が異常に高くなるのかを考える。	○電子黒板に図や写真を提示することで視覚的にイメージできるようにする。 ○循環器系の病気、糖尿病、ガンそれぞれの病気が、どのような生活習慣が問題なのかを問いかけることで、中学生時代の生活習慣も無関係ではないことに気づかせ、現在の生活習慣を見直すという視点を持つことができるようにする。

○ガンの起こり方を知る。 ○なぜ、正常な細胞の遺伝子がきずついてがん細胞に変化し、無秩序に増殖するようになるのかを考える。 3. 生活習慣病を予防する手立て ○グループで生活習慣病を予防する方法を考え発表する。 　・栄養バランスのよい食事 　・摂取カロリーを考えた食事 　・塩分やコレステロールを控えた食事 　・適度な運動の継続 　・適切な睡眠（質、量）etc 4. 本時のまとめ	○発表された予防法を分類しながら板書し、一次予防、二次予防についての概念を押さえる。二次予防に関する発表が出ない場合、ガン体験者の手記を読むことで、早期発見のための定期検診を受けることや早期治療によるガン克服の重要性を理解できるようにする。
○今日の授業で考えたこと、生活に活かそうと思ったことをノートに書く。	○何人かに発表させることで、自分と違う感じ方、気づきに触れさせ見方、考え方の広がりを促したい。

(4) 3年生の保健分野の学習に対する意識調査より

　S中学校では3学年の生徒は、1年生のころから保健分野の学習にICTを活用して行ってきた。この取り組みが生徒の保健学習の意識にどのように影響しているかを確かめるために、2012年9月に保健授業に対するアンケート調査を実施した。対象は第3学年の生徒76人である。調査項目は、野津らが2007年に行った全国調査[2]を参考に、保健学習に対して「大切だ」「好きだ」「内容がわかった」「考えたり工夫したりできた」の4項目である。「大変そう思う」「少しそう思う」「あまり思わない」「全く思わない」の4件法で回答を求めた。

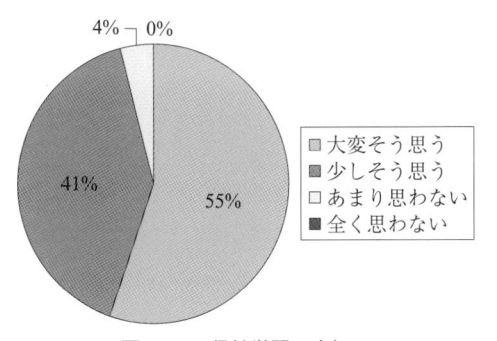

図16-1　保健学習は大切か

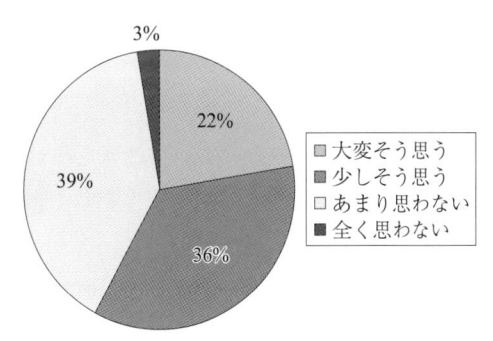

図16-2　保健学習は好きか

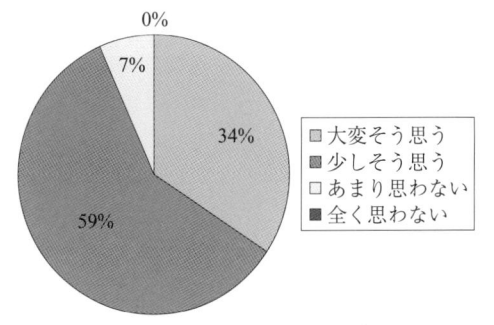

図16-3　保健学習の内容がわかったか

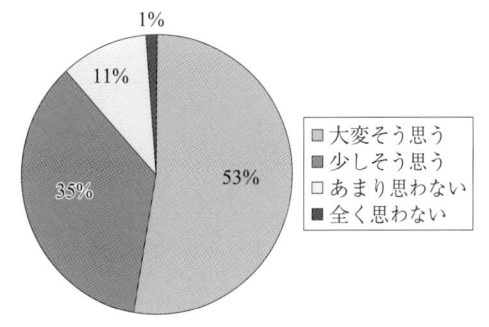

図16-4　保健の授業で考えたり工夫したりできたか

一つ目の「保健学習は大切だと思う」については、「大変そう思う」「少しそう思う」と肯定的に答えた生徒は96％であり、保健学習の意義を感じている生徒が大変多いことが明らかとなった。二つ目の「保健学習は好き」について肯定的に回答した生徒は58％、三つ目の「内容がわかった」については、93％、4つ目の「考えたり工夫したりできた」については88％の生徒が肯定的な回答であった。これらの結果は、いずれも2007年の全国調査より高い値であり、生徒の保健学習に対する意識の高さがうかがえた。保健授業の活性化に向けた取り組みにおいてICTを活用は一定の成果があったと考えられる。

(5) ICT（電子黒板）を使った保健授業の感想より

　また、電子黒板を使った保健の授業について感想を自由記述させた。肯定的な感想は次の通りである。
- 画像が大きいので見やすい。
- グラフ、写真などの資料を印刷しなくてよいので、紙を使わずエコでよい。
- 先生が黒板に書く時間が省けるので効率的である。
- 言葉だけではわかりにくいところも、視覚的にイメージをもちやすくわかりやすい。また、印象に残り、頭に入りやすい。
- 資料をすぐとり出すことができる。また、資料のバリエーションが豊富であり、授業がわかりやすく、おもしろい。
- 集中できる。
- 資料や図がみんなで見ることができ、共有できるのがよい。
- 授業のリズムがよくなる。

電子黒板を使った授業において改善してほしい意見もあった。
- ノートを書くとき、一度に文字を多く書くので忙しい。
- 角度によっては、見にくい。
- スライドで授業が進んでいくと、どの部分をノートにとったらよいかわからないときがある。
- 電子黒板だとパッと画面を変えられるときがある。黒板だと文字が残っているので、併用してほしい。
- 機器にハプニングがあると、中断してしまうのが欠点である。

3. まとめ

　保健体育科において、保健分野の学習は体育分野に比べて生徒のモチベーションは決して高くない。「次の時間からしばらく保健の授業です」と生徒に伝えると残念そうな表情を浮かべることが多いのも事実である。しかし、ICT（電子黒板）を活用した保健分野の授業実践を行うことで、以前よりは生徒が保健学習は好きだ、おもしろいと感じ、保健学習に対する意識が変化してきている

ことを授業者として感じている。また、生徒の意識が高まることで教材づくりのおもしろさや意欲が以前より強くなったことも実感している。

現在48時間分の保健授業をプリント教材からデジタル教材へと作り替えながら実践しているところである。まだまだ、授業後に生徒の反応や学習状況から教材の練り直しを行わなければならない実践も多い。また、生徒が指摘しているように、ICT（電子黒板）を活用する授業において留意する点もある。電子黒板と普通の黒板との併用の工夫、板書の仕方、効果的な発問の準備、知識を活用する課題の提示など、保健授業の活性化に向けて取り組みを推進していかなければならない。さらに、21世紀に入り、日本社会は驚くべきスピードで少子・高齢化社会を迎え、医学・医療も急速な進展を遂げ高度化する中、健康な生活を営むために必要な保健知識は、量・質とも増大していくだろう。そのことへの対応も必要である。

保健体育教師は、生徒が保健学習の意義に十分答えていき、将来健康に生活していくための基礎を身につけることができるよう体育授業以上に教材研究と授業改善を日々行っていくことが求められていると考える。今後も、教材開発や他の教員と連携しながら資料交流したりして授業実践の向上に力を入れていき、保健学習の活性化に寄与していきたい。

引用文献
1) 野津有司ほか「全国調査による保健学習の実態と課題 ― 児童生徒の学習状況と保護者の期待について」『学校保健研究』49（4）2007　pp.280-295.
2) 前掲書1)

参考文献
『体育科教育』第58巻第9号　大修館書店　2010　pp.24-35.
「教育の情報化ビジョン」文部科学省　2011

第17章

保健科教育（高等学校）での経験と今後の課題

1. 科目「保健」の実態

　保健体育教師にとって、「学校保健」という言葉と直接関わってくるのは科目としての保健の授業であろう。最初に筆者の経験を通して、保健の授業への取り組みについて考えてみたい。

　高等学校では、教科「保健体育」が科目「体育」として3年間8単位と「保健」として3年間2単位で構成される。保健については、多くの学校で1年次に1単位、2年次に1単位の教育課程が編成されている。筆者の勤務する学校（以下本校）も、1・2年次にそれぞれ1単位履修することになっていた。1単位というと年間35時間の授業時数となるが、諸行事などの都合から30時間に満たない実授業時数となり、2年間で60時間弱の授業時数で保健の全カリキュラムを終えることになる。全カリキュラムの内容は、本校が使っている教科書『現代保健体育改訂版』（大修館書店）を参考にすると、保健編は大きく3単元で構成され、さらにそれぞれの単元の小項目を合わせると49項目となっている。教科書のサイズはB5判で、すべての項目にわたって2ページで構成され、出版社いわく読みやすい文字サイズで簡潔に要点がまとめられている。大修館書店以外にも第一学習社、一橋出版などが保健体育の教科書を発行しているが、いずれの教科書も文部科学省の指導の下で記載内容、記載量などこの10年間大差のないものになっている。

　まず、この教科書を使って授業をする教師の立場から考えてみたい。もちろん、保健の授業に関わる教材研究を積み重ね、生徒の学習課題として提示する内容を吟味し日々の指導案を考えながら真剣に保健の授業に取り組んでこられている先生が多数いらっしゃることは重々承知しながら、筆者の経験から教師の課題について述べることをお許しいただきたい。今から約40年前の学生時代の教育実習の話になるが、そこで2コマの保健の授業を経験させてもらったのを覚えている。脳・神経系に関する単元の一部だったのだろう。反射運動についての授業を行った。実習校から借りた資料をもとに明け方近くまでかけて指導案をつくり、調べたことを咀嚼もしないでの教授指導の典型的な授業だった。大学では体育科教育法、保健科教育法のいずれの単位を取得していないと教育実習に関われないことになっており、当然学生時代に保健科教育法も履修しているのだから、保健の授業に関する多少の知識もあるはずであるのに、いまだにあのときの保健科教育法の講義内容を思い出すことができない。ここで問題になるのは、保健科教育法という講座に関わることと、もう一つ、4週間の教育実習期間中にわずかに2コマ程度しか保健の授業を経験することができなかったことである。本校でも、毎年30名程度の保健体育科の教育実習生がくるが、2週間の教育実習期間中に経験できる保健の授業は1コマあるかないかである。保健科教育法に関しては、保健体育科の教員免許取得講座を開設している大学のカリキュラムすべてを調査しているわけでは

ないので論じることはできないが、野津有司が「筆者自身では、大学で250名以上の大規模クラスの保健科教育法等を担当し悪戦苦闘しているが…学生の保健学習の実践力を高める上で意義深い講義となるようにさらなる工夫をしていかなければならない」[1]と述べている。また、ある大学出身の教師においても保健科教育法の講座はなかったと言っている。大学を卒業し教育現場にでるにあたって保健体育科教師の保健の授業に関する知識、経験が相当に不足しているといえるのではあるまいか。

　知識、経験の不足する保健科教育について、どれほどの情報があるのかを月刊誌『体育科教育』（大修館書店）で調べてみると、雑誌名が体育科教育である以上、体育の授業に関わる特集が多いことはやむを得ないものの、過去2年間の中で二度特集が組まれている。一つは、2011年8月号で東日本大震災と学校保健と題した特集が組まれ、災害時の学校保健、防災教育に特化された内容が掲載されている。もう一つが2010年8月号で、保健科教育の活性化に向けてと題した特集である。表紙にこの特集のリードが書かれているのでそのまま引用しよう。「保健体育の現状は必ずしも活発であるとは言い切れない。というよりむしろ、その弱体化・劣化を憂う声すらある。豊かで実りある保健科教育の営みを展開していくためには、どうあればよいのだろうか。そのためには、現状分析を十分踏まえた上で、望ましい方向性の議論が不可避の課題であろう。本号でこのような問題意識のもと、保健の授業は今どのような課題を抱えており、保健科教育の活性化の方略をどのように見いだして行けばよいのかを探る」[2]ということで、この特集は、大学教授、文部科学省調査官による4本の寄稿と4名の中・高校教師による匿名座談会によって構成されている。体育の授業に関わる特集ではその多くに授業実践の記録が発表されているのが特色であるが、この特集では授業実践の記録が載っていない。匿名座談会でも、編集者いわく、「現場の切実な問題点を取り上げて意見交流する場を設けました」[3]と、保健授業をめぐる諸課題を明らかにするものにとどまっている。この中にも、「高校時代…、保健の授業で何を教わったのかさっぱり記憶にない。大学でも、『…どうやって保健の授業をするのか』について学んだ記憶がありません」[4]といった発言があり、前述の大学での保健科教育に関わる学習の保障が十分にはなされていないことが明らかになる。さらに、高校時代の保健の授業に関していうと、本校での保健体育の教育実習生の多くが、同様に高校時代の保健の授業に関して何を学んだのか記憶にないと発言する。ある体育の教師から、「保健の授業を1時間含む週15時間の授業より、体育の授業だけの週18時間の授業の方が楽だ」と聞いたこともある。教科書を教えている教師、保健は適当にと思っている教師、保健は億劫だと思っている教師が多くいることを表しているのではなかろうか。保健体育の免許を持つ教師として、保健科教育、保健の授業への取り組みに関わる大きな課題といえる。

2．教科書の扱い

　次に、教科書について見てみよう。本校で使っている教科書は前述したように『現代保健体育改訂版』（大修館書店）である。見開きの最初の4ページに「体のつくりと働き」と題して、呼吸器系・循環器系・神経系・内分泌系・泌尿器系・消化器系・生殖器系・免疫系・骨格系・筋肉系と体

の各器官を表す人体図が掲載され、さらに喫煙・飲酒・薬物乱用に関わる写真、運動量と筋肉・脂肪の関係に関わる写真などが掲載されているのがこの教科書の特徴であろう。

　本編は、大きく保健編と体育編に分かれており、それぞれ3単元構成となっている。体育編にも保健科教育に関わる内容が含まれているのは当然であるが、まず保健編について概観してみる。1単元「現代社会と健康」では、健康の概念、喫煙・飲酒・薬物乱用などの諸問題、医薬品、感染症・エイズ予防、心身相関とストレス、交通社会問題、応急手当・心肺蘇生の方法がまとめられ、2単元「生涯を通じる健康」では、思春期の問題・性行動・妊娠出産・家族計画などの性教育に関わる内容、高齢者問題、医療制度がまとめられ、3単元「社会生活と健康」では、環境問題、食品衛生問題、労働問題がまとめられている。さらに、体育編にある保健科教育に関わる内容を見ると、1単元「社会の変化とスポーツ」にある、「ドーピングについて考えてみよう」、「ライフステージとスポーツ」、「ライフスタイルとスポーツ」、3単元「体ほぐしの意義と体力の高め方」にある「体ほぐしの考え方」、「運動と体力」がその内容になると考えられる。多岐にわたる学習内容が載った教科書であるといえる。48項目＋αの学習内容を60時間に満たない授業時数で終わらせるということは1項目1時間の授業構成を強いることになり、教科書を教えることに終始し、教科書で教えるところまで時間保障をすることができず、したがって学習内容の深化を期待することができないことになる。性教育に関わる学習内容や環境問題に関わる学習内容は、それぞれがそのまま一つの大きな単元としてとらえることができるような大きなテーマであるといえる。また、これからますます注目される東北大震災から学ぶ防災教育や放射能汚染の問題、年々新しい情報の入る違法あるいは脱法薬物の問題、応急手当、心肺蘇生など実習を伴う授業内容など、数時間の授業ではおさまりきらない内容もあり、学習内容の精選を図らなければならない。

　精選を図るに際して検討しなければならないのが重複していると思われる教科・科目の学習内容である。ここでは、家庭科家庭一般、公民科現代社会、理科生物の4科目の教科書から重複している内容を抽出してみる。参考にした教科書は、『現代社会』（東京書籍）、『明日を拓く高校家庭基礎』（大修館書店）、『高等学校改訂生物Ⅰ』（第一学習社）で、すべて本校の教科科目で使用しているものである。現代社会や家庭科の教育内容に重複する内容があるであろうということは何となく知っていたものの、この原稿を書くに際して、初めて他教科の教科書をじっくり読むことができた。それぞれの教科書で取り上げられている、内容が重複されるであろうと思われるものについて中項目、小項目を整理したものが表17-1〜17-4である。家庭科、生物については予想通りの結果であるが、現代社会では、予想に反して青年期の生き方についてかなり踏み込んだ内容になっていることに気付かされた。それぞれの教科科目での取り上げかたについてみよう。

表 17-1 保健体育[5]

1 単元　現代社会と健康

私たちの健康のすがた	わが国における健康水準の向上
	わが国における健康問題の変化
健康のとらえ方	健康についてのさまざまな考え方
	健康の成り立ちと健康を保持増進するための活動
さまざまな保健活動や対策	わが国や世界における健康のための活動
	ヘルスプロモーションにもとづく活動
生活習慣病と日常の生活行動	生活習慣と関連深い病気－生活習慣病－
	健康の基本－食事・運動・休養および睡眠－
喫煙と健康	喫煙の健康影響
	非喫煙者が受ける健康影響
	喫煙にたいする対策
飲酒と健康	アルコールの作用
	長期飲酒の健康影響
	飲酒にたいする対策
薬物乱用と健康	薬物乱用の健康影響
	薬物乱用のひきおこす社会問題
	薬物乱用にたいする対策
医薬品と健康	医薬品の役割
	医薬品の使い方
	医薬品の安全性のための対策
感染症とその予防	こんにち注意すべき感染症
	新たな感染症問題とその予防策
エイズとその予防	全人類の課題－エイズ－
	エイズへの対策
健康にかかわる意志決定・行動選択	適切な意志決定・行動選択の重要性
	意志決定・行動選択に影響をおよぼす要因
意志決定・行動選択に必要なもの	適切な意志決定・行動選択のために必要なこと
	適切な意志決定・行動選択をしやすい社会
要求と適応機制	心と大脳の動き
	さまざまな欲求
	欲求不満と適応機制
心身の相関とストレス	心と体のかかわり
	ストレスと心身の健康
ストレスへの対処	原因への対処
	とらえ方を変えることによる対処
	気分転換やリラクゼーション
	信頼できる人や専門家への相談
自己実現	自己実現と心の健康
	自己実現の達成
交通事故の現状と要因	交通事故の現状
	交通事故の要因
交通社会における運転者の資質と責任	安全な運転のための資質
	交通事故の責任と補償
安全な交通社会づくり	法的な整備と施設・設備の充実
応急手当の意義とその基本	応急手当の意義
	応急手当の手順
心肺蘇生法	心肺蘇生法の意義と原理
	心肺蘇生法の手順
日常的な応急手当	けがの応急手当
	熱中症の応急手当

2 単元　生涯を通じる健康

思春期の健康	思春期の体と健康
	思春期の心と健康
性意識と性行動の選択	性意識の男女差と性的欲求
	性に関する情報と性行動
健康生活と健康	心身の発達と健康な結婚生活
	結婚生活と家族の健康
家族計画と人工妊娠中絶	家族計画の意義
	避妊法とその選択
	人工妊娠中絶
加齢と健康	加齢にともなう心身の変化
	中高年期を健やかにすごすために
高齢者のための社会的とりくみ	高齢者の健康とその支援
	高齢者の健康課題と保健・医療・福祉の連携

3 単元　社会生活と健康

保健制度と保健サービスの活用	保健行政の役割としくみ
	保健サービスの活用
医療制度と医療費	医療の供給と医療保険
	医療費
医療機関と医療サービスの活用	医療機関とその役割
	医療サービスの活用
大気汚染と健康	大気汚染とその原因
	大気汚染による健康影響
水質汚濁と健康	水質汚濁とその原因
	水質汚濁による健康影響
土壌汚染と健康	土壌汚染とその原因
	土壌汚染による健康影響
	大気汚染・水質汚濁・土壌汚染のかかわり
健康被害の防止と環境対策	環境汚染の防止と改善
	産業廃棄物の処理と健康
環境衛生活動のしくみと働き	ごみの処理
	上下水道の整備とし尿の処理
食品衛生活動のしくみと働き	食品の安全性と行政の役割
	食品製造過程における衛生管理
食品の環境の保健と私たち	食品の安全と私たちの役割
	環境の保健と私たちの役割
働くことと健康	働くことと健康のかかわり
	働く人の健康問題
労働災害・職業病と健康	労働災害とその防止
	職業病とその予防
健康的な職業生活	職場におけるとりくみ
	日常生活におけるとりくみ

見開き

体のつくりと働き	呼吸器系・循環器系
	神経系・内分泌系
	泌尿器系・消化器系・生殖器系・免疫系
	骨格系・筋肉系

150　第Ⅲ部　保健体育教師の立場からみた学校保健

表17-2　家庭一般[6]

青年期にいるあなたの課題	ライフステージと発達課題
	青年期に確立したい自立
親になること	親になることと子育て
	親になることをめぐって
高齢期と加齢にともなう心身の変化	人の一生と高齢期
	心身の変化の特徴
	心身の変化と生活
高齢期の生活と課題	高齢期の生活と人間関係
	高齢期の生活自立
	高齢期の経済生活と課題
高齢期の豊かな過ごしかた	高齢期の健康管理
	高齢期の社会参加
	私たちと高齢者
人口の高齢化と高齢者福祉	人口の高齢化と日本
	高齢者福祉とは
介護の必要な高齢者への支援	介護保険と福祉サービス
	高齢者福祉を支える人々と制度
充実した高齢期を送るために	高齢者福祉の財政問題
	地域環境の整備
	充実した高齢期を迎える
ともに支え合う社会の創造	だれにとっても生活しやすい家庭・社会
	家庭生活と社会保障制度
	ともに支え合う地域社会の形成と家族・家庭
持続可能な社会をめざして	循環型社会構築のための取り組み
	持続可能な社会の形成にむけて
環境に調和した生活実践	私たちの消費生活と環境問題
	グリーンコンシューマーをめざして
食品の衛生と安全	食品の衛生と安全を保つ
	食中毒
	食品添加物
豊かな食生活を求めて	日本の食糧自給率と安全性
	私たちの食生活と環境の保全
	フードファディズム
	食べることの楽しさを知る教育

表17-3　現代社会[7]

社会とのつながり	環境と適応
	欲求不満への対処
	社会とのつながり
生きがいと進路の創造	キャリアの開発
	職業を選ぶ
	多様な生きがいの追究
現代社会と青年の生き方	青年期の発達
	現代の青年
現代社会の特質わたしたちの生活	少子・高齢社会をむかえて
社会保障の役割	社会保障の意義
	日本の社会保障制度
	転機に立つ日本の社会保障制度
公害の防止と環境保全	日本の公害問題
	新しい公害と環境保全
地球環境とわたしたちの未来	地球環境問題
	地球温暖化
	オゾン層の破壊
	酸性雨の原因と対策
	森林の破壊と砂漠化
	生物種の現象とその対策
	国際的な協力の必要性と課題
	Think Globally, Act Locally
現代の雇用・労働問題	現代の雇用問題
	今日の労働問題
	社会参加への道

表17-4　生物[8]

神経系	ニューロン
	興奮の伝わり方
	神経系とその働き
動物の反応	効果器と反応
体液とその恒常性	体液とその働き
	自律神経やホルモンの働き

　生物Ⅰ[9]では、予想通り生殖に関わる内容と、体のしくみ（つくりと働き）に関わる内容が取り上げられていた。体のしくみについては、「環境と動物の反応」と題する章の中でその文脈に沿って受容器、神経系、効果器、体液について人の体の構造を学ぶ内容が多く含まれている。特に神経伝達、脳・神経系の構造と働き、循環器系、内分泌系の構造と働きについては、当然のことながら、かなり詳しく学ぶ内容になっている。本校で使用している保健の教科書の表紙裏の口絵にある神経系の図と同様の図を「ヒトの神経系」と題して掲載している。生殖に関しては、生殖のしくみについての内容は豊富なものの人の生殖に関しては、「ヒトの卵の形成と受精」と題する参考資料程度に止めている。

　現代社会[10]は、第1部「現代に生きるわたしたちの課題」に環境問題、資源・エネルギー問題、医療技術・遺伝子問題、福祉問題などを取り上げ、課題を調べよう・考えようと投げかけている。環境・医療・遺伝子・福祉問題が保健科教育との関連する内容ということになろう。環境問題では地球規模での環境に関する問題を投げかけ、昨今文部科学省も力を入れている持続可能教育（Education sustainable development）に関わって「持続可能な開発」という文言使っているのが印象的

である。家庭一般でも「持続可能な社会をめざして」という中項目を起こしている。脳死と臓器移植に関する問題や遺伝子操作の問題も保健科教育に関わる問題であるといえると思うのだが、保健科教育ではまったく扱われていない。

家庭一般[11]では、特に高齢化社会の問題に対して「高齢者と生きる」と題する大項目のもとに6つの中項目を起こして社会生活の中で大きな問題となってきた高齢化社会についての学習の場を提供している。保健、現代社会でも取り上げているもののその内容量は突出している。ここでは、当然食の安全に関しても取り上げられている。

すでに、1951（昭和26）年に文部省から出された中学校 高等学校 保健体育科体育編（試案）の各教科の発展的系統の中で、「…学習を有効にすすめるためには、理科・社会科・家庭科その他の教科の指導と、じゅうぶんな関連をはかっていくことが必要となる。その指導に当たっては重複をさけ、他教科の協力を得て、…」[12]と述べられている。自分自身が他教科の教科書をまともに検討するのが初めてのことであるという反省を踏まえて、重複する内容があり、それも豊富な学習を含んでいることがわかった今こそ、教科間の連携を図り合理的に生徒が学習できる体制をつくる必要があると考える。

3. 学習指導要領の変遷

ここでは、保健体育科保健の学習指導要領の内容がどのように変遷してきたのかを高等学校にしぼって見ることにする。

1947（昭和22）年の学校体育指導要綱から2009（平成21）年告示の学習指導要領まで、高等学校の学習指導要領は9回示されている。

1947（昭和22）年の学校体育指導要綱では、保健という文言がなく「運動」と「衛生」で区切られている。「衛生」が後の「保健」となったと考えられる。「衛生」で指導する内容は次の7項目があげられ、衛生では理論と実際を行うとしている[13]。

衣食住の衛生　　姿勢　　身体の測定　　病気の予防　　社会生活の衛生　　精神衛生　　性教育

1951（昭和26）年には学習指導要領（試案）が示され、ここで初めて中学校・高等学校の教科に「保健体育」の文言が出てくる。保健と体育という科目の概念の始まりであろう。指導の内容については項目がなく文章で示しているのでその文章を次に示す。

> 高等学校の保健は、中学校と同様他の関係教科との連けいのもとに、その根拠となるものをいっそう深く学習するために健康についての理論的な研究方法が強調される。また、実験的な研究方法も加えられてくる。また、生理学の知識が科学的な正確さをもって習得されるのもこの段階である。
> また健康の形成保持についての社会的な諸条件や職業的諸条件および集団の健康についての学習は、統計的な研究方法が加えられる。
> このように高等学校の保健は中学校のものよりいっそう深い理論的実験的な根拠をもち、組織的体系的になってくる。そして集団の健康の問題についても明確な指導力をもちうる人間の形成が目標とされる。

これでは内容が見えにくいので中学校の保健の指導内容を示す。

> 中学校の段階になれば…個人や社会の健康についての理解も広まってくる。…特に健康の形成保持という目的の下に、与えられた環境の中で自分の精神や身体の状況を観測して、環境に適応できるように自己を調整することを学ばなければならない。…発達に即応して健康の形成保持についての社会的な条件や職業的な条件をじゅうぶん理解させる必要がある。…青年期の健康の特異性についてじゅうぶん学習させなければならない。また性教育についても適切な機会をとらえて行うのがよいであろう。特に国民保健における個人の立場はじゅうぶん習得されなければならず…。

これに続いて、前述の他の教科との関連の必要性が述べられている[14]。

1956（昭和31）年に高等学校学習指導要領保健体育編改訂版が作成され、ここで保健が科目として位置づき、学習指導要領にその目標および内容が示され、連続する2学年で各1単位が履修されることとなった。内容は次の9項目で構成されている[15]。

> (1) 高等学校生徒の生活と健康　　(2) 高等学校生徒の生活と健康障害
> (3) 精神とその衛生　　　　　　(4) 疾病・傷害・中毒とその治療および予防
> (5) 健康と生活活動　　　　　　(6) 公衆衛生
> (7) 労働と健康　　　　　　　　(8) 国民生活と国民保健
> (9) 健康の本質

1960（昭和35）年告示の学習指導要領改訂では、科学的認識と系統性の重視がはかられ、保健の指導内容も科学的認識を発達させるという観点から、これまでの9項目から次の5項目に精選・再構成された[16]。

> (1) 人体の生理　　(2) 人体の病理　　(3) 精神衛生　　(4) 労働と安全　　(5) 公衆衛生

1970（昭和45）年改訂の学習指導要領では、従前の指導内容が科学的認識と系統性の重視がはかられたため、高校生には難解であるとの意見もあり、人体の生理と人体の病理を健康の視点から、健康と身体の機能という項目に統合するなど、次の6項目の構成となった[17]。

> (1) 健康と身体の機能　　(2) 精神の健康　　(3) 疾病とその予防
> (4) 事故災害とその予防　(5) 生活と健康　　(6) 国民の健康

1978（昭和53）年告示の学習指導要領は、いわゆる「ゆとりカリキュラム」のスタートであった。まず目標が以下のように1文にまとめられた。

> 心身の機能、健康と環境、集団の生活における健康について理解を深めさせ、健康の保持増進を図り、集団の健康を高めることに寄与する態度を育てる。

内容は、環境問題と集団の健康に関する知識の習得が強調され、次の4項目と大幅に整理されたものとなっている[18]。

(1) 心身の機能　　(2) 健康と環境　　(3) 職業と健康　　(4) 集団の健康

1989（平成1）年告示の学習指導要領は、21世紀に入って完全実施されたものである。ここでは、内容がさらに削減されたといわれ、次の4項目で構成されている。

(1) 現代生活と健康　　(2) 環境と健康　　(3) 生涯を通じる健康　　(4) 集団の健康

また、目標も以下のように簡潔なものになっている。

個人及び集団の生活における健康・安全について理解を深めさせ、個人及び集団の健康を高める能力と態度を育てる。

ここでもう一つ注目したいのは、心身の機能が項目から削除され、「内容の取り扱い」の中で大脳、神経系、内分泌系、呼吸器系、循環器系の機能については必要に応じ関連付けて取り扱う程度にすると示した点である。心身の生理学的な指導内容がほぼ削除されたことを意味する[19]。

1999（平成11）年告示の学習指導要領の内容は、学校週5日制や総合的な学習の時間新設など「ゆとり教育」が完全実施される中で、次の3項目に整理された[20]。

(1) 現代社会と健康　　(2) 生涯を通じる健康　　(3) 社会生活と健康

2009（平成21）年度告示の学習指導要領はいわゆる「脱ゆとり教育」と表現されるものであり、2013（平成25）年から実施されるが、保健体育科保健の内容は、「生涯に通じる健康」に国際的にも様々な保健活動や対策が行われていることを理解する内容が加わっただけで、ほぼ前回改訂された内容を引き継いでいる[21) 22)]。

身体のしくみや働きなどの生理学的な内容は、1970（昭和45）年以降の学習指導要領で整理統合され、現在は大脳、神経系、内分泌系、呼吸器系、循環器系の機能について必要に応じ関連付けて扱う程度で、必要なければ扱わないでもよいということになる。本校で採用している教科書の巻頭図が「体のつくりと働き」であるというのに…。

吉村英子も「健康の保持増進、疾病予防という本来の保健学習の観点から『人体のしくみ』の学習内容を再構築し病態生理学的な学習内容を盛り込んだ、…自分の体を意識し、大事にしたいと思えるような授業運営が必要なのではないかと考える」[23]と述べている。体育のカリキュラムの「体つくり運動」でも自己の体に関心をもち、自己の体力や生活に応じた運動課題を実践する態度や能力を要求している。当然ここでは自己の健康観・身体観が重要な視点となる。さらに、社会現象の

中で健康志向のさまざま運動が紹介され多くの人たちがそれらの運動に関わっている。まさに、自分の身体に関心を持っていることを意味するのではないか。こうした中で身体のしくみについて科学的に理解する学習内容が、今必要であると考える。

4．授業実践の一例

ここで、身体のしくみを科学的に理解するという視点で筆者の授業実践の一例をを報告する。
1　授業学年　２年生
2　授業内容　骨格と骨格筋
3　内容について

本校はスーパーサイエンスハイスクール（SSH）に指定され、2・3年にスーパーサイエンスクラスが1クラスずつある。ここではスーパーサイエンスに関わる特別なカリキュラムが組まれているが、各教科にもスーパーサイエンスに関わる学習内容が要求されている。保健体育科では、保健の授業で合理的な運動を科学的に理解する根拠として骨格と骨格筋のしくみとはたらきをくわしく学ぶことでスーパーサイエンスと関わらせることにした。

立つ、座る、歩く、持ち上げる、かがむ、つかむなどのさまざまな動きを運動ととらえ、運動とは骨が関節を支点にしていろいろな方向にうごくことであり、その骨を動かしているのは骨格筋であると規定し、どの骨がどのような関節を支点にどの方向に動くのか。その際にどの骨格筋が骨格に関わっているのかを具体的に学ぶことを目標とした。

授業教材を『カラースケッチ解剖学第3版』（嶋井和世 監訳　廣川書店）にもとめた。この書籍は大学の医学部などの解剖学で使われているもので色鉛筆などで色づけをしながら身体のさまざまな器官の構造を学ぶものである。

他の脊椎動物と比較して、二足歩行になった人類の骨格・骨格筋はどのように進化または退化してきたのかを認識する。骨格筋を緊張させるエネルギー発生のしくみについての学習にも着目し、生活習慣病にも関わる体の管理について認識するなどの学習にも発展することができると考える。

ここでは、骨格や骨格筋の名称について形状や役割などに関連する名称になっていることもあり、常用漢字で使われていないことを承知しながらも漢字で覚えることを確認して

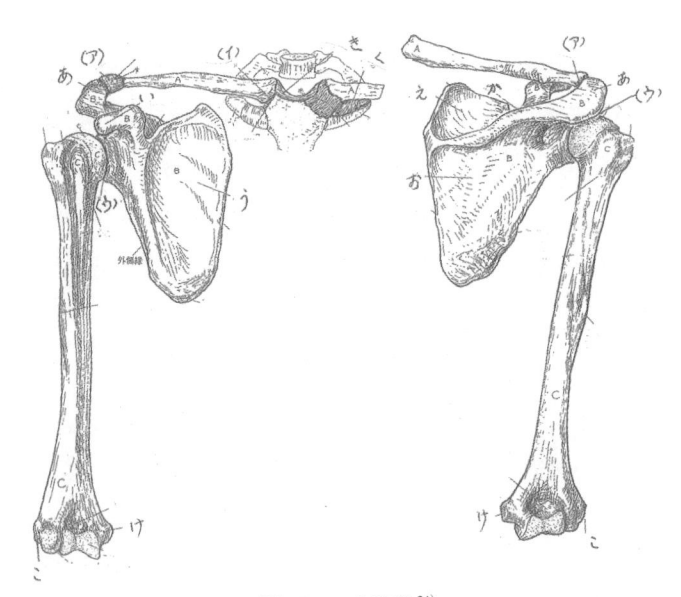

図17-1　上肢帯[24]

きた。

4　構　成
(1)　骨格、骨格筋の概観
(2)　関節の構造
(3)　頭の骨格
(4)　体幹の骨格
(5)　上肢帯、上肢の骨格
(6)　下肢帯、下肢の骨格
(7)　表情筋
(8)　頸部の筋
(9)　体幹部の筋
(10)　上肢を運動させる筋
(11)　下肢を運動させる筋

5　授業の展開（例）
○上肢帯の骨格について学ぶ
・上肢帯の骨格は何という骨格であるか。→鎖骨・肩甲骨
・鎖骨の形状はどうなっているか。
　鎖骨と結合する骨格を確認しながらプリントの鎖骨に色づけしましょう。
・鎖骨と胸骨で形成される胸鎖関節について考えよう。
　この関節の可動域は小さくなっている。→鞍関節（滑膜性関節）
　上肢帯はこの関節だけで体幹部の骨格と結合している。
・肩甲骨の形状はどうなっているか。
　肩甲骨と結合する骨格を確認しながらプリントの肩甲骨に色づけしましょう。
　扁平骨でありながら肩甲棘、肩峰、烏口突起の部位名をもつ出っ張りがある。
・肩甲骨と鎖骨で形成される肩鎖関節について考えよう。
　肩鎖関節は肩峰で鎖骨と結合する可動域の小さい関節である。→平面関節（滑膜性関節）
　肩甲骨は不安定な状態で体幹部の骨格とつながっている。
　肋骨とも結合しているように見えるが、関節をなしていない。
・肩関節について考えよう。
　肩甲骨が上肢の骨格（上腕骨）と結合し、肩関節を形成する。→臼関節（滑膜性関節）
　肩関節は可動域の広い関節で、肩甲骨は動きは上腕骨の広範な動きを増強する役割をすると考えられる。
・これらの骨格を動かす骨格筋についてはあらためて学習することを確認する。
○肩甲骨を動かす骨格筋について学ぶ
・肩甲骨はどんな運動をするのだろう。
　顴骨を意識して肩を動かしてみよう。

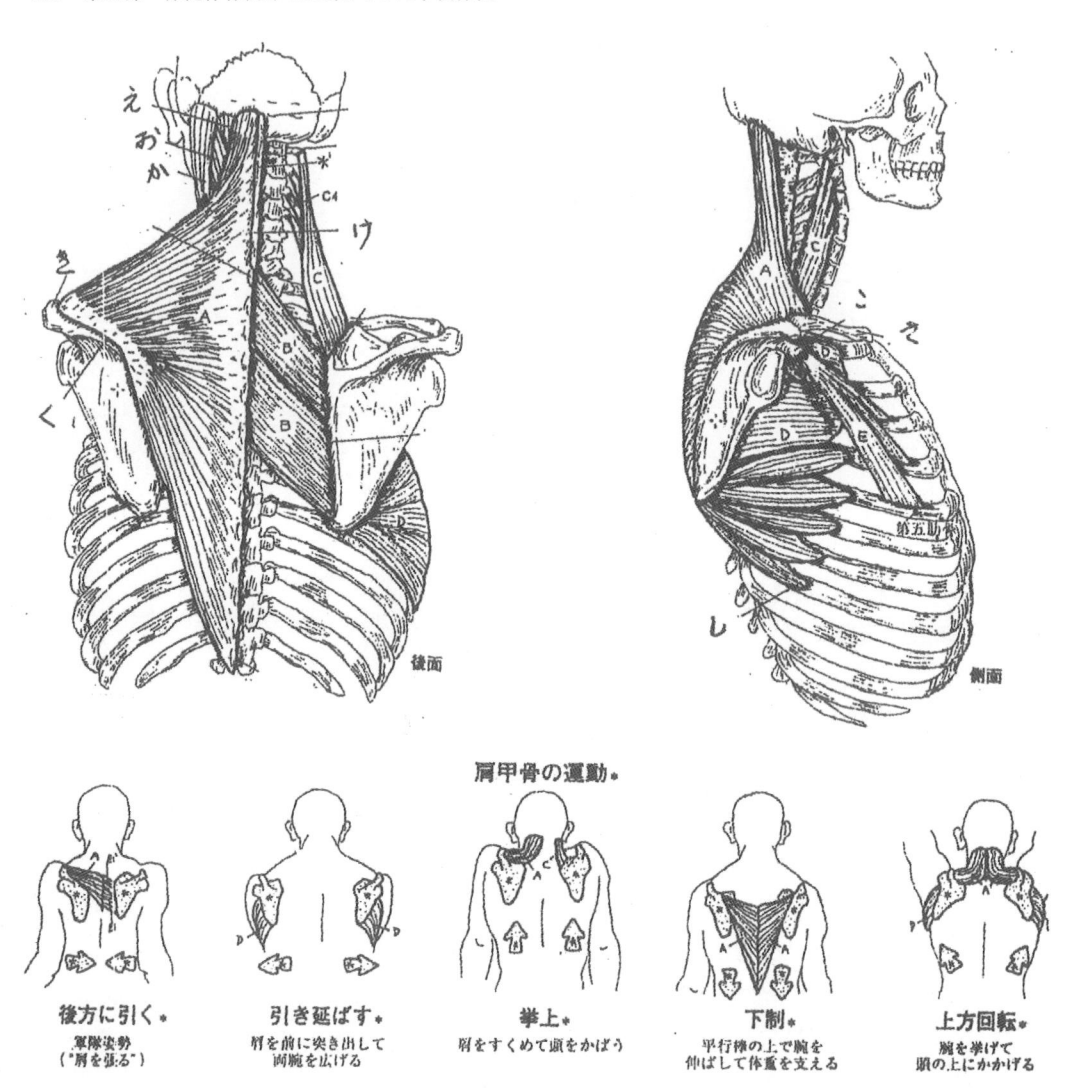

図17-2 肩甲骨を動かす筋肉[25]

挙上、下制、上方回転

後方へ引く、引き延ばす

・肩甲骨を動かす骨格筋にはどんなものがあるのだろう。

僧帽筋を筋繊維の方向と骨格とのつながりを観察しながら色づけする。

大菱形筋、小菱形筋を筋繊維の方向と骨格とのつながりを観察しながら色づけする。

肩甲挙筋を筋繊維の方向と骨格とのつながりを観察しながら色づけする。

前鋸筋を筋繊維の方向と骨格とのつながりを観察しながら色づけする。

小胸筋を筋繊維の方向と骨格とのつながりを観察しながら色づけする。

・肩甲骨を動かす筋肉のそれぞれの役割を、再度肩甲骨を動かしながら確認しよう。

・次の時間は、さらに肩甲骨を安定させるためにある骨格筋と、肩関節を補強する骨格筋について学習することを確認する。

6　参考図書　　嶋井和世監訳『カラースケッチ 解剖学第3版』(廣川書店)

　先日、全国国立大学附属学校連盟高等学校部会教育研究大会保健体育科分科会に出席した。珍しく3つの保健科教育（授業）の取り組み発表があった。ここでの議論の中で、教育現場で「保健」の学習が活性化されているとは言い難く、「保健」の授業の在り方について今後の課題であるとの問題提起があったことを付記しておきたい。

引用・参考文献
1) 野津有司『体育科教育』8月号　大修館書店　2010　p.34.
2) 『体育科教育』8月号　大修館書店　2010　表紙
3) 前掲書2)　p.10.
4) 前掲書2)　p.11.
5) 『現代保健体育改訂版』大修館書店　2011
6) 『明日を拓く高校家庭基礎』大修館書店　2011
7) 『現代社会』東京書籍　2007
8) 『高等学校改訂生物Ⅰ』第一学習社　2012
9) 前掲書8)
10) 『現代社会』東京書籍　2007
11) 前掲書6)
12) 文部省『中学校 高等学校 学習指導要領保健体育科体育編（試案）』1951
13) 文部省『学校体育指導要綱』1947
14) 前掲書12)
15) 文部省『高等学校学習指導要領保健体育科体育編 改訂版』1956
16) 文部省『高等学校学習指導要領』1960 告示
17) 文部省『高等学校学習指導要領』1970 告示
18) 文部省『高等学校学習指導要領』1978 告示
19) 文部省『高等学校学習指導要領』1989 告示
20) 文部省『高等学校学習指導要領』1999 告示
21) 文部科学省『高等学校学習指導要領』2009 告示
22) 吉田瑩一郎編『保健科教育の基礎』教育出版　2010
23) 吉村英子『体育科教育』8月号　大修館書店　2010　p.31.
24) 嶋井和世監訳『カラースケッチ解剖学第3版』廣川書店　1999　pp.30-31.
25) 前掲書24) p.51, 54

第Ⅳ部　学校保健安全の知識と実践

第18章 教育とライフセービング

1. ライフセービングの必要性

　警察庁によると、2011（平成23）年中に全国で発生した水難事故者は1,396件（うち水死者795人）で、このうち高校生以下の水死者は77名（9.7%）と報告されている。さらに、水難による場所別水死者は海と川で8割を占め、月別水死者は夏季期間（6月～8月）に集中（44%）している[1]。近年、海洋性レジャーが多様化し、海水浴などレジャー型のほかに、サーフィンやカヌーといった、いわゆるスポーツ型が老若男女問わず愛好者を獲得しているが、それらの高まりとは逆に、水辺安全の知識・技術の十分な普及には至っていないのが現状である。

　現在の日本の学校教育に目を向けてみると、一般的な水泳の授業（プール）では泳法に重点の置かれた指導が主体である。加えて、臨海学校や海浜実習といった、野外における水辺教育を積極的に教えてきたと言える学校は決して多いとは言えない。したがって、水辺の事故から自分自身を守る知識や技術を体験、修得する場や、海などの自然に対する知識を学ぶ機会は、非常に限られていると言える。

　他方、「AED（自動体外式除細動器）」という言葉や実物を見聞きする機会が増えてきた。具体的には、現在までに全国70%以上の学校で、最低1台のAEDが設置されている[2]。また、2002（平成14）年改定の旧学習指導要領（中・高等学校）からは、心肺蘇生法教育が盛り込まれることとなった。しかし、学校教育下における心肺蘇生法教育の現況は、まだまだ実施校の割合が低く[*1]課題を残している。

　このような現状のなか、児童・生徒に対する水辺事故の防止のための教育的プログラムと、一次救命に関する教育の拡大の必要性が叫ばれるようになり、いま、「ライフセービング」という概念と、その教育的価値が注目されてきている。

2. ライフセービングとは

　今日、ライフセービング、ライフセーバーという言葉が広く聞かれるようになってきた。海やプールなどでの監視や救助、救助後の一次救命を行う行為または人を指す言葉として一般認識されている。

　「ライフセービング（LIFESAVING）」とは、「人命救助」と直訳される。具体的には「一次救命を本旨とした社会的活動」と解釈され、狭義には「水辺の事故防止のための実践活動」を意味する概念である。そして、この活動に携わる人を「ライフセーバー（LIFESAVER）」、職業として従事

する人を「ライフガード（LIFEGUARD）」と呼ぶ[*2]。

さらに、現代におけるライフセービングは、その本質が自他の生命を尊重する態度を育むことが期待できることから、日常のリスクマネジメントも含め、生命尊厳の精神をあらゆる分野に社会貢献していく概念、活動として認知され始めている。

3. 学校教育における水辺（海洋を含む）教育

旧学習指導要領から創設された「総合的な学習の時間」は、従来の教科枠を超えたテーマを設定し、何よりも児童・生徒が具体的な体験活動を通して、自ら学ぶ力や学び方、調べ方などを身に付けていくことがねらいとされた。

新しい学習指導要領では、「生きる力」を育む理念のもと、従前と同様に体験活動を行うことを重視している。体験活動の具体例としては、自然の偉大さや美しさに出会ったり、その中で友達と関わったりしながら協同的に学ぶ「自然体験活動」が挙げられる。自然と関わる体験活動を通して、自分と向き合い、他者に共感することや、社会の一員であることを実感することが期待されている。加えて、現在の児童生徒を取り巻く社会環境の中では、自然の中での遊び体験が不足しており、自然との関わりを深める教育が大切であることから、小学校では体育、中・高等学校では保健体育科の教科において、「水辺活動」などの実施が奨励されている[*3]。しかし現実的には、危険を多くはらむ環境であるという、安全の消極的認識や専門知識の不足などから、学校教育課程における水辺教育を積極的に実施している学校は、決して多いとは言えない[3)]。

水辺活動を実施するにあたっては、「安全」は第一に優先されるべき事項である。自然の中で実施される活動では、ある種の危険が内在する。しかし、単に生命を水から遠ざけるのではなく、むしろこれからは水と親しむことによって、危険を回避する姿勢を養う教育を目指さねばならない。すなわち、「安全の自立性」である。水辺活動への参加は、危険を正しく理解し自律的な安全の上に成り立ってこそ意味があり、ライフセービングという概念、すなわち生命を尊重する心を育てる教育が必要であると思われる。

4. 教育としてのライフセービング

「ライフセービング教育」を実施する場について、学校教育の展開例としては、体育教科（水泳）内での実施、臨海学校や海浜実習など自然体験活動の場での実施、特別活動（総合的な学習の時間）での実施などが挙げられる。

ライフセービング教育は、生涯スポーツの観点から「親水」を包含する水泳学習と、日常および水の危険性について学ぶ「リスクマネジメント」について、そして万が一の際の「救助」と「一次救命」について学習することが最大の特徴といえる。水辺活動におけるライフセービング教育について特筆すると、そのねらいは、水泳学習計画の目標である泳げるようになることを前提にしながらも、水（海）遊びやスポーツを通じて水に親しむこと、水辺事故に遭遇した際の自身の生命の確

保と他者の生命を救う可能性を判断できるようになることを目指している。日本ライフセービング協会の報告によると、「従来の水泳学習の中にライフセービングの視点（助かる、助けたいという動機）を加えたことによって、目標であった50m完泳率が37％から91％に上昇した」といった事例もみられる[註5]。

今日、親水性スポーツなどを含む広義のスポーツが、人々の生活や人生を豊かにするかけがえのない文化として、現代生活のなかで重要な役割を果たしている。生きがいのある豊かな人生を送るために必要な、健やかな心身、豊かな交流やのびやかな自己開発は、安全・安心の上に成立していなければならない。自分の生命は自分で守り、自他の生命を見つめる「ライフセービング」の概念を包含させた教育こそ、これからの目指すべきところではないかと考える。

写真18-1　自然（海洋）体験活動におけるライフセービング
（資料提供：特定非営利活動法人広島ライフセービング）

写真18-2　水泳授業におけるライフセービング（着衣泳・浮身体験）
（資料提供：特定非営利活動法人広島ライフセービング）

注
＊1　2007（平成19）年度に関東地方4都道府県下の学校で実施された調査報告によると、心肺蘇生法教育を実施している学校は48％であったと報告されている。http://www.cprinschool.jp/study_result/thesis/002.pdf（参照日 2012年10月1日）
＊2　ライフセービングの概念については、次の資料を参照。
　　千原英之進・小峯力・深山元良『ライフセービング ― 歴史と教育』学文社　2002
　　日本ライフセービング協会編『サーフライフセービング教本』大修館書店　2008
＊3　新学習指導要領の内容については、次の資料を参照。
　　文部科学省編『小学校学習指導要領（第4版）― 平成20年3月告示』東京書籍　2009
　　文部科学省『中学校学習指導要領 ― 平成20年3月告示』東山書房　2008
　　文部科学省編『高等学校学習指導要領』東山書房　2011

引用・参考文献
1）警察庁生活安全局地域課編『平成23年度中における水難の概況について』2012　http://www.npa.go.jp/safetylife/chiiki28/h23_suinan.pdf（参照日 2012年10月1日）
2）文部科学省編『学校における自動体外式除細動器（AED）の設置状況調査』2009　http://www.mext.go.jp/a_menu/gakkouanzen/syousai/__icsFiles/afieldfile/2009/06/17/1267499_2.pdf（参照日 2012年10月1日）
3）特定非営利活動法人日本ライフセービング協会資料

第19章 医療安全対策
―― 救急医 ――

1. はじめに

　災害共済給付制度により見舞金等を支給した事例からみた平成22年の学校の管理下の死亡の発生件数は、小、中、高等学校、特別支援学校、保育所において、合計74件であり、同じく傷害の発生件数は合計467件であった[1]。これらの中には、原疾患によるものや防ぐことができない不可抗力的なものが多いと考えられるが、一部には教師の適切な配慮があれば、死亡には至らなかった事例も存在する。災害医学や外傷医学の分野で、「防ぎえた外傷死」、「防ぎえた災害死」、いわゆるPreventable Deathとよばれる言葉がある。これは、時間的に早く適切な医療の介入が行われていれば、助かっていたと考えられる死亡者を意味する。同様に、学校内で生じる子どもたちの異常に対して、教師が適切に対応していれば、死に至らなかったと考えられる死亡事例をPreventable Death in Schoolと呼ぶこととし、このような事例をなくすために、教師はどのように判断し、対応するかについて述べてみたい。

2. 傷病者への対応

　現場の教師が、疾病や外傷で、体の不調を訴えてきた子ども（傷病者）がいた場合、あるいはそのような兆候を発見した場合に、それに対してどのように判断をして、どのように対応すべきかだろう。
　対応の方法としては、状態に応じて次の5つが考えられる。
①そのまま活動を継続させる。
②その場で休ませておく。
③校内の保健室などに連れて行って休ませておく。
④自家用車などで病院へ連れていく。
⑤可能な応急処置を行いながら、救急車を手配する。
　Preventable Death in School発生の最大の要因は、この対応の方法が誤っていたために生じる。特に、⑤の可能な応急処置を行いながら、救急車を手配すべきであるのに、その機会が遅れてしまったために、Preventable Death in Schoolが発生することが多い。適切な対応を行うためには、生徒を観察して、正しい知識のもとに適切な判断を加える必要がある。

3. 観 察

　傷病者の状態を把握するために、バイタルサインは重要である。バイタルサインとは、脈拍数、呼吸数、血圧、体温の4項目を指し、それに意識状態を加えて評価することが多い。脈拍数、呼吸数、血圧の正常値の目安を表19-1に示す。

表19-1　年齢別の脈拍、呼吸、血圧の正常値の目安

年齢	呼吸数（／分）	心拍数（／分）	血圧（mmHg）
幼児	25	110	100／65
学童	20	90	110／70
12歳	18	80	115／75

　しかし、これらのバイタルサインの観察だけでは、評価を行うためには不十分であり、救急医療の現場では、しばしばABCD surveyと呼ばれる評価方法を用い、この順番で見落とすことが無いように観察を行う。

　A：Airway　気道の異常
　B：Breathing　呼吸の異常
　C：Circulation　循環の異常
　D：Disfunction of Central nervous system　中枢神経系の異常

(1) A：Airway 気道の異常

　気道とは空気の通り道、すなわち鼻腔、咽喉頭、気管、気管支をさし、その通り道が塞がれていないかを確認する。心肺蘇生法でいう気道確保の手技（頭部後屈あご先挙上）も、心肺停止により閉塞している気道を通すための手技である。急に気道が塞がれる原因としては、心肺停止や意識障害による舌根沈下（舌の付け根の部分が仰臥位の姿勢で重力により喉の奥へ落ち込むこと）、気道異物（食物など）、誤嚥（吐物の吸引や意識障害時の無理な飲水）、アナフィラキシーによる上気道浮腫などがある。完全閉塞でなくとも、部分的な閉塞でも異常ととらえる。気道の異常が存在すると、体内に十分な酸素を供給できなくなり、数分で心停止をきたすこともある。

　気道閉塞が疑われる所見を、以下に示す。
　①吸気時に胸が上がらず、腹部が挙上する（シーソー呼吸）。
　②声が出せない。
　③鎖骨の上部（鎖骨上窩）や胸骨の上の部分（胸骨上窩）が吸気時に陥凹する（陥没呼吸）。
　④意識障害時に鼾をかく。

(2) B：Breathing　呼吸の異常

　肺で血液に酸素を取り込むためには呼吸が必要であり、酸素の取り込みが不十分な場合に異常が生じる。指先につけると、動脈血の酸素量を測定する簡易型のパルスオキシメーター（図19-1）が安価で販売されており、体内の酸素量の一つの目安となる。呼吸数の測定は、10秒間で何回呼吸を行うかを測定し、それを6倍して1分間の呼吸数を求める。

　呼吸の異常が疑われる所見を以下に示す。

①吸気時に胸の挙上が十分でない。

②左右の胸に挙上の左右差がある。

③呼吸数が安静時で30回／分以上、10回／分以下は危険なサインである。

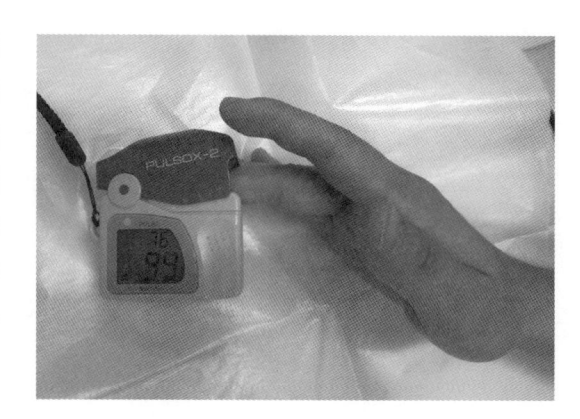

図19-1　パルスオキシメーター
上段に脈拍数が、下段に動脈血の酸素量（動脈血酸素飽和度：％）が表示されている。動脈血の酸素量の正常値は、酸素を吸っていない状態では95-100％。

④チアノーゼが出現している。チアノーゼは、体内の酸素が著しく不足している状態で生じる。

⑤呼吸に伴ってゼーゼー、ヒューヒューという音が聞こえる。喘息発作などで認められ、危険な状態である。

⑥パルスオキシメーターの値が、空気呼吸下（酸素を吸っていない状態）で94％以下である。

(3) C：Circulation　循環の異常

　循環とは、心臓から送り出された血液が、身体各部の臓器、組織に送られることであり、充分送られなくなると、体内に必要な酸素の供給が不足する。

　循環の異常が疑われる所見を以下に示す。

①脈拍の減少、増加。年齢により異なるが、安静時で脈拍が50/分以下、140/分以上は危険なサイン。

②四肢の冷感。手足が冷たく感じられる状態。

③CRT：Capillary refilling time（毛細血管再充満時間）が2秒以上。親指の爪を白くなるほど強く圧迫して、瞬時に圧迫を解除し、それがピンク色に戻るまでの時間が2秒以上あるとき。正常は2秒以内でピンク色に戻る。

④血圧の低下。小児は成人より正常血圧も低いが、最高血圧が80mmHg以下、手首の動脈（橈骨動脈）の脈が触れにくい（触れない）場合。

⑤活動性の出血がある場合。体表に動脈性の出血や多量の持続性の出血がある場合。この場合には、まず圧迫止血を行う。動脈性の出血とは、拍動性に鮮紅色の血液が出る場合をいう。

(4) D：Disfunction of Central nervous system　中枢神経系の異常

　中枢神経系の異常は意識障害として現れることが多いが、小児の場合には頭部外傷やてんかんを除いて、頭蓋内の疾患（脳出血、脳梗塞、くも膜下出血などの脳卒中）の頻度は少なく、むしろ呼吸や循環の異常により、2次的に脳への酸素供給が低下して、意識障害をきたす場合が多い。つまり、意識障害を認めた場合には、まずA、B、Cの異常の有無を確認する。意識障害の分類としてJCS：Japan Coma Scaleがあるが、意識障害と意識消失（反応が全くない状態）を混同しないようにする。意識消失ではないが、意識障害を疑う所見のいくつかを以下に示す。
　①自分が今いる場所がわからない。
　②間違ってはいないが、質問に対する答えが遅い。
　③簡単な質問や命令（手を握ってなど）に応じることができない。
　④呼びかけると、目を開けるが、しばらくすると目を閉じてしまう。
　⑤何度も同じことを言ったり、記憶することができない。

　これらABCDの観点から観察を行い、ひとつでも異常があれば、すでに緊急に対応しなければならないことが起きているか、今後、状態を放置すれば重症化することが考えられる。この場合、速やかに救急車などを手配して、医療機関に搬送すべきである。校内や活動場所において、可能な応急処置は少ないが、携帯型の酸素を用いて酸素投与を行うことは、多くの場合有効であり、害になることはほとんどない。ABCDのすべての機能が完全に停止している心肺停止状態では、速やかに心肺蘇生を開始する。本章では、具体的な心肺蘇生法には言及しないが、最低2年に一度は、消防機関や日本赤十字社などが主催している心肺蘇生法や救急法などの講習を受講すべきである。

4．各種傷病に対する対応

(1) てんかん

　てんかんの定義は「種々の病因によってもたらされる慢性の脳疾患であり、大脳神経細胞の過剰な発射に由来する反復性の発作を主徴とし、それに関連した種々の臨床ならびに検査所見を伴う」とされている。小児期の有病率は高く、岡ら[2]は13歳未満で人口1000対8.9と報告している。「てんかん」とは上記定義に基づく、疾患名で、けいれんが症状の一つであるが、「けいれん」とは、全身または身体の一部の筋群の不随意かつ発作性の収縮を起こす状態を表しており、症状（症候）名である。つまり、けいれんを症状とする疾病は、てんかんの他にも脳腫瘍、脳炎、髄膜炎、代謝性疾患など数多くあり、用語を混同してはならない。けいれんがてんかんによるものであるには、すでに「てんかん」と診断されている必要がある。
　発作時の対応を以下に示す。
　①落ち着いてそっとして、吐き気や口からの分泌物が多い時には、顔を横に向ける。横向きに寝かせ少し頭部をそらし、下顎を上げて、気道を確保する（回復体位：図19-2）。口には物や指

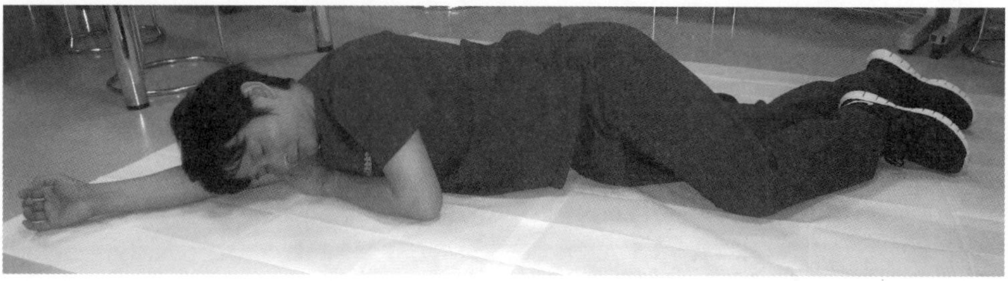

図19-2　回復体位
下あごを前に出し、上側の膝を約90度曲げて、傷病者が後ろに倒れないようにする。

をいれない。
②衣服をゆるめ、呼吸をしやすくし、周囲の危険物を取り除く。
③顔色、目の向き、呼吸の状態、四肢の状態、発作の症状を観察する。
④時計をみて、発作の持続時間を記録。救急車を呼ぶ必要があるときは、発作が10分以上持続し、止まりそうにないとき、発作後も顔色が悪く、意識、呼吸の状態が悪い時、いつもと発作の型が異なり、何度も繰り返すとき、発作のために外傷を負った時などである[3]。

(2) 熱中症

熱中症とは、暑熱環境下に生体が置かれ、体温調節機構が破綻した時に生じる病態の総称で、毎年学校管理下の活動で死亡者がでている。1975年から2010年の36年間に学校管理下での熱中症の死亡事例は、日本スポーツ振興センターの統計[4]では、合計で157例であり、94％の症例が7-9月に集中している。運動を行った場合、消費エネルギーの70％は熱となるため、激しい運動では安静時の10-15倍の熱が産生され、体温調節機構が働かなければ、20-30分で体温を4℃上昇させるといわれている。このため、学童期の熱中症の発症要因としては、大部分がスポーツによるものであり、部活動によるものでは野球、ラクビー、サッカー、学校行事では登山、マラソン大会などで多く発生している[5]。ヒトの体温調節機構は、頭部、顔面や四肢の末梢血管を拡張させて、皮膚表面の血流を増加させ、外気近くの血液を多く流すことにより、体内の熱を放出する方法と、汗をかくことにより、気化熱を利用して、体温の上昇を防ぐ2つのメカニズムがある（図19-3）。脱水のときには、この2つのメカニズムが適切に働かなくなるため、うつ熱状態となり、熱中症発症の危険が高くなる。したがって、脱水状態とならないことが熱中症を予防することにつながり、飲水は重要である。

熱中症の予防としては、以下のようなことが挙げられる。
①十分な飲水を運動前、運動中、運動後に行う。飲料は市販の塩分を含んだスポーツドリンクを用いて、激しい運動の場合には、糖分も入っているものが望ましい。
②部活や行事では、根性論だけで運動を強要するようなことはせず、体調が悪ければ、すぐに言い出せるような雰囲気を日常から作っておく。
③環境省のHPに掲載されているWBGT（*Wet Bulb Globe Temperature*）による熱中症情報の利用

図 19-3　体温調節機構

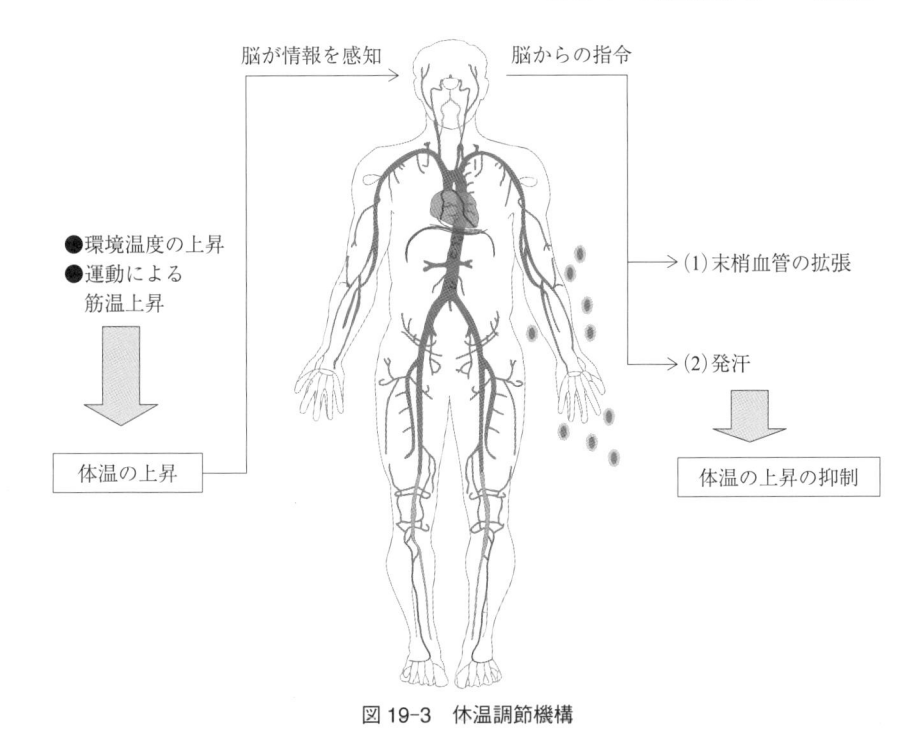

やWBGT温度計を運動場所などに携行することにより、熱中症発症のリスクを把握して、運動の中止や休憩の取り方を工夫する。
　熱中症の症状を表 19-2 に示す。

表 19-2　熱

分類	症　状
Ⅰ度	めまい、失神（立ちくらみ）、気分不良、発汗は停止していない、筋肉の痛み、硬直
Ⅱ度	顔色不良、頭痛、吐き気、嘔吐、倦怠感、頻脈、呼吸数増加、集中力の低下
Ⅲ度	意識障害（呼びかけに応じない、反応がない、会話ができない）、痙攣、血圧低下、発汗停止、高体温、歩行不可

　現場や救護室での応急処置は、飲水が可能であれば、飲水を行うことと、冷却による体温管理が重要である。飲水に関しては、意識障害があるときには、誤嚥、窒息の危険があり、飲水をさせてはならない。具体的には、自分で座ってペットボトルやコップを持って、飲水が可能であればさせてよいが、本人以外が口の中へ水を注ぎこむのは控えるべきである。冷却の方法は、水を体表に散布してうちわや扇風機で扇いで気化を促進する。氷水で冷却を行う場合は、頸部、腋下、鼠径部などの太い血管が体表近くを走っているところを重点的に冷やす。体温測定は、重症の熱中症では、高度の脱水により、末梢血管が収縮し、腋窩の体温測定は低い値となり不正確な場合がある。鼓膜体温計があれば、正しく使用すれば、比較的正確な体温を測定できる。
　救急車を呼ぶタイミングは、
　①意識障害があるとき。

②脈が触れないか脈拍140以上が持続するとき。

③飲水ができないとき。

④30回/分以上の頻呼吸が持続するとき。

⑤39℃以上の発熱。

などで、現在までの学校管理下での熱中症による死亡は、救急車をよぶタイミングを逃していることが多い。

(3) アナフィラキシー

アナフィラキシーはアレルギー反応のひとつである。アレルゲンとよばれるアレルギー反応の原因物質が摂食、皮膚への接触、注射や吸入などで体内へ侵入すると、アレルゲンが抗原として作用し、体内で抗原抗体反応を生じ、ケミカルメディエーターと呼ばれる生体に悪影響をおよぼす物質が血管や組織内へ放出され、さまざまな症状が生じる。アナフィラキシー反応を起こす子どもは、あらかじめ何が自分に特有のアレルゲンかを知っており、家庭から学校へ事前情報として通知されていることが多い。しかし、一度もアナフィラキシーを起こしたことがない子どもでも、予期していない物質がアレルゲンとなり、アナフィラキシー反応を起こすことがある。アファフィラキシーの原因となるアレルゲンの例を表19-3に示す。基本的には、体内に入る可能性のある物質はすべてアレルゲンとなる可能性がある。

表19-3　アレルゲンの例

食物	そば、甲殻類、木の実、卵、牛乳、小麦、ピーナッツなど
薬物	抗菌薬、解熱鎮痛剤など
動物	蜂刺傷、小動物咬傷など
運動	運動が刺激になって起こすことがある

アナフィラキシーの病態で最も重要なことは、急速に症状が悪化して、発症後数分で心停止となる場合があることである。しかし、速やかに処置をすれば、後遺症を残さずに治療可能な場合が多い。それには、まずアナフィラキシーを疑うことが重要であり、どのような症状がでるかを理解しておく必要がある。

アナフィラキシーの初発症状としては、以下のようなことがある。

①口内違和感、口唇のしびれ

②四肢末端のしびれ

③悪心、嘔吐、気分不良

④喉頭部狭窄感、息苦しさ

⑤くしゃみ、発作性の咳

⑥皮膚紅潮、蕁麻疹、浮腫

⑦めまい、動悸

⑧腹痛、尿意、便意

一見、重症感のない症候も多いので注意が必要で、くしゃみは、アナフィラキシーによる鼻粘膜の浮腫により生じると考えられる。これらの症状が、経口的にアレルゲンを摂取した場合には、十数分から数時間以内に出現することが多い。症状が進行すれば、血圧の低下、顔面蒼白などのショック症状が出現し、いわゆるアナフィラキシーショックの状態となる。このときに、上気道の浮腫による気道狭窄（A：気道の問題）や末梢気道の攣縮による呼吸障害（B：呼吸の問題）が生じることが多く、気道、呼吸状態にも十分な観察が必要である。初発症状が進行性であったり、いくつかの症状が組み合わさって出現している場合には、直ちに救急車を要請する。このような場合に、しばらく保健室で休ませておくなどと判断してはいけない。アナフィラキシーの既往のある子どもに対しては、アドレナリン自動注射キットが処方されている場合がある。アドレナリンはアナフィラキシーに対する治療薬で、アドレナリンを筋肉内投与するための自動注射キットがエピペン®（ファイザー株式会社）ある。現在成人用の 0.3mg（アドレナリン 0.3mg 含有）キットと小児用の 0.15mg（アドレナリン 0.15mg 含有）キットがあり、医療機関にて該当する患者に対して処方されている（図19-4）。

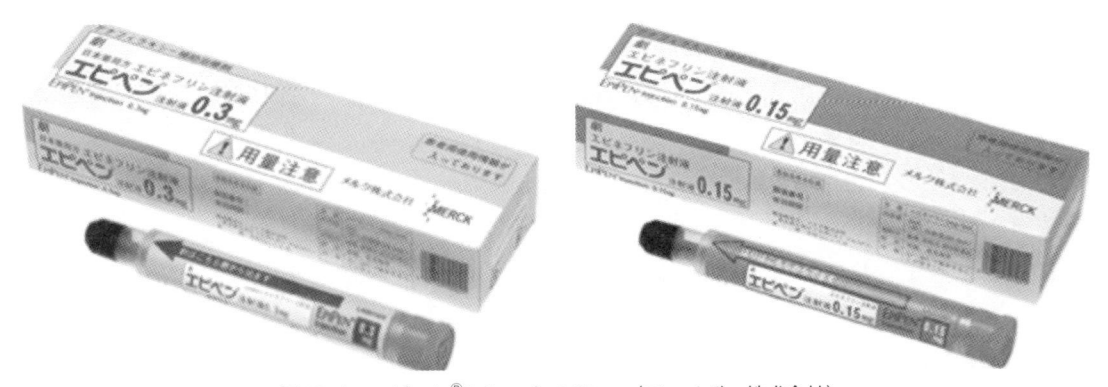

図19-4　エピペン®0.3mg と 0.15mg（ファイザー株式会社）

エピペン®を処方されている子どものいる学校では、実情に応じて主治医、学校医、学校薬剤師等の指導の下、保護者と十分に協議して、学校での管理や使用の方法を決定する。学校においてもエピペン®の使用は子ども自身が行うのが原則であるが、年齢や発症時の状態によって、子どもが注射できない場合、その場に居合わせた教職員が、本人に代わって注射することは、医師法違反にはならない[6]。ただし、エピペン®が処方されているその子どもに使用することは問題ないが、偶然、他の子どもがアナフィラキシーになっても、他人に処方されたエピペン®を使用してはいけない。エピペン®投与のタイミングは、アナフィラキシーショック症状が進行する前の初期症状のうちに注射するのが効果的であり、養護教諭が不在のため、使用が遅れた、使用できなかったなどということはあってはならず、エピペン®を管理している学校の先生は全員、いつでも確実にエピペン®を使用できるようにトレーニングを積んでおく必要がある。アナフィラキシーの既往がある子どもにとっては、エピペン®の使用が遅れたために、その子の命が失われることがあることを忘れてはならない。

5. おわりに

学校内で生じる子どもたちの異常に対して、教師が適切に対応していれば、死に至らなかったと考えられる死亡事例（Preventable Death in School）は、ゼロにしなくてはならない。その中で最も重要なことは、子どもたちの初期の異常を正しく評価して、保健室で経過を見てもよい場合や医療機関への速やかな搬送を必要とする場合などを鑑別することである。そのためには、最低限の医学的知識は必要であり、日頃から養護教諭以外の教職員も、知識と技術の向上に努めなければならない。

参考文献

1) 独立行政法人日本スポーツ振興センター『学校の管理下の死亡・障害事例と事故防止の留意点〈平成23年版〉』ぎょうせい　2003　pp.10-87.
2) 岡鎔次・菊本健一・遠藤文香他「てんかんの病因・疫学」『小児科診療』10　2003　pp.1649-57.
3) 安本佐和・廣瀬伸一「神経疾患 ― てんかん ― の子供のケア」『チェイルドヘルス』12　pp.791-5.
4) 独立行政法人日本スポーツ振興センター HP
　https://naash.go.jp/anzen/anzen_school/anzenjouhou/taisaku/nettyuusyo//tabid/848/Default.aspx
5) 森野真一「熱中症」『救急医学』36　2012　pp.1085-8.
6) 医政局医事課長宛に文部科学省スポーツ・青少年学校健康教育課長より「医師法第17条の解釈について」平成21年7月6日

第20章

きずの手当てに対する最近の考え方

1. 創傷の種類

　学校生活の様々な場面で児童・生徒はケガをする。ケガのうち、出血を伴うものを創傷という。
　創傷はきずを負った時からの経過により急性創傷と慢性創傷に分かれる。慢性創傷はきずを負って数週間以上の時間が経過したもので学校保健の現場ではあまり問題にならないので、ここでは急性創傷について述べる。
　急性創傷は、その原因により様々な種類に分類される。ガラスや鋭利な刃物で切った創傷を切創という。同じ鋭利な刃物による創傷でも刺し傷の場合、刺創という。これに対し鈍的な外力が加わり生じた創傷を挫創という。また、いわゆる「擦りきず」は擦過創という。これ以外にも児童同士がけんかをして咬んだことによる創傷、あるいは動物による咬みきずは咬創という。熱傷も創傷のひとつに挙げられる。
　これらの種類を知ることは、その後の治療を行う上で大変重要になるので必ずどのようにしてケガをしたか聴取する必要がある。
　切創では皮膚の厚さ分だけ切れているかどうかが重要になる。表皮のみ、あるいは真皮と呼ばれる線維性の白い組織が見える程度の浅いきずの場合、きずは開かず場合によっては何も手を加えなくても自然に治癒するのを待てることもある。それに対し創面から皮下脂肪が見えている場合、多くはきずが開いており医療機関で縫合等の適切な処置を要する。
　刺創では創面から見える重傷度が信頼性に乏しいのが特徴のひとつである。小さなきずでも意外に奥が深く場合によっては神経など重要な組織を傷つけていることもある。
　挫創では創縁はギザギザで多くは浅い部分と深い部分が混在している。時には挫創の辺縁では擦過創を伴う。治療は程度により異なり、やはり医療機関にかかる対象となることも少なくない。
　擦過創は浅い場合時間の経過と共に創面から皮膚が再生し治るが、深くなると2週間以上も治癒まで時間がかかり、周囲からの上皮化（新たに皮膚が伸びてくるようにして治ること）や収縮によりようやく治ることもある。
　咬創は刺創同様きずの間口に対し、奥が深い特徴がある。また、口の中の雑菌がきずの奥深くに移行されることによりやや遅れて化膿することがある。安易に手当をして放っておくと数日から1、2週間後に創周囲が赤くなり切開をして膿を出す治療が必要になることがあることを知っておく必要がある。
　熱傷はその深達度からⅠ～Ⅲ度に分類される。Ⅰ度の熱傷とは皮膚が赤くなるだけのものである。日焼けなどで皮膚が赤くなり、その後黒く色づくのはⅠ度の熱傷である。Ⅱ度の熱傷とは簡単

にいえば水ぶくれができるものである。中には受傷直後に水ぶくれが破れてしまい、後述のⅢ度と見分けがつきにくくなるものがある。また、専門医の間ではⅡ度の熱傷を浅達Ⅱ度と深達Ⅱ度に分けている。この両者の間で手術の必要の有無が分かれるからである。Ⅲ度の熱傷は受傷直後から皮膚が白く硬くなっているもので皮膚が全層にわたって熱傷になっている。この深さによる分類はその後の治療を行う上で大変重要だが、受傷直後には専門医でも正確には判断できないことがある。

2．創傷に対応する

以上のようにそれぞれの創傷は特徴があるが、上述のようにその多くは学校保健の現場だけで創治癒まで完結することは困難である。適切な医療機関で診断をし、治療を行うことを前提として対応する必要がある。そのため学校でまず行うべき幾つかの原則を守ることが重要である。

(1) 親など成人親族に連絡する

未成年が医療機関にかかった際、医療行為を受けるには必ず保護者が説明を聞き、同意をする必要がある。学校教諭、養護教諭だけが付き添った場合、医療機関から保護者に連絡を取ることを求められる。早い段階で保護者に連絡を取るようにしたい。

(2) きずを負った状況を把握する

いつ、どこで、どのようにして、何でけがをしたか、はきずの重傷度、緊急度を理解する上で大変重要である。

子どもたちは、大人に怒られることをおそれ、必ずしも正直なことを言うとは限らない。また、医療機関にかかった際にも同様の問診は行われるだろうが、現場の状況を知らないため正確な情報が伝達されないことが予想される。学校現場にいる大人たちが児童・生徒から話を聞きまとめることがその後の診療をスムーズに進める手助けになる。

(3) 消毒、薬剤は用いない

応急処置というと一昔前にはまず消毒をイメージしていたものだが、現在では必ずしも消毒を行わなくて良いと考えられており、あるいは医師によっては消毒を禁止する方もいる。消毒薬は細菌を死滅させ、きずが化膿するのを防ぐ100％善玉のイメージがあるが、必ずしもそうとばかりは言えない。

消毒薬は確かに細菌に対し殺菌効果はあるが、同時にきずを治癒させるため周囲に集まる体内物質、細胞に対し毒性があることが知られている。このため消毒は、医療機関でもその使用は限定されてきているのが現状である。また、消毒が細菌に対し最も効果的で悪影響を及ぼさない使い方は大変難しく、消毒は医療機関に任せるのが賢明と言える。

昔から使われている赤チンやヨードチンキであれば悪影響は少ないのではないかと考えられがちだが大変な間違いである。これらは、前述の毒性を持つだけでなく色素がきず周囲に残るのできず

の観察を困難にする。きずに赤チンを塗った状態で病院にかかるとまず赤チンを落とすことに一苦労する。粉が残るような消毒も同様である。絶対に使わないようにしなければならない。

　外用剤は消毒同様その使用法に注意を要す。現在わが国で市販されている薬剤はほとんどがきずに直接効き「きずをなおす」と言うよりは、創傷治癒を促す環境づくりをするものである。薬剤を使わなければ治らないわけではない。まちがった薬剤を選択するときずが治りにくくなるだけでなく副作用のため種々の障害が出てくることもある。まずは、何も使わないと覚えておいて問題はない。

　市販薬のみならず民間療法を行っているケースを見かけることがある。「アロエがきずに効く」などの考えがあるようだが、急性期、まず必要なことはきずを衛生的な状態にすることである。野から摘んだばかりの葉を磨り潰しきずに塗り込むことは衛生的とはいえない。これも行わない方が賢明である。

3. 応急処置を行う

　きずの中には、早急に対応しなければその後の治療に影響を及ぼすことが少なからずある。そのため応急処置は大変重要になる。

　後述の洗浄、止血はその代表である。いずれも、医療機関で麻酔下でないと困難なこともあるが、学校現場でも可能な範囲で試みる必要がある。

　また、熱傷における冷却も大変重要である。熱傷は受傷直後冷却することで深く進行するのを妨ぐことが知られている。必ず冷却を試みるようにする。

(1) 止　血

　出血を伴うきずでは出血の状態の観察が必要である。ジワッと滲み出てくるのか、あるいはドクドクと拍動性に一定のリズムで勢いよく出てくるのかといった具合である。前者は静脈性あるいは皮膚直下の毛細血管をきずつけた程度の出血であろうし、後者であれば動脈性の出血を疑う。出血が上記のいずれかにより、学校現場で行えるあるいは行うべき止血行動に違いがあるかというと、あまり差はない。しかし、動脈性に出血している場合、トータルの出血は随分な量になっていることがある。大量の出血が予想される場合には現場で時間をかけて止血を試みるよりも早急に医療機関に行くことを優先する。

　学校現場で行うべき止血は圧迫止血である。圧迫止血とはきずの上にタオルやガーゼなどをあてがい手で強く患部を圧迫する方法である。たいていの出血はこの圧迫により数分間で止まる（図20-1）。

　圧迫止血に使うタオルやガーゼは清潔なものの方がよいが、必ずしも滅菌されたものである必要はない。直接きずに触れるものであるため滅菌されていなければと考

図20-1　圧迫止血

えがちであるが、仮に滅菌されたガーゼを用いたところできず周囲の不衛生な皮膚に触れたとたんそのガーゼは未滅菌のものと同等となるため滅菌にこだわるのはナンセンスである。とはいえ雑巾や油まみれのタオルでは不衛生すぎる。理想的には洗濯した後まだ使っていないタオル程度の衛生レベルのものを使用したい。

また、直接素手で圧迫することは避けるべきである。血液を介してうつる疾患は少なくなくケガをした人が健康であったとしても他人の血液に触れる機会は少ない方がよい。未滅菌のゴムやビニール製の使い捨て手袋があれば使用するようにする。万一ケガをした人の血液に触れたり、飛び散った血液が付着した際には速やかに手を洗うようにする。

止血を試みたもののなかなか止まらず、あてがった布類の表層まで血液が達した場合新しいものと取り替えるのではなくあてがっているものはそのままでその上に継ぎ足すようにする。きずに直接触れている布類を取り外すときず周囲の血液の固まりも一緒に取り除かれ、止血しかけているきずから再び出血しだすことがある。出血が多いときには上から布類を継ぎ足す。

四肢（腕や脚）の出血の場合、止血を目的として出血点より中枢（心臓に近い側）をきつく縛る方法がある。この方法を止血帯法（図20-2）というが、学校保健の現場では行うべきではない。止血帯法はきずに向かう血液を遮断するため理屈に合っている方法である。事実医療現場ではコントロールが困難な出血に対し、しばしば行われている。しかしこの方法は幾つかの点で注意を要する。

そのひとつは、縛り方が不十分であった場合、本来縛るべき動脈（心臓から末梢への経路）は遮断できず、静脈（末梢から心臓への経路）のみ遮断される。通常動脈は身体の深いところにあり、血管壁は厚い。またその中を通る血液の圧は高い。それに対し、静脈は身体の表層にあり、血管壁は薄い。動脈に比べ静脈では緩やかに血液は流れている。不十分な圧では静脈のみ遮断されるのはこのためである。静脈のみ遮断されると血液は返り路を失いきず周囲はうっ血の状態となり、ますます止血しにくくなる。固く縛らないと逆効果となるからである。

次に、固く縛った場合確かにきずからの出血の勢いは弱まり止血しやすくなる。しかし長時間縛っておくと、血管だけでなく神経も圧迫されて縛っている末梢部分がしびれてくる。長時間の正座で足先の感覚がなくなり、痛くなってくるのと同じようになるのだ。正座では脚を解くとジンジンとした感覚と共に次第に感覚が元に戻ってくるが、長時間縛ったままにしておくと神経は麻痺をして解放した後もしびれが戻らないこともある。医療機関で止血帯法による止血をする際には時間を計り、神経に永続する影響がないようにしているが不慣れだと必ずしも簡単ではない。永続しない短時間のしびれであっても止血帯をしたまま医療機関を受診すれば外傷による神経損傷の有無を検索することが困難となり大事な所見の見逃しにもつながる。この方法をお勧めしないのはそのためである。

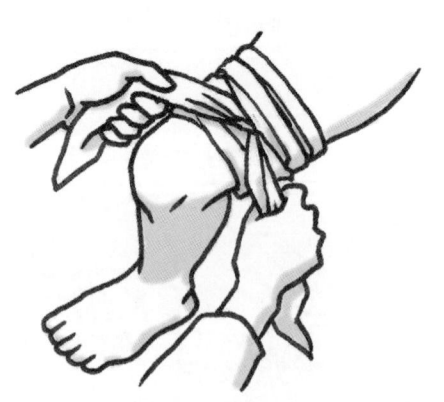

図20-2　止血帯法

多くのケガではこの止血帯法を行わなくても圧迫止血

だけで出血を止めることができ、仮に完全な止血が不可能であっても出血の勢いを止めることができる。指の完全切断や動脈損傷を伴う深いケガでも圧迫止血だけで十分である。動脈には損傷時、攣縮(れんしゅく)と呼ばれる血管のけいれんが起こりいつまでも大量の出血が続かないようにする作用がある。このため腕や脚の完全切断といった短時間で大量の出血をし、生命の危険もあるような非常事態でない限り止血帯法による止血は行わない方がよい。

(2) 洗　浄

　現在医療の現場では、必要のない消毒はしないのが常識である。学校保健の現場でも消毒はしないようにする。それでは、きずはどうやってきれいにするのか。洗浄である。

　消毒をしなくても洗浄することにより、傷の部分の細菌の数を減らしたり異物を取り除くことができる。大量の水により洗うことはきずをきれいにするのに有効である。では、何を使って洗うか。学校保健の現場では水道水が最適と言える（図20-3）。病院では洗浄に滅菌された生理食塩水をつかうことが多い。生理食塩水は浸透圧が生体に近く理想的な洗浄液だからである。生理食塩水を使う理由のひとつは「きずにシミない」からであろう。生理食塩水は「塩水」だから、きずにシミて痛そうな感じがするが、実際には真水より疼痛を感じない。また、浸透圧が生体に近いということは皮膚より深いところにある細胞の本来の環境に近いと言える。長時間浸しておくなどの行為ではその影響も考えるが洗浄行為は短時間だから普通浸透圧のことまで考える必要はない。しかしながら、学校保健の現場では、利用のしやすさとその十分な効果を考えると、洗浄は水道水で構わない。

　洗浄方法としては水道水をただ流すだけではなく、細菌や異物を除去するためにはやや高圧で流すほうがよい。汚染が酷いきずに対しては、擦らざるを得ないときがある。擦ると当然痛みを伴うので愛護的にするようにする。ガーゼや柔らかいタオルを使っても良いが、過剰に目の粗い素材だと不必要な出血を招くこともあるので注意を要す。油性のしつこい汚れには、石鹸を使用しても構わない。石鹸は医療施設では弱酸性のものを使用しているが、その他のものでも特に問題はない。

　急性期を過ぎたきずの管理においても最近では積極的にきずを洗うように奨励されている。「きずはぬらしてはいけない」といった考え方は現在どの医療機関でもなされていない。医療機関では糸が残っている縫合創でも、2～3日して出血が収まれば、洗うことは許可される。縫合しているのにもかかわらず両側のきずの皮膚がきちんと合っていないような縫合創でも、2日ぐらいできずの上皮化（皮膚で覆われる状態）は終わっているとして洗うことは勧められている。抜糸前の入浴でも感染率が増えなかったという報告もある。このような場合、洗うのであればもちろんきずを露出させて洗っているくらいである。特に頭髪内のきずや顔のきずでは数日で早めに洗髪、洗顔を許可すると、衛生的であり、なにより気持ちが良い。感染は濡らすことより不衛生にしておくことにより引き起こされると考えるべきである。

図20-3　水道水でのきずの洗浄

(3) 熱傷処置

　ストーブなどの暖房器具、給食の汁物など学校生活のなかに熱傷の原因となるものは数多くある。熱傷は急性創傷のひとつと考えてよいが、対応の仕方は特殊である。

　熱傷はその深達度（どの深さまで熱が達したか）によってその運命が変わる。すなわちその後の処置にかかわらず受傷した時すでに運命が決まっているとも言える。では受傷後如何に処置を行っても無駄なのか。必ずしもそうとばかりは言えない。

　まず深達度の分類は前述の通りであるが、受傷直後に見分けることは容易ではなく、また専門医以外その必要もない。これらの分類は熱傷が完成した際なされるもので受傷直後にはその境界の微妙なものもある。直後の適切な処置がより軽傷にすることもあるといえる。

　学校で熱傷を負った際まずすべきは冷却である。前の分類でそのいずれであっても冷やして間違いはない。また、大急ぎで医療機関にかかってもまず冷却するのだから学校で冷却するようにする。冷却は熱傷による痛みも軽減してくれるのでしっかり冷やしてよいであろう。

　冷却は水道の流し水が最適である。正常の皮膚にあたった際痛くない範囲で勢いのある水がよい。20〜30分を目安にして、冷却を止めたとき再び熱くなってくるようであればまた冷やすようにする。

　その後、医療機関にかかる間も冷やしておいたほうがよい。ビニール袋に氷水をいれ口を縛ったものを直接ではなくタオルでくるんだ程度の氷嚢を作製し、押し当てながら移動するようにする（図20-4）。

　薬剤やガーゼ、包帯は用いないほうがよい。医療機関では必ずこれらのものを取り除くことになるが、その際水ぶくれが破れたり痛みを伴うことがあるからである。

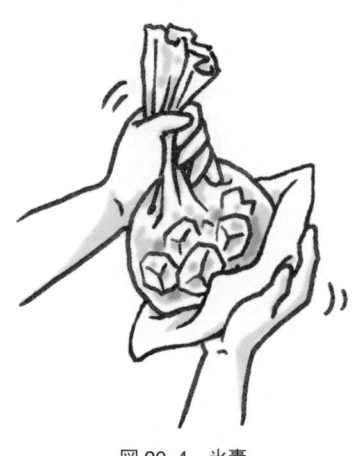

図20-4　氷嚢

　水ぶくれの処置は、やぶるほうがよいかそのままがよいか様々な意見がある。事実医療機関によってはすぐに破ることも温存することもあるようである。水ぶくれは大事な所見であり、医師に観察してもらいその上で医師の判断で処置してもらうのが正解である。水ぶくれは可能な限りそのままで受診するようにする。

　熱傷が広範囲の場合あるいは体幹部など大変冷却しにくい場合、流し水は使わず上記の氷嚢を使いながら速やかに医療機関にかかるようにする。また広範囲を冷却する、あるいは長時間冷却をすると幼少児では低体温が問題になることがある。特に寒冷期では冷却している以外の部位は暖めておくことも重要である。

4．医療機関にかかったほうがよいケガ、かからなくてよいケガ

　ケガに対する学校内での手当てとしては、まず止血、洗浄ができていれば応急処置としては及第点がもらえるといっても過言ではない。その次のステップとしてどのようなきずであれば医療機関にかかるべきか判断しなければならない。
　たとえば、擦りきずではどうだろうか。擦りきずでさほど出血していない、あるいはすぐに止血しそうである場合、児童・生徒が我慢強く水道水による洗浄をさせてくれた場合どうやら医療機関には受診しなくて良さそうである。しかし、細かい砂やアスファルトの粒子のような非常に小さい異物が擦りきずのなかに取り込まれたようにして残ると外傷性刺青（入れ墨のように色素が残ること）となる。外傷性刺青があるきず跡は、大変目立つとされている。目立つだけでなく後々このきず跡をきれいにすることは大変困難であり場合によっては一生残ることもある。外傷性刺青の予防はただひとつ、受傷直後にしっかりと洗うことあるいはブラッシングである。水道水の洗浄が我慢できても擦りきずをブラシで擦ることまで我慢できる児童・生徒は多くないはずである。医療機関で専門の医師にかかると、外傷性刺青が残る危険性がある場合麻酔をしたあとブラシなどを適宜使いながら洗浄し、異物を取り除くことになる。
　それでは教室を走り回っていて椅子に膝をぶつけたいわゆる挫創ではどうか。関節部は皮膚の緊張と弛緩を繰り返す部位でありきずが安定しにくい（パカパカと開いたり、閉じたりする）という特徴がある。医療機関にかかった場合、同じ深さのきずを他部位に負った場合より縫合を勧められることの多い部位であるといえる。
　また、友達とふざけて遊んでいて肘があたり上唇の裏側が歯で縦割れしたように裂けた場合、なかなか出血は止まらず、数十分のちには上唇が腫れ、きずはザクロのように割れている状態となる。口の中は雑菌だらけであるので縫合しなければいけないと判断しはしないか。このようなきずで医療機関にかかるとほとんどのケースでは何もされない。確かに口の中は雑菌が多いが、だからといって感染しやすいわけではない。雑菌どうしバランスが取れていればその一種類が異常に繁殖するいわゆる感染の状態にはならないからである。また、医療機関といえども口の中を殺菌することはできないため麻酔をして処置を行う必要はないことが多い。それでも開いているきずは縫うのではないのか。確かに縫合して悪くはない。多少なりともきずが安定するため創治癒は早くなることも期待される。しかし、口の中を縫うのは至難の業である。幼少児であれば泣き叫ぶのを押さえつつ局所麻酔を行い手早く糸をかけることも慣れた専門医であればできるであろうが、その間に興奮して血圧が上がり再出血をするかもしれない。仰向けで出血すれば少なからず血液を飲み込み、場合によっては気道に流れ込むことも考えられる。そこまでして縫合はしないのがふつうである。もとより唇の裏側は外から見える場所ではなくきれいに治さなければならない対象ではない。縫合を要すのはきずが大変重篤なごく一部のケースだけなのだ。
　このように、日常に出会う一見軽傷、あるいは重傷であるケースでも専門の医師の判断と同じ判断を下すことは容易ではない。極論ではあるがどのような小さなきずでもいちど医療機関にかかる

ことは決して間違いではない。ただし、もちろん医療機関で常に高度な医療行為が行われる訳ではない。専門家に判断を仰ぐだけでも受診した価値はあると考えるべきである。

　学校保健の現場に求められることは、いつ医療機関にかかるべきかを判断するということになる。すなわち緊急性があるかないかの判断をしなければならない。一般的に緊急性があるきずとしては、

・筋肉や骨、腱、神経といった深部組織が見えているような深いきず

・奥に砂やガラスなどが残っている（あるいは残っている危険性のある）きず

・動物に咬まれたきず

などが挙げられるであろう。これらの処置を行うには通常麻酔を必要とすることは容易に想像しうる。それだけでなく、後々感染の原因になったり、何らかの機能障害を残す危険性がある。生命に危険がなくとも受傷当日には医療機関を受診することが勧められる。

　それではどのような病院にかかるべきか。大きな総合病院にかかると間違いはなさそうである。「大は小をかねる」といった発想であり、大きな病院であれば大抵の処置はできそうだからである。しかし前に述べたとおりケガが重傷かそうでないかの判断は専門医でなければ困難なことも多く、ケガの重篤度と関係なく大きな病院にかかれば、大病院は重傷だけでなく軽傷の患者で溢れかえることになる。元より、大きな病院は重篤な患者を対象とすべきで軽症の患者は学校医など小さなクリニックで扱われるべきである。ではその振り分けを学校で如何に行うか。答えは簡単で学校では振り分ける必要はまったくない。すべての患者は学校の近所のクリニックにまずかかり、そこの医師により振り分けてもらうということで間違いはない。そこで処置できる患者はもちろんその場で解決できるし、医師が重傷だと判断すれば適切な病院を紹介することができる。総合病院など大きな病院でも医師の紹介状があれば速やかに適切な対応をしてもらえる。ふたつの病院を受診するのは一見時間的に無駄がありそうだが、正しい受診行動をとることは結果的には患者自身のためにもなる。ぜひ、近所の学校医など診療所、医院にかかることをお勧めする。

　ただし診療所、医院であればどこでもよいというわけではない。ケガであれば必ず外科系の看板が掛かったところを受診することだけは覚えておきたい。複数の診療科がひとつの看板に書いてある場合は最初に書いてあるのが、その病院の医師の専門分野と考えてよい。誰しも自信のない分野をいの一番に掲げないものである。ケガをした部位とその専門の診療科を記す。

　　頭部 ― 脳外科（脳神経外科）

　　目 ― 眼科

　　耳、鼻 ― 耳鼻科（耳鼻咽喉科）

　　四肢（腕、脚、手、足など）― 整形外科

　　体幹部 ― 外科

　上記は大まかな分類であるが、例えば複数箇所（顔面と腕など）のケガでは一見重篤そうな診療科を選んでよいと言える。

　その他の外科系診療科として、泌尿器科は男女問わず排尿部を専門としているが、女子の陰部のケガにおいては女性器を専門とする婦人科（産婦人科）がよいかもしれない。また、診療所の看板

を掲げているところは多くないがわかりにくい診療科として形成外科（美容外科は除く）がある。外傷との関連でいうと顔面外傷、あるいは熱傷は形成外科の守備範囲である。例えば目、鼻、耳を含む顔面の広範囲のケガの場合、近くに形成外科の看板の医院があればよい選択肢といえよう。皮膚科は分類上外科系ではないとされているが、場所によっては外傷も診てもらえることがある。熱傷の場合、上記の形成外科か一部の皮膚科が専門といえる。

　素人が受診するのに多少の間違いは許容される。頭部のケガで泌尿器科にかかったり、生殖器周辺のケガで眼科にかかったりしなければ医院の方でそれこそ適切な診療科を教えてもらえる。

　もし受診まで時間的余裕がありそうであれば電話で問い合わせをしてから受診するとよりよい。学校に児童・生徒がいる時間帯には、医療機関の昼休みの時間帯も含まれている。あわてて医院に連れて行ったら、中に誰もいなかったという事態は避けたい。できれば周辺の医療機関の電話番号を含むリストは予め作成しておくことをお勧めする。

第21章 スポーツによる頭頚部外傷に対する現場での対応について

1. はじめに

スポーツ現場では、頭頚部の外傷に瞬時に判断し対応することが要求される。現在、学校での武道必修化とともに、養護教諭や保健体育教員に対して、頭頚部外傷に対する医学的な知識を持つことが必要となり、「このまま様子をみていてもいいのか？」「復帰させても大丈夫なのか？」「どのようなことに注意するべきなのか？」など対応に迷うことが多い。本章ではスポーツによる頭頚部外傷に対する現場での対応に関する最近の考え方について紹介する。

2. 頭部外傷

(1) 脳の構造は？

頭皮の直下には薄い筋肉や帽状腱膜が存在し、その下に頭蓋骨がある。頭蓋骨の内側には硬膜が存在し、硬膜の内側にくも膜が存在する（図21-1）。くも膜腔は髄液で満たされて脳は保護されている。脳の周囲には血管が取り巻き、頭蓋骨の一部には板間静脈が、硬膜とくも膜の間には架橋静脈が存在する。

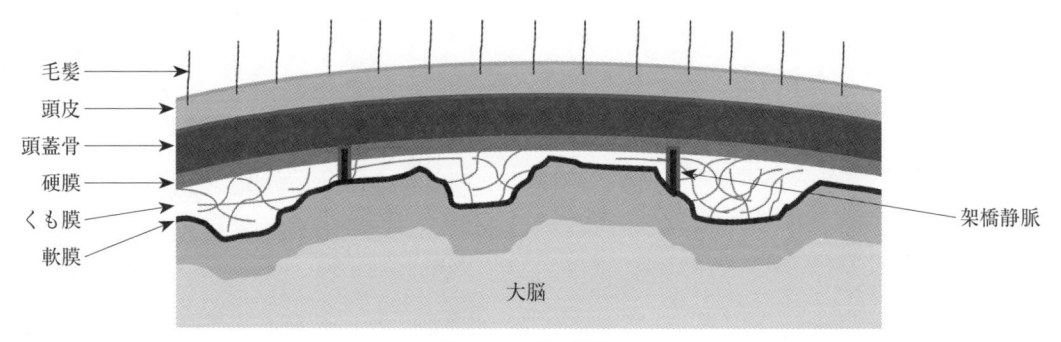

図21-1 脳の構造

(2) スポーツに多い頭部外傷は？

本章では、スポーツ現場で多い病態について、スポーツでの受傷形態と関連していくつか取り挙げる。

①頭蓋骨骨折

スポーツではボールや槍などが直接頭部に打撃する場合や野球のバットがぶつかった場合など、

直接外力により直接骨が損傷されて骨折が生じる。

②急性硬膜外血腫

外力によって硬膜の血管が損傷されて硬膜外腔に血腫が生じる（図21-2）。頭蓋骨骨折を伴って生じることが多い。

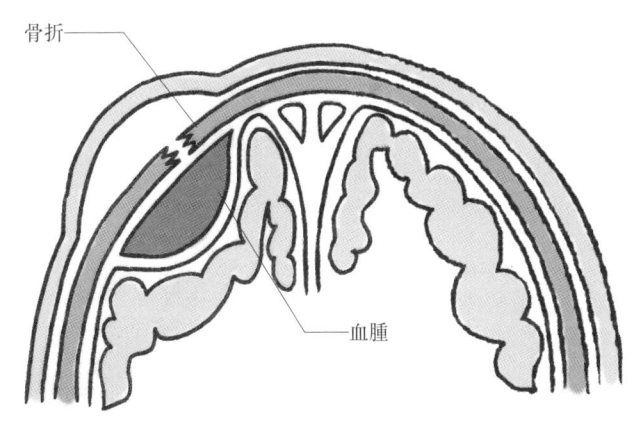

図 21-2　急性硬膜外血腫
直接頭に外力を受けることによって、頭蓋骨の骨折や、硬膜の剥離することによって、硬膜外に血腫が生じる。

③急性硬膜下血腫

スポーツ現場において最も頻度が高い重症頭部外傷である[1]。急性硬膜下血腫は脳の表面の血管が挫滅して出血する場合と脳が加速的にゆれることによって頭蓋骨と脳をつなぐ橋渡しの静脈（架橋静脈）がひっぱられて破断して引き起こす場合（加速損傷）がある[2]（図21-3）。急速に生じた血腫が脳を圧迫して致死的となることが多い。

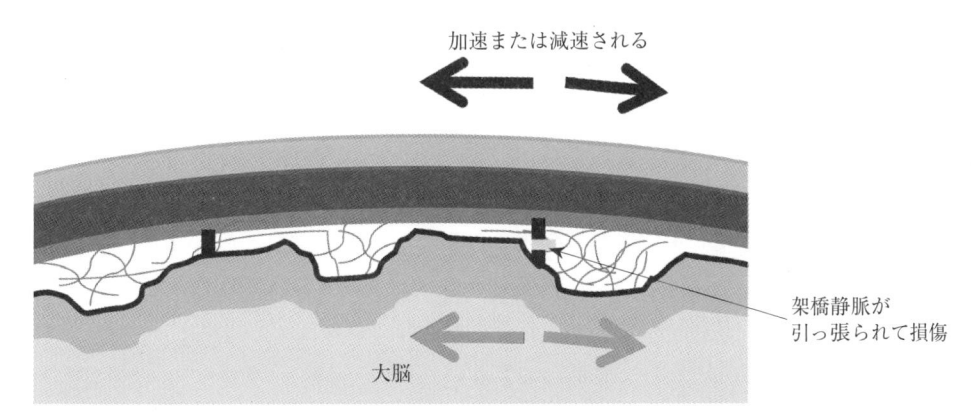

図 21-3　急性硬膜下血腫
受傷機転の1つとして、直接外力を受けない場合でも脳が矢印の方向に加速されたり減速されたりすることで架橋静脈が損傷されて硬膜下に血腫が生じることがある。

④外傷性くも膜下出血

通常、くも膜下腔の血管損傷によって生じ、出血がくも膜下腔に流出した状態である。脳挫傷と合併することが多い。

⑤脳損傷

受傷後数時間から数日かけて脳組織や血管組織が損傷される一次性脳損傷と、一次性損傷に誘発されてしばらく時間が経過した後に病態が変化する二次性脳損傷がある。非可逆的な脳実質の挫滅、小出血、浮腫などの状態を脳挫傷という。衝撃部位の直下に生じる場合（直撃損傷）と反対側で損傷される場合がある（反衝損傷または対側損傷）（図21-4）。

⑥脳振盪（脳震盪、脳しんとう）

脳振盪とは「頭部打撲直後から出現する神経機能障害であり、それが一過性で完全に受傷前の状態に回復するもの」と定義されている。一般的には、「脳震盪」や「脳しんとう」の文字が使われることが多いが、日本脳神経外科学会の用語集では「脳振盪」が使用されている[3]。

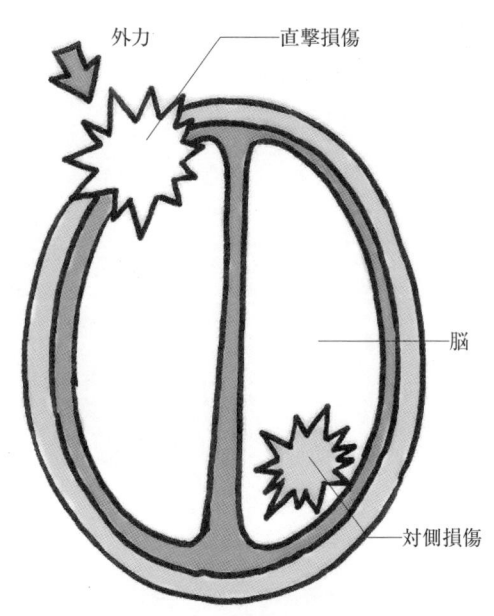

図21-4 直撃損傷と反衝損傷
直接外力を受けた部位の直撃損傷と脳の反対側が受ける反衝損傷がある。

(3) どのようなスポーツ種目に多いか？

日本におけるスポーツによって生じた頭部外傷の統計報告では、野球、ラグビー、アメリカンフットボール、スキー、サッカーの順に多かった[4]。

(4) 頭部外傷が起こった際にはどうすればよいか？

日本臨床スポーツ医学会学術委員会脳神経部会は、スポーツ現場の選手や監督・コーチならびスポーツ愛好家に向けに参考となる小冊子「頭部外傷10か条の提言」を2001年に発行した[5]。頭部外傷が起こった際の指針として一度確認しておきたい。

【スポーツ現場へ：頭部外傷10か条の提言】[5) 6)]

①意識障害は脳損傷の程度を示す重要な症状である。

　　まったく応答がないときも、話し方や動作、表情が普段と違うときも、意識の障害である。意識障害が軽いとき、住所や年令、いま自分のおかれている状況を間違える。

②頭部を打っていないからといって安心はできない。

　　脳の損傷は、頭が揺さぶられるだけで発生することがある。したがって、頭を打ったかどうか判らないような場合や、一見大きな衝撃がなかったと思われる場合にも、重症脳損傷が見られる。

③意識状態を見極めて、経過を観察することが重要である。

　　頭の怪我は、時間が経つと症状が変化し、目を離しているうちに重症となることがある．はじめ意識がはっきりしていても安心はできない。外傷後、少なくとも24時間は観察し、患者

を1人きりにしてはならない。
④見かけ上、意識が回復したからといって安心はできない。
　　意識が回復したあと、症状を残さないものは「脳振盪」と呼んで安心してしまう。しかし、出血などの重大な損傷が起きている場合もある。意識が回復したからと安心してはならない。
⑤どのようなときに脳神経外科専門医に診せるか。
　　意識障害が続く場合はもちろん、意識を一時失ったり、外傷前後の記憶がはっきりしない、頭痛、はきけ、嘔吐、めまい、手足のしびれや力が入らないなどの症状があれば、脳神経外科専門医の診察を受ける必要がある。
⑥受診する医療機関を日頃から確保しておく。
　　受傷あるいは症状が出てから処置するまでの時間が短いほど、救命率は高い。日頃から、スポーツ現場に近い場所に、CT、MRIなどの検査と脳神経外科専門医の手で緊急処置ができる医療機関を確保しておく必要がある。
⑦搬送には厳重な注意が必要である。
　　頭の怪我と同時に、頚椎頚髄の損傷が起きることがある。選手を運ぶとき頚部を屈曲したり捻転しないように慎重に動かさないと、重大な結果を招く。また、意識障害があるときは、窒息に気をつける。呼吸が楽にできる体位をとらせ、吐物をすぐ取り除く配慮が必要である。
⑧体調がすぐれない選手に練習や試合をさせない。
　　調査によれば、頭痛を訴えたり体調のすぐれない選手に重大な頭部外傷が発生している。体調が悪いときには、身のこなしが悪く、頭部への打撃を避けられない。また脳に異常があって体調が悪いとも考えられる。
⑨練習、試合への復帰は慎重に。
　　繰り返して頭部に衝撃を受けると、重大な脳損傷が起こることがある。スポーツへの復帰は慎重にし、脳神経外科専門医の判断を仰ぐ必要がある。競技種目によっては、復帰のための規則が定められている。
⑩頭部外傷の頻度が高いスポーツでは脳に対するメディカルチェック。
　　頭部外傷を受ける頻度が高いスポーツ選手には、定期的に脳のメディカルチェックを行うことが望ましい。選手にCT検査を義務づけている競技種目もある。

(5) 脳振盪の問題点は？

　スポーツ現場における脳振盪の問題点は繰り返し受傷することにより、セカンドインパクト症候群、脳振盪後症候群、頭部外傷後脳症などを生じることである。
　セカンドインパクト症候群とは、軽度の頭部外傷を受けた後にその症状が完全に回復しないうちか症状がなくなった直後に2回目の外傷を受け重篤になった状態で、多くは1週間以内に脳振盪を反復して受傷し、致命的な脳浮腫を生じる[7) 8) 9)]。最近ではこの言葉が広く知られてくるようになってきた。頭部外傷後脳症（Post-traumatic encephalopaty）とは意識障害があるが軽度の外傷を繰り返し受けることによって認知障害を中心とした慢性脳障害、言語学習、注意力、反応時間など

が起こり、一般的にはpunch drunkerとして知られている。脳振盪後症候群（Post-concussive syndrome）は1シーズンに2回以上の脳振盪を経験した場合に起こりやすく、症状は筋緊張性の頭痛、めまい感、全身倦怠感、性格変化などである。頭部外傷後脳症と脳振盪後症候群との区別は難しいことが多い。

(6) スポーツ現場での脳振盪の診断は？

頭をぶつけた選手が脳振盪であるのか、そうでないのかないのか、を瞬時にスポーツ現場で判断することは難しい。この判断基準となるものとして、SCAT 2（Sport Concussion Assessment Tool 2）[10]を簡易にしたPocket SCAT 2がある[11]（図21-5）。このシートを使って、自覚症状、記憶、バランステストのチェックを行い、ひとつでも症状や身体所見が見つかる場合には脳振盪を疑う。

(7) 脳振盪を予防するためには？

コンタクトスポーツでは脳振盪の可能性が高いことを指導者は自覚するべきである。脳振盪を予防するために、川又らは下記のことを推奨している[12]。

①フルコンタクトの練習（回数）を減らす。
②初心者のフルコンタクトの際には特別な配慮をする。初心者と経験者とがフルコンタクトする練習は危険である。
③フルコンタクトの練習は疲労が少ない状況で行う。夏合宿は脳振盪の発生率が高く、疲労が蓄積して集中力が低下していることが原因であると考えられる。
④水分は十分にとる。熱中症を予防して集中力を維持できる。
⑤脳振盪をおこしたらすぐに競技を中止する。脳振盪を起こしたままで、競技を続けると新たな脳振盪だけではなく、より重症の外傷をおこしやすい。
⑥脳振盪発生率をチーム内で認識し、評価と対策をする。

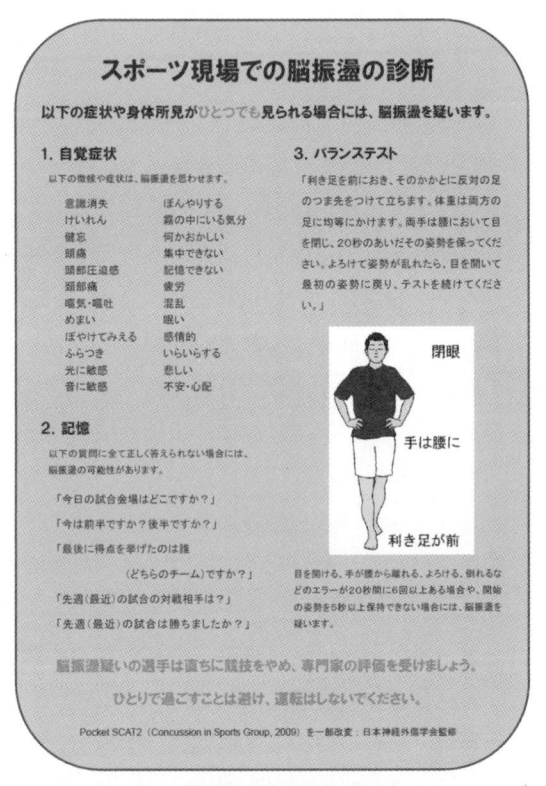

図21-5　スポーツ現場での脳振盪の診断 Pocket SCAT2[6]

(8) 頭部外傷後の練習休止とスポーツ復帰の基準は？

頭部外傷後の練習休止と復帰の時期は、担当の脳神経外科医と相談しながら判断するべきである。医師から練習再開の許可が出た場合でもランニングなどのコンタクトのない練習から段階的に開始し、練習前後に症状がないことを常に確認する。フルコンタクトの開始時期に関しても担当医師の許可を求める。

3. 頸椎・頸髄損傷

(1) 頸椎・頸髄の構造

頸椎は頸を構成する第1頸椎（C1）から第7頸椎（C7）までの7つの骨で構成され。頸椎の後方にある脊柱管を通る中枢神経が頸髄である（図21-6）。頸髄には主に上肢の運動や感覚を支配する左右それぞれ8本分岐した頸神経と体幹や下肢の運動や感覚をつかさどる神経線維がある。

(2) 発生機序と症状は？

発生機序とその症状して下記のものがある。

①過屈曲損傷（頸が前方に傾いて生じる）

頸部が屈曲した状態で頭部への垂直方向の力が加わると、骨折や椎体がずれて（脱臼）脊髄が損傷しやすくなる。典型的な例としては頭からのタックルや水泳の飛び込みによる受傷がある（図21-7）。アメリカンフットボールで頸部傷害を負ったほとんどの選手は、受傷機転として頸椎軸圧・過屈曲で損傷している[13]。このため、選手がミサイルのように頭部からブロックやタックルにいくいわゆるスピアリング"spearing"タックルは反則行為として禁止されている。

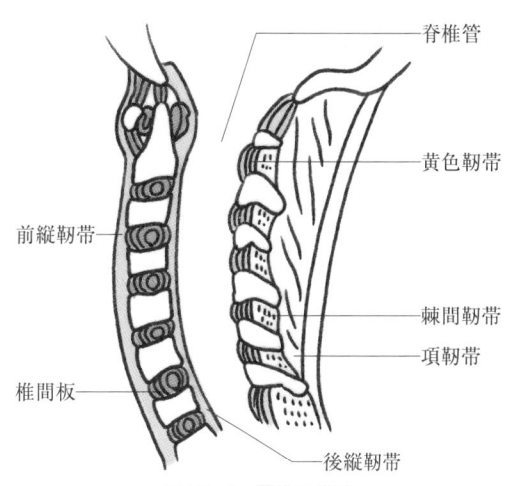

図21-6 頸椎の構造
頸椎の前方では椎間板によって支えられており、後方では脊柱管内を脊髄が通っている。

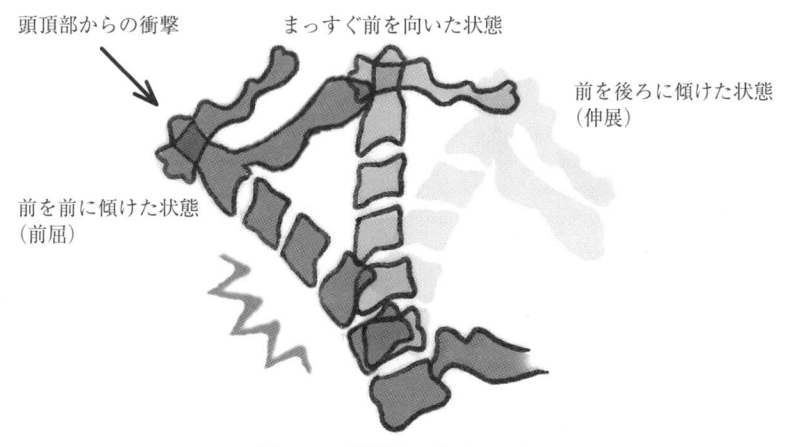

図21-7 頸椎のアライメント
まっすぐ前を向いた状態であれば、頸椎のアライメント（配列）は一般的に少し前に凸の並びになっている。頸を前に傾ける（前屈）とストレートになり、頭の上からさらに衝撃を受けると、脱臼や骨折などの重篤な損傷を受けやすくなる。

②過伸展損傷（頸が後方に傾いて生じる）

前額部、顔面、下顎などを直接打撲した場合に、頭部が過度に後ろに伸展されて生じる。

③回旋損傷（頚が回った状態での損傷）

　回旋性の外力に過伸展や過屈曲が加わると、関節がずれる方向に力が働く。

④側屈損傷（横に傾いた状態での損傷）

　頚部が側屈されて神経が圧迫されたり神経が伸ばされたりするバーナー症候群がある。アメリカンフットボールやラグビーのタックル、相撲に多く、症状として頚部から肩や手にかけての電気が走るような痛み（電撃痛）、一過性あるいは恒久性の神経障害（知覚障害・運動障害）を生じる。

（3）どのような状況で生じるか？

　1990年1月から1992年12月までの3年間に日本パラプレイジア医学会予防委員会が中心になって集計した全国疫学調査では、脊髄損傷の発生は9,752例で人口100万人あたり平均40.2例／年であった[14]。このうち、スポーツによる発生は528例（5.4％）、人口100万人あたり2－3例／年であった。原因となったスポーツ種目は水飛び込み114例（21.6％）、スキー71例（13.4％）、ラグビー・フットボール7例（12.7％）、スカイスポーツ37例（7.0％）、柔道など36例（6.8％）、体操など35例（6.6％）の順であった。

（4）頚椎・頚髄損傷が生じた現場での対応は？

　頚部を損傷したと考えられた時には平らな場所で寝かせた状態で、呼びかけをして意識、呼吸状態を確かめる。次に痛みの部位、上肢と下肢の麻痺の状態、筋力低下の程度、感覚異常（しびれ、異常感覚）の程度をチェックする。手を握らせたり、肘、膝、足関節を曲げ伸ばしをさせて、自分で動かせることができるか？　力はしっかりしているか？　について確認する。また手足のしびれがあるかどうか？　知覚の異常があるかどうか？　について本人の手足や体幹を触ったり、軽くつねったりして知覚異常について確認する。

　頚椎・頚髄損傷が疑われたのであれば、直ちに救急隊を要請する。受傷現場から移動する必要がある場合には担架を使ってできるだけ頚部を固定したまま、多人数で支えながら安全な場所へ移動させる。救急隊が来るまでは頚椎が動かないようにして、意識状態と呼吸状態に注意しながら待機する。頚髄が損傷を受けると胸郭や横隔膜を動かす神経の麻痺によって、呼吸支障をきたす可能性がある。そのため、呼吸状態が低下していたり、脈が触れない場合には心臓マッサージ、AEDを考慮する。その際に、ヘルメットやユニフォームなどははずさない。

（5）頚椎・頚髄損傷後の練習休止とスポーツ復帰の基準は？

　頚椎・頚髄損傷後の練習休止とスポーツ復帰は担当の整形外科医師と相談しながら判断するべきである。頭部外傷と同様に、医師から練習再開の許可が出た場合でもランニングなどのコンタクトのない練習から段階的に開始し、練習前後に症状がないことを常に確認する。フルコンタクトの開始時期に関しても担当医師の許可を求める。

(6) 脳振盪を予防するためには？

　頭頸部重大外傷を防ぐためにいくつかの予防方法がある。月村らは安全なプレー指導を行うことためには、頭を上げて頭頂からの衝撃を受けないようにすること、全身筋力、特にバランスの取れた頸部筋力の獲得が必要であることを述べている[15]。また、スポーツ種目の競技に応じて、飛び込みでは着水時の頸椎屈曲位を避けたり、浅い水深を避けること、柔道では頭が床につくような低い姿勢での背負い投げをしない指導を行うこと、さらに、重大事故が予想されるケースを事前にスクリーニングするため、メディカルチェックを行ったり、競技団体では年次外傷統計報告などで状況を把握すること、競技団体の啓蒙活動、安全対策、安全のためのルール変更することなどを挙げている。

4. さいごに

　頭頸部外傷は学校やスポーツ現場でいつ起こるかわからない。養護教諭や保健体育教諭は、常に最新の情報を入手して突然の事態に備えておきたい。

参考論文

1) 荻野雅宏・川本俊樹・金彪「スポーツによる頭頸部外傷」『脳外誌』13　2004　pp.96-103.
2) 川又達朗・片山容一・森達朗「スポーツによる脳振盪：脳振盪を繰り返すとどうなるか？」『臨床スポーツ医学』19　2002　pp.637-643.
3) 日本脳神経外科学会用語委員会編『脳神経外科用語集』改訂第2版　南江堂　2006
4) 関野宏明「スポーツと頭部外傷」『聖マリアンナ医科学雑誌』27　1999　pp.163-172.
5) 日本臨床スポーツ医学会脳神経外科部会『頭部外傷10か条の提言』小学館スクウェア　2001
6) 日本臨床スポーツ医学会脳神経外科部門「スポーツ現場へ：脳振盪の診断に対する提言」『日本臨床スポーツ医学会誌』13　2005
7) Schneider RC: Head and neck injuries in football: Mechanisms, treatment and prevention. Williams & Wilkins Baltimore、1973
8) Saunder RL., Harbaugh RE: The second impact in catastrophic contact-sports head trauma. JAMA、252、538-539, 1984
9) McCroy PR., Berkovic SF: Second impact syndrome. Neurology、50, 677-683, 1998.
10) McCroy P：2nd International conference on concussion in sports. Br J Sp Med、Clin J Sp Med, 2005.
11) 日本臨床スポーツ医学会脳神経外科部門「脳振盪の診断に対する提言」『日本臨床スポーツ医学会誌』20　2012
12) 川又達朗・片山容一「各種外傷とその初期診断・対応と復帰のガイドライン」『脳振盪　臨床スポーツ医学』25　2008　pp.331-338.
13) 下條仁士「アメリカンフットボールにおける頸部の外傷．障害．1. 頸部外傷の実態と発生機序」『臨床スポーツ医学』16　1999　pp.1233-1240.
14) 新宮彦助・木村功・那須吉郎・塩谷彰秀・大濱満・村田雅明・福田文雄・萱岡道泰「スポーツによる脊椎・脊髄損傷」『日整会誌』70　1996　pp.353-365.
15) 月村泰規・阿部均「コンタクトスポーツにおける頸椎．頸髄外傷の現状と対策」『整スポ会誌』16　2008　pp.172-187.

第22章 小児科開業医からのアドバイス

1. はじめに

筆者は一般の小児科開業医である。いわゆる普通の「町のお医者さん」であるので難しい話は専門書にお任せして、「私はこんな風に小児科外来でお母さんに説明しています」ということを述べてみたいと思う。

2. 感染症とワクチンに対する基本的な考え方 [1)2)3)]

(1) 基本事項

まずはインフルエンザを例に、基本的な事柄を押さえておきたいと思う。インフルエンザワクチンは、インフルエンザウイルスを鶏卵を用いて培養して増やしそれを精製して"インフルエンザウイルスもどき"を作ったものである。この病気にならない様に工夫してうまいこと作った"もどき"を人工的に主に注射という手段を用いて体内に入れ「インフルエンザに感染したよ」と人間の身体（免疫システム）を欺す行為、これがすなわちワクチン接種である。病気に感染した（外敵が侵入した）と欺された免疫システムは、病原体（この場合はインフルエンザウイルス）と戦う。この戦いを免疫応答と呼ぶが、その結果として抗体（IgG：免疫グロブリンG）が作られる。一度やられた相手に対して「今度来たらお前なんかに負けないぞ」、と免疫システムが次回の敵の襲来に備えて、防御の兵隊さんを配置するわけである。このようにして感染防御するのがワクチン接種の目的なのだが、"もどき"に感染するのだから、"もどきの症状"が起こりえる。接種部位の発赤・腫脹・硬結などの局所反応や軽度の発熱などの全身症状、また時に発疹が出ることもある。これらは一般的には許容できるものとして副反応と呼ばれる事が多く、重篤な副作用ないし合併症とは区別して考えてほしい。

(2) 潜伏期間について

病原体（外敵）が体内に侵入しただけでは感染症は発症しない。病原体が体内に侵入してある一定レベル（あそらくは数百万～数千万個）以上に増えた段階で発症する。ある一定レベルまで増えるのに要する期間が潜伏期間である。この間も人間の免疫システムは病原体と戦うが、序盤は不意打ちを喰らい戦闘準備が整っていないから（ワクチン接種は不意打ちされないように抗体という兵隊さんを配置して戦闘準備を予め整えておくことである）、病原体が優勢で増えていくが、免疫応答が起こり徐々に戦闘態勢が構築されていくから、病気として発症する前に病原体を制圧すること

もある。このように病原体に感染しても発症しない事もあり、不顕性感染と呼ぶ。不顕性感染を起こした人は病気の既往は無くても抗体は持っているということになる。「子どもが水痘に罹患したが、親は子ども時代に水痘の既往がないので子どもから感染しないでしょうか？」と相談を受ける事がある。成人は既往が無くても不顕性感染で抗体は保有していることが多く、子どもから親への感染は稀と考えられる。一方、感染しても潜伏期間にある人や不顕性感染の人は症状に乏しく、感染の自覚も乏しいにもかかわらず他の人に感染させる能力はある（キャリアと呼ぶ）ために、感染を拡げてしまう事がある。このキャリアの存在は、集団感染予防を考えるときに、非常にやっかいな事になってしまう事もあるわけである。一般的にワクチン接種しても直ちに効果を発揮するわけではなく、3週間程度かかるが、この事も潜伏期間の事を理解すると頷けると思う。

(3) ワクチンの種類と接種間隔

ワクチンには生ワクチンと不活化ワクチンがある。

生ワクチンは、麻しん風しん混合、麻しん、風しん、おたふくかぜ、水痘、黄熱、ロタウイルス、BCGなどである。その以外はすべて不活化ワクチンである。

あるワクチンを受けて次にワクチンが受けることができるのは、生ワクチン接種後は27日以上、不活化ワクチン接種後は6日以上の間隔を空けることが定められている。

例として、11月5日（月）に生ワクチンを受けた場合は12月3日（月）以降に次のワクチンが接種可能（12月3日の摂取は可能）となる。11月5日（月）に不活化ワクチンを受けた場合は11月12日（月）以降に次のワクチンが接種可能（11月12日の摂取は可能）となる。

(4) ワクチンを受けましょう[4)][5)]

ワクチンギャップという言葉を聞いたことがあると思う。日本ではほんの数年前までヒブワクチン（ヒブHib：インフルエンザ菌b型）も肺炎球菌ワクチンもできない状況で、「諸外国と比較して10年以上遅れている、お寒い状態だ」と多くの小児科医は嘆いていたものだ。

原因について少し考察してみる。例えばある癌患者に同様の治療をした場合に治ることもあれば、死ぬこともある。同じ医療行為で結果は真逆ということは医師であれば経験することはあると思うが、事後に検討すれば「こうすべきだった、こうすれば患者は死なずに済んだ」と医師の瑕疵を指摘することは比較的容易な事である。「被害者がいる以上、糾弾すべき加害者が必ずいる」といった論調が支持された声に流される形で司法が迎合して医療側敗訴の判決がでてくると医療側は完全に萎縮してしまう。さらに行政は場当たり的に「叩かれたくない」ためにワクチン不作為（ワクチンを導入して感染症を予防しようとすると副作用の問題でマスメディアに叩かれるので、感染症の蔓延には目を閉じてワクチン導入しないという消極的態度）へと舵を切ってしまったのがワクチンギャップの原因だと筆者は考える。

しかし「現代医療の最大の功績は多くの感染症の克服であり、ワクチンの開発と普及は多大の成果を挙げた」という意見に異を唱える人はほぼいないだろう。筆者は、ワクチンは現代医学という樹木に実った最も美味しい果実だと考えている。素朴に想像してみてほしい。ワクチンで感染症に

罹患して死亡するリスクをゼロにできないまでも、極小化できるってすばらしい事ではないだろうか。筆者はワクチンで予防できる病気（VPD：Vaccine Preventable Disease）はできるだけワクチンで予防するのが基本だと考える。受けなければならないワクチンが増え「わからない」という意見も聞くが、ワクチンの種類が増えるという事は予防できる病気が増えたという事で、実はとても喜ぶべき事であり、積極的にワクチンを受けて頂きたいと考えている。マスメディアもワクチンギャップの存在に気づき行政もワクチンに対して積極的になってきている。ヒブワクチンも肺炎球菌ワクチンも導入され、さらに不活化ポリオワクチン（IPV）・4種混合ワクチン（DPT：三種混合+IPV）も平成24年秋に接種可能になった。ワクチンギャップ解消へと動き始めており、非常に歓迎すべき流れになってきたと思っている。しかし、国民のワクチンに対する認識が変化した今でもワクチン嫌いの人がおられ、現代医学の最も美味しい果実を食することを自ら拒否している事は小児科医として非常に悲しい事である。

(5) 個別接種か同時接種か？

ワクチンの個別接種と同時接種において、有効性と安全性に差は無いという結論がでている。有効性とはきちんと免疫（抗体）ができるということ、安全性とは重篤な副作用や死亡の頻度のことである。ちなみにワクチンの種類によって若干異なるが、ワクチン接種に伴う重篤な副作用や死亡の頻度は約100〜150万分の1とされている。残念ながら100％安全な医療行為というものは存在しないが、交通死亡事故などの頻度と比較しても「充分に安全」と言って良い頻度だと思う。

3. 発熱時の一般的対処 [6) 7)]

(1) 発熱のメカニズム

ウイルスや細菌などの病原体が体内に侵入すると免疫システムが起動して内因性発熱物質（サイトカイン：感染・外傷・腫瘍などに対する細胞間情報伝達物質として重要な働きをする）が産生され、これが脳の視床下部にある体温中枢に作用して発熱を来す。また身体の震えや四肢末梢の冷感など発熱に伴う様々な身体の反応も引き起こす。

(2) 高熱と脳障害について

「高熱で脳が障害を受けるのでは？」と多くの方が心配してよく質問を受ける。通常の感染症による発熱では脳内の安全弁が作動する（過度の体温上昇を抑制する解熱性ペプタイドが放出される）ので熱が際限なく上昇し続ける事はなく、体温が41.5℃を超える事はない。また41.5℃以下の熱で脳が障害されることもないので心配無用である。もちろん瞬間最大風速的に41.5℃を超えたら直ちに脳障害を起こすの考えるのは誤りだと思う。

しかし髄膜炎や脳炎などの中枢神経感染症は、脳に不可逆的障害を起こす可能性がある非常に重篤な病気であるから注意が必要である。こうした中枢神経感染症の原因として多いのがヒブであり肺炎球菌なのだ、ヒブワクチン・肺炎球菌ワクチンが中枢神経感染症で死亡したり、救命できても

障害を残すという不幸な子どもを出さないために、いかに重要か理解してもらえると思う。

(3) 発熱は何℃から？

この問いに答えるのは容易ではない。ただ37℃以上が無条件に発熱ということはない。発熱と高体温は微妙に異なると考える、前述のごとく発熱時には体内では発熱物質が産生され様々な発熱に伴う身体の反応（元気がない、頭痛、腹痛、吐きけ、寒気、四肢冷感、種々の痛みなど）があるはずである。また特に子どもの場合は身体が小さく熱容量も小さいから、外部環境の影響を受けやすい。例えば、服の着せすぎや布団の掛け過ぎで、熱発散が妨げられ熱がこもって体温が上昇するし、風呂上がりに熱を測ればきっと37℃後半くらいを示しているはずである、特にこうした傾向は新生児ほど顕著である。つまり子どもの場合は37℃を超えても発熱ではないことは多く37.5℃以下が発熱のことはむしろ稀と言ってもよいと思う、一方熱がこもっただけで38℃を超える事も稀であるから38℃超はやはり発熱と考えてよいと思う。37.5〜38℃はグレイゾーンで、発熱のことも発熱ではないことも多い、筆者は便宜的のこのように考えている。注意してほしいのは37℃前半でも「なんとなく元気がない」とか「顔色が悪く機嫌も悪い」など発熱をうかがわせる何かがある時は発熱初期のことも多いという事である。また「発熱をうかがわせる何か」がある時は熱は37℃以下でも油断しないでほしい。体温を正確に計るのは意外と難しいもので数字が低くても実はうまく計れていない事もあるのだ。

(4) 解熱剤は使うべき？

まず発熱は身体にとって良いことか、悪いことか、という事を考えてみる。発熱時に生体はエネルギーを無理矢理空焚きしてでも、体温を押し上げようと必死になっているという見方もできる。事実、多くの研究で変温動物や恒温動物に細菌やウイルスを感染させた実験で体温の上昇を阻止すると死亡率が高くなることが示されている。では発熱時は自然に任せて解熱剤を使わないのがよいのだろうか、筆者は反対である。何より熱が出ている時は「しんどい」のである。子どもの場合は食欲が落ちるだけでなく水分補給が困難になったり安静の保持や睡眠も困難になることもしばしばである。こうした「しんどい」症状はなりよりもまず除去してあげたいものである。また発熱自体が有害事象を引き起こす事があるとする研究報告もある。

多くの小児科医は38.5℃以上で解熱剤の使用を指導していると思われるが、38.5℃以上の場合に必ず解熱剤を使うというのは誤りである。因みに小児科外来では特に新生児幼児の場合は坐薬が頻用されるため解熱剤と坐薬はほぼ同義として用いられているが、かつては発熱恐怖症（おそらくは高熱が脳障害を引き起こすと心配しての事と思われる）のために、必要以上に坐薬を使う母親が多かったが、近年は必ずしも解熱剤を使わなくてもよいという認識が普及したために減っている。しかし「むやみに解熱剤を使うのは誤り」と考えて、使わなすぎる（我慢しすぎる）母親も見受けられるようになった。「むやみに解熱剤を使うのは誤り」これは正しいが、行き過ぎはいけない。

解熱剤（坐薬）の使用に当たっては38.5℃を一つの目安とするが、これは絶対的基準ではなくあくまで目安である、重要なのは子どもの症状である。新生児なら「ミルクの飲みが悪い」「機嫌

が悪い」「手足のバタバタがなくドテッとしている」「眠いはずなのにグズって眠りに落ちていけない」など、幼児なら「食欲が極端にない」「水分がとれない（よって薬も飲めない）」「元気なく表情もさえないないし悪い」など一言で言うならば「しんどい」時は38.5℃に関係なく解熱剤を使用すべきだと考える。例えば「朝から熱が38℃前後あって午前中は比較的元気だったけど熱が上がりきるでもなく、ダラダラ続き夕方近くになると、花がしおれてくるようにだんだん元気がなくなってきて体温を測ると38.3℃、どうしようか？」という時は筆者は解熱剤を使ってあげるべきだと考える。熱の出始めは顔色も蒼白でしんどそうだったが、熱が39.5℃と上がりきると手足もポッポ・ポッポして熱くなり顔もゆでダコみたいに赤くなったにもかかわらず、笑顔も出る様になりミルクも飲んでくれる赤ちゃんには、無理に坐薬を入れる必要も少なく、身体の汗を濡れたタオルで拭いて肌着を替え、充分に水分補給して氷枕などで冷やしながら安静に寝かしてあげるなどといった伝統的でベーシックなケアで充分という事も多いと考える。

　ちなみに、「麻疹の熱は下げていけない」というのはかつて非常に広く信じられていた民間伝承であった。内にこもる（内攻：麻疹が重症化して種々の合併症を起こしてきた状態を先人はこう呼んでいた）というのが理由なのだが、これには医学的根拠がなく誤りである。民間伝承の中には「先人の知恵」として非常に当を得た優れたものが多いが、「麻疹の熱は下げていけない」は迷信といってよいものの代表例である。

(5) 発熱とお風呂

　「発熱時はお風呂に入ってはいけない」という鉄則は昔からよく信じられているが、果たして本当だろうか。筆者はこの鉄則には2つの理由があるのだと考えている。

　①湯疲れ：日本人の入浴は基本的に熱湯(あつゆ)である。比較的高温多湿の日本の気候には適しているし、入浴は軽い運動と同じくらい身体に負荷がかかるので少し疲れる、軽い疲労は睡眠導入にはもってこいであるから非常に理に適っていると思う。しかし、入浴は発熱時の安静を阻害するのではないかという懸念がある。

　②湯冷め：お風呂上がりに急激に身体を冷やすと気道感染症状などを増悪させる懸念がある。夏だと暑いからといってエアコンを効かせすぎたり、冬は湯冷めしないようにしっかり温まったあと発汗多量のため肌着が濡れてヒヤーとするなど季節に関係なく湯冷めはある。

　しかしこの2つ、湯疲れと湯冷めであるが、例えば「ぬるめの湯で汗をサッパリ流したら長湯にならないよう早々に切り上げる」という方法で入浴して頂けたら、乳幼児の場合は特に汗疹などの心配もなく何より気持ちよいし寝付きもよいと思う。もちろんしんどい状態で無理に入浴するメリットはないが、湯疲れと湯冷めに気をつけてもらえたら、むしろ入浴は好ましいのではないかなと筆者は考えている。

4. 熱中症と脱水症・水分補給[8]

(1) 熱中症

　熱中症は暑熱環境で生じる種々の身体の異常（障害）の総称で次の4つ病型がある。これらはお互い独立して生じるものではなく通常は関連しつつ複数合併するものと考えてほしい。

　①熱疲労：脱水による症状である、脱力感・倦怠感・頭痛・吐きけなどである。

　②熱けいれん：大量発汗時に水分のみ補給した場合など低ナトリウム血症を来し、四肢に筋肉痛・けいれんを起こす。

　③熱失神：暑熱環境では小児はもちろん成人でも大量の汗をかき、暑いから皮膚表面の血流を増やして熱を発散させようと末梢血管が拡張するので循環血液量が減少する、また脱水も加わるとさらに脳血流が減少して失神・顔面蒼白・呼吸数の増加・頻脈などの症状を示す。

　④熱射病：体温上昇のため中枢神経に異常をきたした状態である。意識障害（応答が鈍い、言動がおかしい、意識がない）が特徴的で、全身の臓器不全を合併することが多く、重篤で生命に関わる状態である。

　脱水症とは、一言でいうなら水不足の状態である。人の身体は常に水分を失いつつ、新たに水分を補給して体内の水分量を一定に保持している（水の動的平衡状態）。水分喪失は汗・尿・皮膚からの蒸散・呼吸・嘔吐・下痢などであり、水分補給は飲水の他に食事である。意外かもしれないが、食事には実に多くの水分が含まれており、通常通りの食事ができていればそれだけでかなりの部分水分補給はできてしまうから、成人であれば特別水分を摂取しなくても極端な脱水になることはないはずである。小児の場合は感染・発熱・嘔吐・下痢などで食欲が落ちてしまうと水分摂取を意識的にしないとたちまち身体は脱水の方向へ向かう。

(2) 水分補給と脱水症対策

　脱水症は水の喪失と補給の問題であるが、脱水症対策を考えるときは通常水分は失いやすいか失いつつあるかすでに失ってしまった状態であるから、脱水症の予防と治療はいかに水分補給をうまくするかという問題につきると思う。経口摂取できない時は輸液（点滴静注）であるがこれは医療の守備範囲であるから、ここでは水分の経口摂取に限って述べる。

　実は汗をかくということは水とともに必ずナトリウムを失う。生体にあっては「水とナトリウム（塩）は一緒に動く」というのは医学の常識である。塩分は何となく高血圧に繋がる悪いものというイメージがあるが、脱水症・水分補給を考えるとき、塩分摂取は非常に重要である。塩分摂取が不十分の場合は、体液希釈のため起こる低ナトリウム血症や水の偏在などいろいろと問題を起こす。水分補給に当たってはナトリウムその他の電解質の補給も同時に考える必要がある。スポーツドリンクは糖質と伴に水分がお腹に入るので腸管からの水の吸収がよく優れているが、これだけでは塩分（ナトリウム）が不十分で低ナトリウム血症が心配になってくる。水分補給に何を飲ませたらよいのかよく質問されるが、お茶とスポーツドリンクを中心に考える。どうやら甘ったるいもの

は吐きけが強い時は嘔吐しやすい傾向があるようであるから最初はお茶が無難である。また塩分摂取も考えてスープやお味噌汁など（もちろん具なし）も摂るとよい。カリウムやカルシウムなどの電解質補給も考え、果汁を薄めたものもお勧めである。いずれにしても、いろいろな種類にすると質的にもよいし量的にもしっかり摂れるものである。なお牛乳はこうした場合水分というよりも食品と考えてほしい。脱水症対策としての水分補給には不適である。

　自らの意志で飲もうと思えば飲める段階にあれば予防が第一である。具体的にはお茶・スポーツドリンクなどで水分を定期的にいわゆる「まめに」摂取してほしい。スープ、塩飴や塩を効かしたおむすびなどで塩分摂取も気をつけてほしい。

　飲もうとしても吐きけが強くうまく飲めない状態の時は注意と工夫が必要である。頑張って飲んでも吐いてしまうと、飲んだ量以上の水・塩分その他の電解質を失い状態はさらに悪化していくので、胃腸が受け付けてくれて吐かない程度、すなわち少量ずつ飲むとよい。欲張って一度に大量に飲んでも吐いてしまっては何にもならない。少しだけ飲んではお腹の様子をうかがってお腹が受けつてくれたのが確認できたら、また少しという具合に少量頻回が基本である、どうしても吐いてしまうときは経口摂取不能と判断し輸液が必要である。こうした脱水症対策としての水分補給の要領は、感染性胃腸炎（ウイルス性腸炎）の時も基本的に同じである。

　また失神して（気を失って）すぐに目が覚めない時や前述の熱射病が疑われる場合、すなわち呼びかけに応答がないなど意識障害の状態もしくは疑いのある状態は、救急車を呼ぶなど救急受診が必要である。

（3）熱中症対策

　熱中症の予防・ケア・治療は脱水症対策と暑熱対策という2点につきると思う。脱水症対策は前述の通りである。暑熱対策としては、夏など極端な暑熱環境では屋内でも屋外でも運動はしないこと、どうしてもしたい時はできるだけ涼しい環境での充分な休息と水分補給を定期的に確保すること、屋内では換気・扇風機・エアコンなどを使い涼しい環境を作ることなどである。特に身体の特性として、小児は身体に抱えている水分の総量が少なく脱水に陥りやすく、高齢者は脱水に対する身体のセンサーの感度が衰えており、咽の渇きを感じにくいので要注意である。

　熱中症が疑われる症状（軽い症状）が見られた場合に、涼しい環境で水分補給して休息すると症状が一見良くなって、子どもたちは「もう治った、大丈夫」などと言うのであるが、リバウンドがある。運動再開してすぐまた症状が増悪することがあるので、楽になっても決して甘く見たり安易に軽症と判断しないように気をつけてほしい。

5. 熱性けいれん[9]

　熱性けいれんの定義は「通常38℃以上の発熱に伴って乳幼児期に生じるけいれんで、中枢神経感染症や水分・電解質不均衡など、けいれんの原因になる明らかな異常のないもの」となっている。「けいれんの原因になる明らかな異常のない」ということは、髄膜炎・脳炎脳症・頭蓋内出血・

腫瘍など頭の中の病気があるわけでなく、「てんかん」とも異なる。原因は必ずしも明らかではないが、乳幼児の脳は発達途上にあり、その未熟性のために起こすと考えられている。つまり例外はあるものの正常乳幼児が発熱時に起こすけいれんと考えてよい。

頻度は7～10%と多く、家族歴を有する（兄弟間で多発）ことが多い。発症は6カ月～3歳（特に1歳代）が圧倒的に多く、やや男児に多い。約1/3の患児が再発し、3回以上の再発は9％とされているが、熱性けいれんの患児がけいれん発作を起こすのは生涯に1回だけというのが過半数である。

熱性けいれんの患児が7歳までにてんかんを発症するのは2％程度と報告されており、一般人口におけるてんかんの頻度の4～6倍とされている。

《けいれん時のプライマリケア》
① あわてない、あせらない：じっと児の様子を観察し見守る。熱性けいれんで呼吸・心臓が止まることはまずない。
② 何もしない：舌を咬ませないように口に割り箸や指を入れるのは危険なので禁忌。大声で連呼したり、ゆすったりしない。
③ 楽な姿勢で：嘔吐を伴うことがあるので、落ちついて児を横臥位に寝かせて、呼吸しやすいように衣服を緩める。
④ じっと見る：時計を見て持続時間を計る、通常5分けいれんしたら30分くらいに長く感じる。けいれんの様子を観察してあとで主治医に伝えられるようにする。
⑤ 5分経過しても、けいれんが治まりそうにない時は迷わず救急車を呼ぶ。

6．おわりに

筆者はあえてザックリとした表現で書かせて頂いたので、異論もあると思う。しかし、現時点で一般のお母さんに提供することを前提としたベストアドバイスを述べたつもりである。保育園・幼稚園・小学校で子どもの健康に携わる皆様に、「ああ、小児科医（筆者だけかもしれないが…）はこのようなことを考えながら、外来で話しているんだ」と少しでも参考にして頂けたらとても幸せである。

参考文献
1) 岡部信彦・多屋馨子『予防接種に関するQ&A』一般社団法人日本ワクチン産業協会　2012
2) 豊原清臣ほか『開業医の外来小児科学』改訂5版　南山堂　pp.35-43.
3) Robert A. Dershewitz：Ambulatory Pediatric Care Third Edition, 80-98
4) 岩田健太郎『予防接種は「効く」のか？』光文社新書
5) 小松秀樹『医療の限界』新潮新書
6) 豊原清臣ほか『開業医の外来小児科学』改訂5版　南山堂　pp.61-77.
7) Robert A. Dershewitz：Ambulatory Pediatric Care Third Edition, 881-886
8) 環境省「熱中症環境保健マニュアル」(2011年5月改訂版)
9) 豊原清臣ほか『開業医の外来小児科学』改訂5版　南山堂　pp.514-522.

第23章 地域医師会からみた学校保健

1. はじめに

　われわれの安佐医師会は、広島市安佐地区にある。安佐地区とは、広島市の北部の安佐南区、安佐北区の範囲で、広島市の面積の 52.0％、人口では 32.8％を占める。人口は 388,696 人である。若年人口の割合は、安佐南区は 17.8％で新興住宅地が主体であり、安佐北区は 13.0％で少子高齢化の状態である。安佐医師会の管内の小学校は、安佐北区 27 校、安佐南区 26 校、計 53 校、生徒数 24,715 名（男子 12,654 名　女子 12,061 名）、中学校は、安佐北区 11 校、安佐南区 13 校、計 24 校生徒数 11,638 名（男子 5,899 名　女子 5,737 名）、高校は、安佐北区 1 校、安佐南区 1 校、計 2 校生徒数 1,262 名（男子 566 名女子 696 名）（平成 24 年 5 月現在）である。

　安佐医師会所属会員は 527 名であり、小、中、高校延べ 79 校の校医をしている。現在、筆者は安佐医師会学校保健担当理事で安佐医師会学校保健委員会委員長を務めている。本章では、地域医師会からみた学校保健についてわれわれの医師会の活動を中心に述べる。

2. 学校保健における地域医師会の役割

　学校保健は、医師会活動の中でたいへん重要な位置づけがなされており、年間約 70 もの学校保健関係の委員会、研修会、協議会、先生とこどもの心のふれあい相談、広島市教育委員会との懇談会などがある。

　学校保健の主役は児童生徒であり、児童生徒が今後の日本を担っていくことは確かであり、一人ひとりが心身ともに健康で、社会で自立するためのライフスキルを身につけ、生涯にわたって健康について意識していくために、地域医師会の学校保健事業はたいへん重要な役割を持っていると感じている。

　学校保健法は学校保健安全法へ改正され平成 21 年 4 月より施行された。子どもの安全を脅かす事件、事故及び自然災害に対応した総合的な学校安全計画の策定による学校安全の充実が加わった。また改定のひとつに地域の医療関係機関等との連携による児童生徒等の保健管理の充実があるが、安佐医師会ではそれ以前より、独自に健康教室を昭和 54 年から年 1 回開始しており、心の相談は平成 14 年より追加している。

　健康教室は、内科・整形外科・耳鼻科・眼科・皮膚科・精神科の専門医が、安佐北区、安佐南区の中のそれぞれ小学校一校ずつ、つまり 2 校と安佐医師市会館を会場とし、安佐地区の児童生徒の希望者に対して健康相談を行っている事業である。つまり、この事業は健康相談であり、保護者

への周知を高める目的で、平成24年より、事業の名称を健康教室から健康相談教室に改めた。また、この事業は、安佐医師会より枠を広げた安佐学校保健会（医師・歯科医師・薬剤師・栄養士・学校校長先生や養護教諭、保健指導教諭等の協力・連携組織）で行っており歯科、環境・薬、栄養、喫煙防止の相談も行っている。筆者が安佐学校保健会研究協議会にて「広島市安佐地区における健康相談教室事業の報告」という演題にて発表した際の健康相談教室の内容および相談数等の経年的変化をグラフ等で示す（表23-1）（図23-1）（図23-2）。

筆者も、先生とこどもの心のふれあい相談事業に参加しており、また広島市障害程度区分認定等審査会会長を務めているが、平成22年10月より発達障害も申請の対象になり、それ以来、発達障害の申請者が増加している。発達障害児のノーマライゼーション、地域社会で自立して生活していくためにも社会で支えていかないといけないと感じている。安佐医師会学校保健会研修会に講師を招いて発達障害への対応についてなどの講演を開催している。また、安佐学校保健会の協議会では、学校の校長先生、養護教諭、保健主事などの教諭、学校医、歯科医師、薬剤師、栄養士、PTA

表23-1　健康相談教室

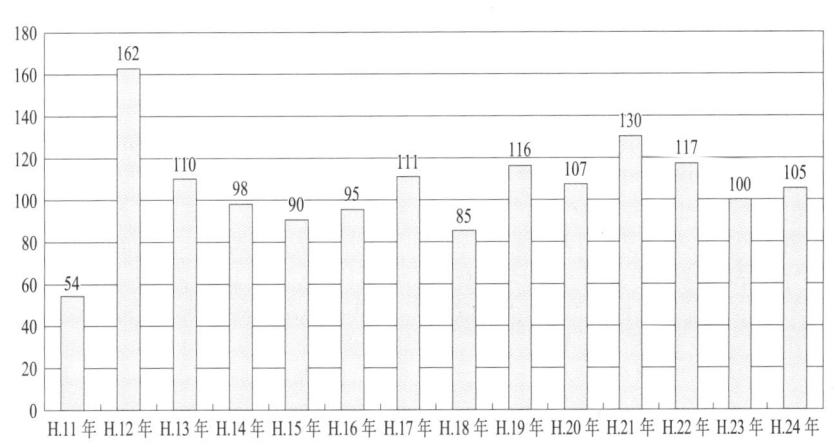

| 内科のコーナー |
| 整形外科のコーナー |
| 耳鼻咽喉科のコーナー |
| 眼科のコーナー |
| 皮膚科のコーナー |
| 心の相談コーナー |
| 歯科コーナー |
| 栄養相談コーナー |
| 環境・薬相談コーナー |
| 喫煙防止コーナー |

図23-1　健康相談教室　年度別相談数（総数）

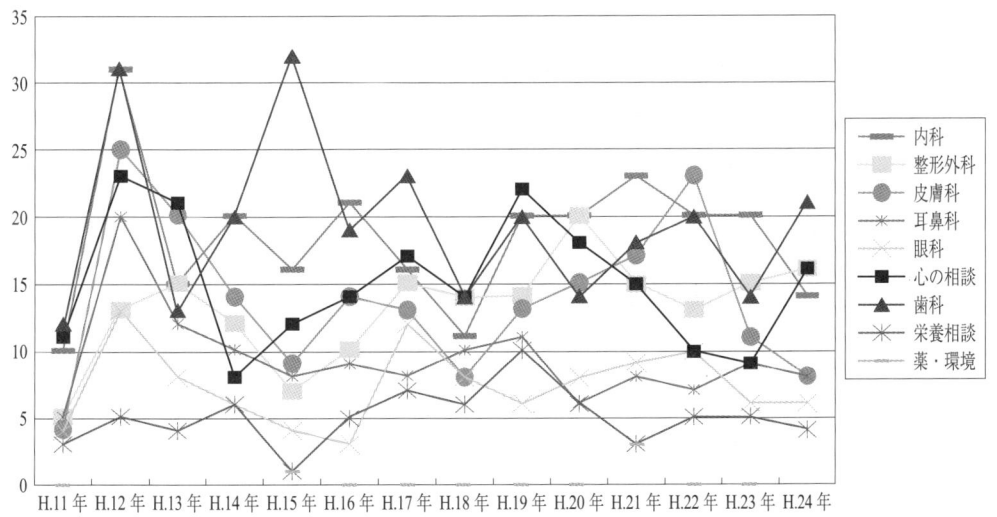

図23-2　健康相談教室　年度別相談数の推移（科別）

> **コラム⑧**
>
> ### リエゾン
>
> 　今後の展望として、児童生徒が各学校の学校保健委員会に参加し、健康について学び医療に関心を持ち、将来、厚生労働省、文部科学省や教育委員会に所属することになれば、さらに良い学校保健の構築につながるのではないか。
> 　児童生徒たちに言いたい。Join us and let's work together！
> 　学校保健関係者は顔がわかる結びつきを日ごろから深め、信頼関係を作っておくことが重要であろう。孤軍奮闘するのでなく、多職種の人々が支え合ったりお互いに調整役になることが大事である。学校保健会が、お互いに語り合い情報を共有し共感できる場となり、子どもたちも参加したいと思えるような場になるよう努力していきたいものである。子どもの時から健康に対する知識が多ければ親になった時に、自分の子どもたちに、健康について教え、伝えていける。これこそが学校保健の本質だと考える。
> 　すべての連携（リエゾン）はこどものために！　　All for children！

など幅広い学校関係機関で、発表し合いお互いを知りながら、一緒に学習している。今後も地域医療で命を守るという同じ志をもっているわれわれ医師が、学校現場で児童生徒に、いのちの大切さや他者へのいたわりのこころを教えていくべきだろう。

　現状を見ると、日本は児童・生徒という木を見て家庭という森を見ていない様に思える。もう少し家庭や保護者に対して目を向け啓発活動すべきとも思える。できることから、ひとつずつ！家庭内視診で早期発見！を心がけたいものだ。

　家庭内視診で早期発見をキャッチフレーズに側わん症および側わん症のチェックポイントの啓発活動事業として、家庭での側わん症のチェックポイントの用紙①を年2回、学校を通し家庭へ配布している（図23-3）。

　また、広島市教育委員会の方に、健康調査票に側わん症チェック項目を追加していただくよう要望をだしていたが、当該年度は追加されなかったので、家庭での側わん症のチェックポイントの用紙②を学校内科検診時期の前に学校を通して家庭へ配布し、家庭でチェックしてもらい、記入後きりとり線以下を学校に提出してもらった（図23-4）。学校の先生方に、チェックがある生徒に対して学校健診で使う保健調査票に記入してもらうようにした。学校内科検診を担当した医師の感想で生徒たちが家で前屈テストしていたせいかスムーズに検診が進んだという声があった。平成24年度から保健調査票に側わん症チェック項目が追加されたので、家庭での側わん症のチェックポイントの用紙②は必要なくなり、用紙①を年2回、学校を通し家庭へ配布している。

　1978（昭和53）年から、ほぼ5年毎に安佐北区の2校、安佐南区の1校の小学6年生の児童で保護者に同意が得られた児童に採血検査を行っている[1]。

　安佐医師会学校保健会の研修会では、平成22年度からは広島市教育員会からも報告して頂くコーナーを設け、校医、園医、学校の先生、養護教諭も参加し、毎年いろんな分野の勉強を一緒にしている。

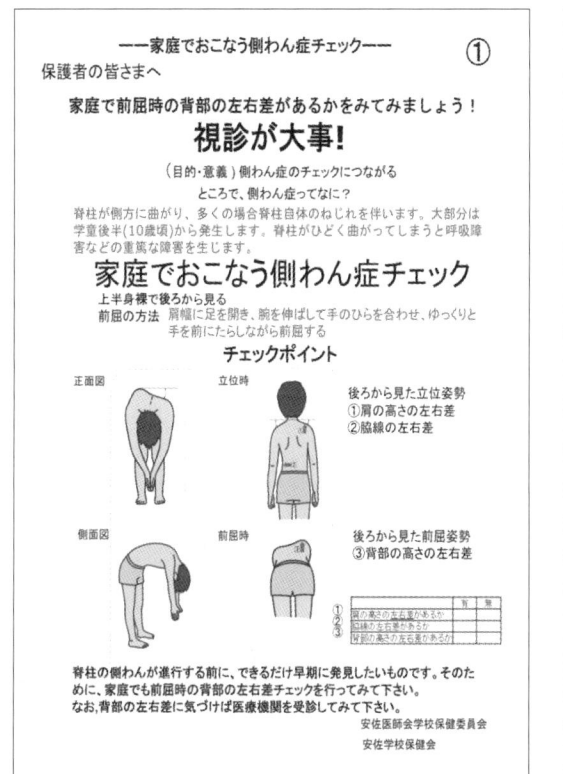

図23-3　側わんチェックシート① 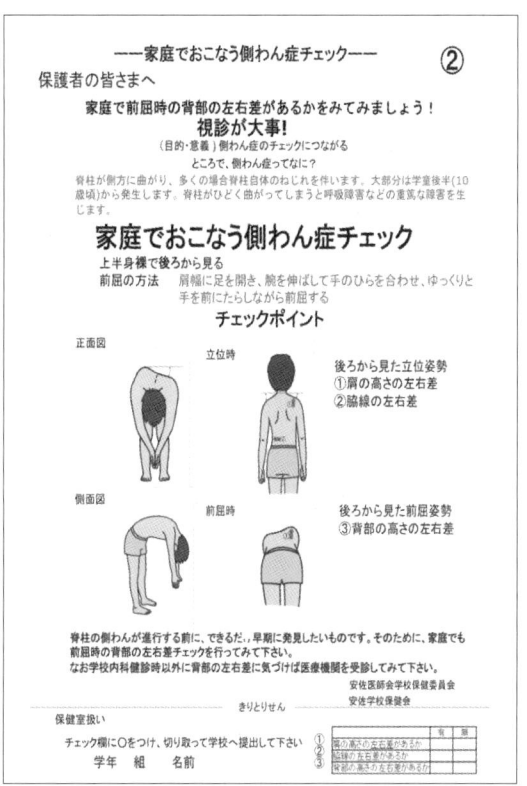　　　　　図23-4　側わんチェックシート②

　また、広島市教育委員会との懇談会では、毎年4から6個の要望・意見を出し協議している。
　そのほか、筆者は広島県医師会代議員を務めており、代議員会において学校保健関係の質問および要望を出している。内容としては、平成22年度には、学校現場における学校保健委員会の設置率100％の実現に向けて、および保健調査票への側わん症チェック項目追加について広島県医師会より教育委員会への要望、平成23年度には、学校保健安全法に基づいて学校の耐震工事早期完了および早期の空調設備の整備を教育委員会への要望、平成24年度には就学時支援事業の更なる充実を教育委員会への要望、平成25年度にはいじめ問題についての質問および要望などである。
　それぞれの視点からみた健康課題に対してどのように取り組むか。効果的な支援方法は何か。学校養護教諭、教育委員会・保健部局・医療機関それぞれがすべきこと、また多角的な視野で協力してチーム的に取り組むこと、ここに、多職種の連携の重要性がある。
　筆者は第43回全国学校保健・学校医大会において、小、中、高校生のRICE処置の認知度の現状という演題で発表した。足関節捻挫で当院受診した小、中、高校生54人を対象に記入式アンケートを行った。RICE処置を知っていると答えたのは4人（7.4％）であったが、正確にRICE処置を答えられたのは、0人であった[2]。そもそも認知度の実態を調査したのは、適切でない処置をして来院する患者があり、RICE処置が一般に知られていると思っているのは医師の思い込みではないかと疑問を持ったからである。結局、医師の思い込みであった。今後は、児童生徒および保護者に対してRICE処置の啓発もしていかないといけないと考えている[3)4)]。啓発する場合には、「お

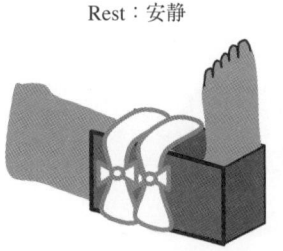

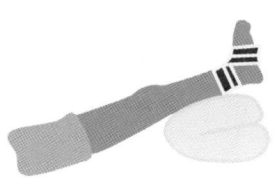

図23-5 RICE（ライス）処置
捻挫などの外傷時に行う応急の4つの処置の総称を意味し、これらの頭文字をとった言葉。冷却しすぎによる凍傷や、圧迫しすぎによる血流障害に注意。

米は英語でRICE（ライス）。つまりカレーライスやオムライスのライスです」と教え、「意味は違うがRICE処置の言葉を忘れたらお米（RICE）を思い出そう！」といった工夫もよいであろう（図23-5）。つまり、われわれ医師会は、医療のスペシャリストとして、学校関係者に医療の情報提供をしつづけることが大事だと考えている。

さて、人の身体は一昼夜（地球の自転）とほぼ同じリズムを示すそうだ。これをサーカディアンリズム（概日リズム）といい、ラテン語の"CIRCA"（約）と"DIAN"（1日）の造語である。生体時計の中枢時計は視交叉上核で、最近の研究ではBmal1という時計遺伝子から作られるBMAI1蛋白が脂肪の蓄積に関与している可能性があるとのことである。生活習慣病の若年化もあり、運動習慣の形成、食習慣の在り方、基本的な生活習慣の形成の啓発が重要であろう。学校保健を通して、若年のうちに自分の健康管理を習慣づけてあげることがわれわれ地域医師会の使命だと考える。そのためには学校を核としたヘルスプロモーションの展開が必要であろう。

3. おわりに

児童生徒の健康は、社会の鏡、地域の鏡だと思う。筆者は「知識は最高の薬」だと、講演の中でよく述べるが、正しい知識を児童生徒および保護者に啓発していくことが大事である。つまり、何ごとも情報提供が重要である。

学校保健に関与する学校教諭、保健主事、養護教諭、学校医、関係医療機関の医師が、児童生徒の健康を守るという同じ思いで仕事をしている。常に我々医師・地域医師会にできることは何かを検証しつづけることが、わが国の未来を担う児童生徒の命、健康を守ることになるであろう。

参考文献
1) 桑原正彦「広島県安佐地区における小学6年生時のメタボリック症候群の現状」『若年者心疾患・生活習慣病対策協議会誌』2011　pp.27-28.
2) 松本治之ほか「小・中・高校生のRICE処置の認知度の現状」『第43回全国学校保健・学校医大会誌』2012　pp.23-25.
3) 松本治之「高校生のRICE処置に関する認知度調査の検討」『広島スポーツ医学研究会誌 Vol.14 No.14』2013　pp.31-33.

4) 松本治之「小・中・高校生の RICE 処置に関する認知度調査の検討」『日本整形外科学会雑誌 Vol.87 No.3』2013 s703

コラム⑨

パルコシェーニコ

ボンジョールノ！

　生涯にわたる健康づくりの中で、身体面、精神面の発達と変化が著しい幼少から学童期における健康教育、保健指導は極めて重要であろう。また、健康やいのちに関心をもち、健康な心と体について考え、進んで実践する子どもの育成も大事であると筆者は考える。というのも、人は気づくことで変われるからだ。まず、気づかすことが大事。日ごろから何事にも問題意識を持つことが大事で、何事に対しても客観的に見られる視点を持つことも大事である。その中で、子ども時代に生涯の健康づくりの基礎を培う学校保健の果たす役割は大きいと思える。学校は生涯健康の基盤形成の舞台（パルコシェーニコ）とも言える。インフラとはラテン語を語源とし、基盤を意味する。かつてのローマ人は、インフラを人間が人間らしい生活をおくるために必要な大事業と考え、アッピア街道、水道橋などを整備した。同様に行政・学校等が児童・生徒が各人各様の夢を持てるように、基盤を整えることも大切であると思う。

> 参考資料

韓国の保健室の現状

1. はじめに

　現在、韓国の教育科学技術部（Ministry of Education、Science and Technology、日本の文部科学省にあたる組織）は、学校保健事業の基本方針として学生が安全で健康な学校生活を送ることができるように、「養護教諭の活動を強化すること」「保健衛生施設を改善し、きれいな教育環境を造成すること」「保健及び健康に対する正しい知識を提供し、健康管理能力を高めること」を掲げている。

　また、韓国の学校保健室に関する運営方針は、「学校保健法」（法律）及び「学校保健法施行令」（大統領令）に定められている。2007年12月に改訂された学校保健法・第三条によると、「学校の設立者及び経営者は、大韓民国の大統領が定める法律に従い、必ず、保健室を設置するとともに学校保健に必要とされる設備や器具を揃えるべきである」と明記されている。

　近年、韓国における保健室を取り巻く環境は時代とともに変化しており、多くの問題が指摘されている。特に常勤の養護教諭が配置されていない学校が2割以上を超えているのが現実であり、養護教諭の不足問題は大きな課題となっている。養護教諭を志願する若者のほとんどが都会にある学校に行きたがる傾向があるために、非首都圏や農漁村の養護教諭の不足問題は深刻である。また、肥満問題や喫煙・飲酒・薬物濫用など、養護教諭が取り組むべき課題が増えてきている。本章では、韓国の学校保健室の機能から養護教諭の職務、そして、教育科学技術部が学校保健として取り込んでいる主な事業内容を紹介するとともに、韓国の保健室の現状を述べる。

2. 韓国の学校保健室の機能

　2012年に改訂された韓国の「学校保健法」（法律第11220号）に示されている「学校保健室の目的」「養護教諭の職務」「取り組む主な事業内容」について紹介する。

(1) 学校保健室の目的

　「学校保健法」（法律第11220号）は、学生と教職員の健康を保護・増進することを保健室の目的としている。学生と教職員が自ら健康を管理する能力を培うように、健康に関する正しい知識や健康な生活習慣を身に付け、生涯健康につなげるように指導することが学校保健の究極的な目的である。

(2) 養護教諭の職務

2012年8月に改訂された「学校保健法施行令」(大統領令第24026号) は、養護教諭の職務を表1の通りに明記している。

表1 韓国の養護教諭の職務

1. 学校保健計画の策定
2. 学校の環境衛生の維持・管理及び改善
3. 学生と教職員の健康診断の準備と実施への協力
4. 各種疾病の予防処置及び保健指導
5. 学生と教職員の健康観察と学校医師の健康相談、健康評価などの実施への協力
6. 虚弱な学生に対する保健指導
7. 保健指導のための家庭訪問
8. 教師の保健教育への協力と必要時の保健教育
9. 保健室の施設・設備及び薬品などの管理
10. 保健教育資料の収集・管理
11. 学生健康記録カードの管理
12. 以下の医療行為 (看護師免許を持っている養護教諭のみ) ①外傷などの治療 ②応急を要する者の応急処置 ③負傷と疾病の悪化を防止するための処置 ④健康診断の結果、疾病と判断された者の療養指導及び管理 ⑤①から④までの医療行為による医薬品の投与
13. その他の学校の保健管理

表1をみると、韓国の養護教諭は、学校に設置されている保健室の常勤管理者であり、体育教師、または学校が定める医師や薬剤師と協力することが求められている。また、養護教諭が看護師免許を持っている場合は、表1の12で定められている医療行為ができるものの、看護師免許を持っていない場合は、独断の医療行為ができないため、学校側が定める学校医師や学校薬剤師の指示に従うことになっている。また、体育教師が主管する保健授業や体力テストの協力者となることが求められている。

(3) 主な事業内容

韓国の学校保健を担当する行政機関である教育科学技術部が「学校保健」として取り込んでいる主な事業内容を紹介する。

表2は、教育科学技術部が学校保健の事業内容として取り組んでいるものである。主な推進計画として、「保健教育の環境改善」「疾病プログラムの強化」「喫煙など健康有害減少への取り組み」「保健所とのネットワーク構築」がある。

まず、「保健教育の環境改善」では、「養護教諭配置の拡大」「学校及び周辺の衛生環境の改善・整備」などが掲げられている。このうち、養護教諭の不足問題は大きな課題である。しかし、韓国の養護教諭の配置率は、2001年58％、2007年65％、2011年73％と徐々に増加傾向にあるため、近い将来に教育科学技術部の最優先課題である養護教諭配置問題は解決できると考えられる(表3参照)。しかし、「首都圏中心主義」という社会的な風潮を根本的に変えない限り、非首都圏や農漁村の養護教諭の不足問題は解決できないと指摘されている。

表2　韓国の学校保健計画と主な事業内容[1]

推進計画	主な事業内容
1. 保健教育の環境改善	養護教諭配置の拡大
	学校及び周辺の衛生環境の改善・整備
2. 疾病プログラムの強化	健康診断及び健康実態調査の充実と学生の健康管理
	学生の肥満予防及び肥満プログラムの強化
	学校の保健資料・情報のDB化及び電算化
3. 喫煙など健康有害減少への取り組み	喫煙・飲酒・薬物濫用予防プログラムの強化
	地域医療機関とのネットワーク構築
4. 保健所とのネットワーク構築	口腔保健検診
	養護教諭の教育及び研修の活性化
	保健所の社会福祉士を活用

表3　韓国の養護教諭の配置現況[2]

区　分	初等学校	中学校	高等学校	特殊学校	合計
全体学校数	5,646	2,935	2,095	142	10,818
養護教諭の配置学校	4,195	1,383	1,287	139	7,004
配置率（％）	74.3	47.1	61.4	97.8	64.7

　続いて、「疾病プログラムの強化」では、「健康診断及び健康実態調査の充実と学生の健康管理」「学生の肥満予防及び肥満プログラムの強化」「学校の保健資料・情報のDB（data base）化及び電算化」などがある。特に、学生の肥満問題は、2000年以降、学校保健の大きな課題であり、ソウル市教育庁の調査結果（2011）によると、高度肥満（標準体重より50％以上過体重）の学生の増加率は2001年0.85％、2004年1.15％、2006年1.20％、2011年1.31％と徐々に増加傾向にある。その主な要因としては、食生活の変化が指摘されている。

　続いて、「喫煙など健康有害減少への取り組み」では、「喫煙・飲酒・薬物濫用予防プログラムの強化」「地域医療機関とのネットワーク構築」などがある。韓国において、近年中学校と高校の喫煙・飲酒・薬物濫用率は徐々に減少傾向にあるものの、これらの問題は発育期のみならず生涯にわたって健康を損なう原因となるため、教育科学技術部は地域医療機関とのネットワークを構築し、積極的に取り組んでいる（表4参照）。

表4　韓国の中学校と高校の喫煙実態[3]

単位：％

区　分		2001年	2002年	2003年	2004年	2005年
中学校	男子	6.0	3.5	2.8	2.4	4.2
	女子	2.0	0.9	2.9	1.7	3.3
高　校	男子	24.8	23.6	22.1	15.9	15.7
	女子	7.5	7.3	6.8	7.5	6.5

続いて、「保健所とのネットワーク構築」では、「口腔保健検診」「養護教諭の教育及び研修の活性化」「保健所の社会福祉士を活用」などが掲げられている。これらのサービスは、学校保健室では提供できないため、地域の保健所とネットワークを構築し、歯科医や社会福祉士など保健所の人力を学校に派遣して行っている。特に保健福祉部は、2000年から3年おきに「国民口腔健康実態調査」を実施しており、2011年度からは初等学校の口腔保健室設置や児童の口腔保健教育に力を入れている。

　また、韓国政府は、1998年に「公衆保健韓医師制度」（徴兵制度がある韓国の代替服務制度、韓医科大学を卒業し韓医師免許を取った者で、兵役をまだ終えていない者が兵役の代わりに保健所で3年間勤務する制度）を導入し、2005年から全国の保健所に「韓方健康増進HUB保健所」を設置・運営している。その必須プログラムとして「気功体操教室」「中風予防教育」「韓方家庭訪問」「四象体質教室」「韓方児童教室」などがあるが、なかでも「四象体質教室」「韓方児童教室」のプログラムは人気が高い（保健福祉部、2012）。このように韓方を学校保健の一部として導入することは、世界の中でもめずらしい韓国特有の取り組みである。韓国政府が韓方医の育成や韓方薬の研究を国策として推進している現状から考えると、韓方が将来の学校保健の学習内容として定着する可能性は高い。

　また、最近では多くの市教育庁では、保健室の環境改善事業として「保健室の現代化事業」に力を入れている。例えば、大田市教育庁は「行きたい保健室」をスローガンとして、2011年度まで大田市の109校の内、73校の保健室を現代化しており、2012年度の最優先事業として推進している（大田市教育庁ホームページ）。図1は現代化事業としてリニューアルしたH初等学校の保健室内の様子である。

図1　現代化事業としてリニューアルしたH初等学校の保健室

3. 韓国の学生が保健室に行く主な理由

　ここで、筆者がある中学校の養護教諭にインタビューした内容を紹介する。質問内容は、「韓国の学生が保健室に行く主な理由」についてであった。その回答をまとめると、「風邪や頭痛などが原因で保健室に来る学生が一番多い。最近は旺盛な食欲が原因で消化薬を求める学生が増えている。また、肥満学生が増えており、キムチや味噌汁などが嫌いで、洋食、主にファーストフードを好む者が増えている。」また、男女別にみると、「男子は過度な運動による筋肉痛で保健室に来る者が多く、女子は生理痛で来る者が多い」などであった。

4. おわりに

　今日の韓国の学校保健が抱えている主な問題点は、「養護教諭の不足」と「肥満問題」である。養護教諭の不足問題は、過去に比べ改善されつつあるものの、首都圏中心に仕事を求める社会風潮があるために、現在でも非首都圏や農漁村で解消しにくい状況である。また、喫煙・飲酒・薬物濫用の問題や口腔保健検診など、学校の保健室では提供できないサービスに関しては、市や地域の保健所とのネットワークを構築して、保健所の医師・看護師や社会福祉士を活用している。さらに、近年の大きな問題である肥満対策として、韓方を学校保健の一部として導入していることは、韓国独自の取り組みであり、韓方は将来、韓国の学校保健としてさらに定着していくと考えられる。現在、教育科学技術部は「保健室の現代化事業」を推進しており、今後も韓国の保健室は変化していくものと考えられる。

引用文献
1)　教育科学技術部、2011 年資料から筆者が作成。
2)　教育人的資源部、『教育統計年報』、2006 年。
3)　教育人的資源部、『教育統計年報』、2006 年を筆者が改変。

参考資料
「中央日報」2012 年 9 月 4 日付け
「保健福祉部資料」2012
ジョン・ムンヒ『新しい学校保健』ケチュク文化社（ソウル）2011
国家法令情報センター学校保健法　2012
国家法令情報センター学校保健法施行令　2012
教育人的資源部『教育統計年報』2006
ヤン・ギョンヒ『学校保健』ヒョンムン社（ソウル）2011
国家法令情報センター http://www.law.go.kr
国家法令情報センター http://www.mw.go.kr/front/index.jsp
大田市教育庁ホームページ http://www.dje.go.kr

あとがき

　教師は学校で児童や生徒の身の回りで生じる様々な事象に関して、急な判断や処理が求められるために、後になって「あの時こうすればよかったかもしれない」「どうしてあの時気がつかなかったのだろう」と自問自答するような経験を少なからず読者のみなさんもお持ちではないかと思う。今回本書では、様々な分野の経験豊富な方々に、私見をできるだけ含めて執筆していただいた。そのため、「なるほど」と同意する内容があれば、「自分であればもっと違うことを考えるであろう」という内容が含まれているかもしれない。しかし、行間から読み取れる執筆者の思いは、学校保健を担当される読者に対して、今後の参考となる多くの示唆が含まれているのではないかと思う。

　最後に、大変お忙しい中、快く執筆してくださった執筆者の方々に厚くお礼申し上げます。

2013年7月

石井　良昌

執筆者紹介 （執筆順）

川崎　裕美（広島大学大学院医歯薬保健学研究院）はじめに・第3章
岡田　眞江（広島県立広島西特別支援学校）学校保健に携わる方々へ・第1章
金丸　純二（福山大学経済学部）第2章
落合　俊郎（広島大学大学院教育学研究科）第4章
保田　利恵（広島大学附属小学校）第5章
澤田　良子（三原市立本郷中学校）第6章・コラム②
沖西紀代子（東広島市立志和中学校）第7章
高橋　京子（広島大学附属東雲中学校）第8章
中田　啓子（広島大学附属高等学校）第9章・コラム④
後藤美由紀（広島大学附属東雲小学校）第10章
福田　佳世（三原市立三原小学校）第11章
荒谷美津子（広島大学附属三原中学校）第12章
戸野　香（広島県立三原高等学校）第13章
長野　由弥（東広島市立板城小学校）第14章
小早川善伸（竹原市立大乗小学校）第15章
小田　啓史（広島大学附属東雲中学校）第16章
大辻　明（広島大学附属中・高等学校）第17章
國木　孝治（広島大学大学院教育学研究科）第18章
岩崎　泰昌（広島大学病院）第19章
横田　和典（広島大学病院形成外科）第20章
石井　良昌（広島市総合リハビリテーションセンター）第21章・あとがき
稲田　准三（ひよこ小児科内科）第22章
松本　治之（マツモト外科整形外科）第23章・コラム⑧・コラム⑨
金　炫勇（広島大学教育学研究科）参考　韓国の保健室の現状
九重　卓（九重体育研究所）コラム①
森貞　知子（海田町立海田小学校）コラム③
上原　光（呉港高等学校）コラム⑤
鈴木　淳司（すずき歯科小児歯科）コラム⑥
福田　忠且（広島大学附属東雲小学校）コラム⑦

■編著者紹介

川崎　裕美（かわさき　ひろみ）
広島大学大学院医歯薬保健学研究院教授

岡田　眞江（おかだ　まさえ）
広島県立広島西特別支援学校教頭

石井　良昌（いしい　よしまさ）
広島市総合リハビリテーションセンター医療科部長

現場からみた学校保健

2013年9月20日　初版第1刷発行

■編　著　者──川崎裕美・岡田眞江・石井良昌
■発　行　者──佐藤　守
■発　行　所──株式会社 大学教育出版
　　　　　　　〒700-0953　岡山市南区西市855-4
　　　　　　　電話(086)244-1268㈹　FAX(086)246-0294
■印刷製本──サンコー印刷㈱
■Ｄ Ｔ Ｐ──北村雅子

© Hiromi Kawasaki, Masae Okada, Yoshimasa Ishii 2013, Printed in Japan
検印省略　　落丁・乱丁本はお取り替えいたします。
本書のコピー・スキャン・デジタル化等の無断複製は著作権法上での例外を除き禁じられています。本書を代行業者等の第三者に依頼してスキャンやデジタル化することは、たとえ個人や家庭内での利用でも著作権法違反です。

ISBN978-4-86429-227-6